休闲研究专著系列

休闲偏好、影响因素和满意度研究

——以上海、武汉和成都为例

楼嘉军　宋长海　岳培宇　侯新冬　等著

上海交通大学出版社
SHANGHAI JIAO TONG UNIVERSITY PRESS

内容提要

本书采用社会学问卷调查方法、定量分析和定性分析相结合的方法、比较分析法，分别以长江流域下游的上海、中游的武汉、上游的成都作为研究对象，以 2004 年、2014 年和 2019 年为研究的时间断面，通过对三个城市居民的休闲生活方式的实证研究，考察不同区域、不同经济发展阶段城市居民的休闲状况，从休闲方式、休闲满意度等相关文献出发，基于生活方式和休闲社会学等理论成果，研究城市居民休闲方式的变迁和满意度差异，并围绕休闲方式展开实证研究，分析比较三个城市居民的休闲方式选择倾向，从而针对建设文化特色鲜明的旅游休闲城市提供一定的理论指导与实践借鉴。本书可以用作高等院校旅游、休闲、会展、文化及社会学等专业师生的参考教材，也可作为旅游管理、文化产业管理和城市公共服务管理部门的参考用书。

图书在版编目(CIP)数据

休闲偏好、影响因素和满意度研究：以上海、武汉和成都为例/ 楼嘉军等著. 一上海：上海交通大学出版社，2023.11
ISBN 978 - 7 - 313 - 29141 - 7

Ⅰ. ①休… Ⅱ. ①楼… Ⅲ. ①城市—闲暇社会学—研究—中国 Ⅳ. ①D669.3

中国国家版本馆 CIP 数据核字(2023)第 136882 号

休闲偏好、影响因素和满意度研究
—— 以上海、武汉和成都为例
XIUXIAN PIANHAO、YINGXIANG YINSU HE MANYIDU YANJIU
—— YI SHANGHAI、WUHAN HE CHENGDU WEILI

著　　者：楼嘉军 等			
出版发行：上海交通大学出版社	地　　址：上海市番禺路 951 号		
邮政编码：200030	电　　话：021 - 64071208		
印　　制：上海万卷印刷股份有限公司	经　　销：全国新华书店		
开　　本：710 mm×1000 mm　1/16	印　　张：21.25		
字　　数：367 千字			
版　　次：2023 年 11 月第 1 版	印　　次：2023 年 11 月第 1 次印刷		
书　　号：ISBN 978 - 7 - 313 - 29141 - 7			
定　　价：78.00 元			

前　言

　　进入 21 世纪以来,随着社会经济的快速发展和家庭收入水平的不断提高,休闲逐渐成为城市居民日常生活的重要组成部分。休闲的本质也逐渐被广大民众了解和认可,特别是关于休闲对个人发展的重要性,以及休闲消费对社会经济的促进作用也形成了比较普遍的社会共识。20 年前以看电视、观光旅游为主要表现形式的休闲活动体系,如今已逐渐被活动更加多元、内容更加充实、层次更加丰富的休闲生活方式所代替,并不断向满足人们放松、愉悦、教育、自我发展等多方面的休闲需要发展。休闲方式的直观形态是休闲活动及其利用方式,但并非等同于休闲活动。休闲方式主要体现主体的能动性和目的性,表达对休闲活动选择的倾向和偏好。休闲活动则是休闲方式的客体,是休闲方式的具体表现形式。

　　2004 年,在承担华东师范大学人文社会科学预研究课题“城市休闲娱乐及其影响研究”的基础上,为了能够比较准确地了解城市居民参加休闲活动的基本状况,把握相关的演变特征,课题组决定同时开展城市居民休闲方式的市场调研活动。因为当时不少大中城市已经处于人均 GDP 3 000～5 000 美元的发展阶段,根据国际经验,这一阶段是城市居民休闲生活进行调整的重要时期,影响城市居民休闲生活方式选择和休闲生活质量的因素也必然随之发生演变。所以及时准确地把握影响居民休闲生活的因素类别和影响程度,对于提升居民休闲生活质量,完善城市休闲设施结构,优化休闲产品结构,都具有现实的指导意义。

　　本研究选择上海、武汉和成都三地作为研究样本收集地,主要是基于以下几方面考虑。第一,从宏观角度讲,长江流域是我国重要的经济带,由西向东横贯我国东中西部三大地区。上海、武汉和成都分别位于长江流域的下游、中游和上游地区。对三地进行研究,有利于从宏观上把握整个长江流域城市居民休闲方

1

式的基本特征和演变趋势。第二,从城市区位上讲,长江流域横跨我国东中西部三大地带,而上海、武汉和成都又分别是长江流域东中西部三大城市群的中心城市。由于区位条件和社会经济发展水平的差异,三地居民的休闲方式必定会产生相应的异同点。对三地居民休闲行为进行比较研究,有助于认识这种相似性和差异性特征是如何在三地城市居民休闲方式中得以体现的。第三,从文化环境上讲,上海、武汉和成都在历史上分属吴越文化、荆楚文化和巴蜀文化的影响范围,在长期的历史发展中形成了各自独特和完整的文化体系,从而或多或少对各自城市居民休闲方式的选择产生不同的导向作用。因此,对三地进行比较研究,对我国当前不同区域、不同经济发展阶段城市居民休闲方式的选择具有现实的借鉴意义。

基于上述考虑,我们于 2004 年 3 月成立了"长江流域城市居民休闲方式研究"课题组,并着手开始进行市场调查问卷的设计工作。在当时旅游系邱扶东副教授、王晓云副教授等老师的帮助与配合下,课题组岳培宇、金倩、王丽梅、侯新东与辜应康等研究生经过反复讨论,形成了有关居民休闲方式调查问卷的定稿。课题组于 2004 年 7—10 月,在上海、武汉和成都相继开展了相关的市场调研活动。课题组于 2006 年形成了《上海、武汉和成都居民休闲方式及其影响因素》的研究报告。后来由于集中主要精力研究城市休闲化问题及受到其他种种因素的制约,研究报告被搁置,未能及时出版。当然,在此前后,课题组成员也利用调研获得的丰富资料,一方面,相继完成了《上海市民休闲方式研究》(2005)、《长江流域城市居民休闲方式及影响因素研究》(2006)、《成都、武汉居民休闲活动满意度研究》(2006)、《城市居民休闲方式选择的性别差异研究》(2007)等多篇硕士研究生毕业论文;另一方面,也在相关期刊上发表了《武汉市民休闲方式选择倾向及特征研究》(《旅游学刊》,2006.1)、《城市居民休闲活动满意度的性别差异研究》(《华东经济管理》,2007.11)、《城市居民休闲活动满意度研究——上海、武汉和成都的比较分析》(《华东经济管理》,2008.4)等论文。

2014 年,在主持国家社会科学基金项目"我国城市休闲化的指标体系、质量测度与提升路径研究"的同时,课题组决定继续开展有关城市居民休闲方式的调研工作。一是希望能够围绕城市居民休闲方式的调研,与 2004 年的研究工作进行衔接;二是想通过新的市场调研活动,探寻 10 年后我国城市居民休闲方式的演变特点与发展规律,既能够在理论和实践上为我国休闲研究作出应有贡献,也可以为相关管理部门的政策制定与制度安排提供依据。2014 年初,在当时旅游系邱扶东副教授、王晓云副教授和孙晓东副教授等老师的帮助下,课题组对

2004年以后居民休闲方式发展的具体状况进行了分析与讨论,决定2014年开展的市场调查问卷的基本格式和内容与2004年的保持大致相同。

然而鉴于将近10年时间的变化,很多新的休闲方式涌现并快速发展,居民的休闲内容更为丰富,休闲方式更加多元,选择手段也更趋多样化。因此,课题组决定对2004年的调查问卷进行适当调整。例如,在2004年关于城市居民休闲方式的市场问卷表格上,有关休闲方式的选项中,有一个题项是"看电视、影视娱乐和上网"。当时,这样安排是基于那个年代居民休闲方式的具体现状,由于网络的普及率没有后来那么高,能够随意进行"网上冲浪"的人群规模还没有那么庞大,上网作为一种独立的休闲方式,其影响力远不如看电视,所以就把看电视、上网、看电影等合并为一项休闲方式进行选择。但是到了2014年,随着信息化时代的到来,上网已经成为一种十分普遍的休闲方式。在多个群体中,上网的规模与上网的时间,也已大大超过看电视这样一种传统的休闲方式。对此,课题组把"看电视、影视娱乐和上网"这一个题目拆为三个选项。但是在统计时,又合并起来进行处理。这样做既能够观察城市居民围绕看电视与上网两种休闲方式在10年间的变化特征,又可以根据相关材料对2004年与2014年的调查数据进行纵向比较与合理分析。又如,根据10年间休闲发展的实际状况,课题组在具体的休闲活动中,还增加了"桌游""看演唱会、音乐会"等深受广大市民喜爱的休闲活动选项。通过相应的调整,以使问卷调查内容与时代发展的实际更加贴近。此外,在月收入一栏,2004年设计问卷时把8 000元以上作为高收入的标准。在2014年,根据社会发展的实际情况,把8 000元以上拆分为四个选项,即8 001~10 000元、10 001~15 000元、15 001~20 000元、20 000元以上。课题组于2014年6—10月,由李丽梅、刘松、徐爱萍、马红涛、刘润、李婷、马芮、黄佳丽和刘震等博士生与硕士生,以及成都大学的岳培宇博士与湖北经济学院的蒋昕博士等共同完成了相关的市场调研与统计工作。

在2004年与2014年两次市场调研的基础上,课题组完成了《中国城市休闲方式研究——上海、武汉、成都的考察》一书,已由上海交通大学出版社于2019年出版。

时隔5年后,到了2019年,我国社会经济发展取得更加瞩目的成就,人均GDP也已跃上1万美元的发展新阶段。课题组经过讨论后认为,有必要继续开展对上海、武汉、成都居民休闲方式的调研工作。为了便于调查数据的纵向可对比,2019年的市场调查问卷基本沿用了2014年的调查问卷,只是在个别题项上进行了微调。比如,在2019年的调查中,考虑到休闲活动在平衡家庭关系、增进家庭情感中所发挥的作用,以及各种满足自我发展需求的休闲活动的不断涌现,课题组在原来8项休闲动机的基础上,增设了"家庭团聚"和"自我实现"两项。课题组随后于2019年6月至2020年1月,由华东师范大学的马红涛博士生、成都大学的岳培宇博士与湖北经济学院的蒋昕博士先后组织相关成员完成了上海、武汉和成都市场问卷的调研和统计工作。

课题组利用2004、2014和2019年三次市场调研所积累起来的丰富数据,尝试对2004年以来上海、武汉和成都前后跨越15年的城市居民休闲方式的演变进程进行梳理、概括和提炼。本书的撰写工作曾因疫情影响而中断。即便如此,课题组成员依然在十分困难的情况下于2022年底完成了初稿的撰写工作。

本书主要分为以下几部分内容:第一章是绪论;第二章、第三章和第四章分别围绕上海、武汉和成都三个城市居民的休闲方式、影响因素与满意度调研数据进行分析与阐述;第五章、第六章是关于三个城市居民休闲方式的变迁、影响因素和满意度的比较分析;第七章是结论与建议。

通过跨度为15年的三次调查,可以清晰地发现,三地居民无论在平时、周末还是在黄金周等不同时段内,围绕休闲伙伴、活动形式、场所类型等的选择倾向呈现出不断演变的发展轨迹,形成的基本特征是:休闲活动愈加丰富,选择方式愈加多样,自我满足愈加重要。在影响因素方面,三地居民休闲方式的影响因素存在一定的地域差异,从调研数据的整体来看,上海居民从事休闲的成本或代价对休闲方式选择的影响越来越大。相比之下,成都和武汉的休闲供给在价格、选择多样性、时间要求等方面更加宽容,大部分市民无须纠结参与休闲活动的成本付出。在满意度方面,三地居民无论在休闲活动满意度还是休闲环境满意度上,均存在一定的差异。一方面,整体而言,上海居民在多数指标上的评价均值都要高于武汉和成都两个城市的居民;另一方面,纵向来看,三个城市居民休闲满意度的差异正在不断缩小。

本书撰写分工如下:第一章主要由楼嘉军、宋长海完成;第二章、第三章和第四章由侯新冬、华钢、岳培宇、楼嘉军、宋长海和马红涛等完成;第五章、第六章由马剑瑜、李丽梅和马红涛等完成;第七章由宋长海、楼嘉军、马红涛和李丽梅等完成。

本书由楼嘉军提出基本的写作原则和整体的写作框架,由楼嘉军与宋长海完成全书的统稿工作。

本书得以顺利完成,与以上各位老师和研究生同学将近20年来的努力工作、辛勤付出和尽力配合密不可分。作为课题负责人,在此我谨向他们表示诚挚的敬意与真诚的感谢。同时,还要感谢上海交通大学出版社的倪华老师和张勇老师为本书的出版与审校工作付出的心血。需要说明的是,由于本书分析与阐述的材料涉及跨越15年的三次市场调查,数据采集与数据处理的工作量比较大,加上我们研究能力的局限性,难免会存在一些不足,敬请读者批评指正。

楼嘉军

2023 年 6 月 18 日

目　录

第一章 绪 论

第一节 研究背景和研究目的

本节首先从城市居民休闲方式多样化趋势、不同城市居民休闲行为方式差异研究成果的现状等方面分析了本书的研究背景和意义,然后从三个角度阐明了以长江经济带中的上海、武汉和成都为研究对象的考虑,并进一步明确了四个方面的研究目的。

一、研究背景

相比改革开放初期,城市居民如今的休闲需求更为强烈,行为也更加多样化。[①] 因此,让城市变得宜居、宜游、美好、幸福,成为城市治理的一项重要任务。可以看到,近年来各个城市都在加快完善休闲设施、优化休闲环境,旨在增强居民休闲生活的获得感和幸福感。但必须引起注意的是,在城市休闲实践过程中,往往忽略了对居民休闲行为真实特征的考察,导致城市休闲的趋同化现象比较明显。[②] 实际上,居民的休闲行为是有明显的城市差异的。《中国国民休闲发展报告(2019)》指出,北京、上海、广州等城市居民喜欢在周末、节假日外出休闲,参与旅游、消费购物和文化类休闲活动,而长沙、沈阳、武汉、南京等城市居民的休闲空间与内容则与之形成反差。[③] 可见明确和了解城市居民真实的休闲行为重要且必要,对于指导文化特色鲜明的旅游休闲城市建设具有重要的现实意义和理论价值。

从现有文献看,休闲研究学者较多致力于不同群体的休闲行为方式研究,而对不同城市居民休闲行为方式的差异探讨较少。休闲行为方式的城市差异,反

---

① 王琪延,韦佳佳.中国城市居民休闲需求二十年变迁[J].哈尔滨工业大学学报(社会科学版),2020,22(1):45-51.

② 赵春艳.本土与现代——城市休闲发展的两个维度[J].学术论坛,2013,36(3):130-141.

③ 中国网.《中国国民休闲发展报告(2019)》在京发布[EB/OL].http://travel.china.com.cn/txt/2019-09/04/content_75171118.html,2019-09-04.

映的是不同城市居民休闲生活的形态、休闲理念和价值系统,这种差异与城市环境密切相关。当城市环境发生改变,人们的休闲资源、机会和期望也会发生变化,从而影响个人的休闲行为。[①] 人们的休闲行为经过社会价值观的转化及个体主观的评价后,获得最终的目标,因而产生休闲效益。[②] 显然休闲行为和休闲效益存在一定的关系。休闲行为真实反映了个人参与休闲活动的情形,而休闲效益则是对休闲行为的评估所获得的体验和感受,德赖弗(Driver)将其称为改善个人或家庭、社区等团体的状况或状态。[③] 从这个角度讲,将休闲行为方式和休闲效益结合起来共同探讨,不仅能够进一步了解城市居民休闲行为方式对于心理体验的差异,也可以增进对城市休闲服务与环境差异的认识。

在研究对象的选择上,本研究主要以长江经济带中的上海、武汉和成都为研究对象,主要基于以下几方面考虑。第一,从宏观角度讲,长江经济带是国家重大战略的先行示范区。上海、武汉和成都分别位于长江流域的下游、中游和上游地区,对三地进行研究,有利于从宏观上把握整个长江流域城市居民休闲行为方式和休闲效益的特征与差异。第二,从城市群角度讲,长江流域由东向西横跨我国东中西部三大区域,并形成了长江下游城市群、长江中游城市群和长江上游城市群,而上海、武汉和成都则分别是长江流域三大城市群的中心城市。由于区位条件和社会经济发展水平的差异,三地居民的休闲生活方式必定会有一定的差异。对三地居民休闲行为方式进行比较和研究,有助于认识这种相似性和差异性特征是如何在三地居民休闲生活方式中得到体现的;对三地居民休闲效益进行比较分析,有助于认识三地居民对休闲生活方式的主观评价差异特征,从而为城市休闲服务提供的有效性提供参考。第三,从文化环境讲,上海、武汉和成都分别属于吴越文化、荆楚文化和巴蜀文化的范畴,在历史发展过程中形成了各地独特的文化属性,这在一定程度上会影响各自城市居民的休闲行为方式和休闲效益。因此,对三个城市进行比较研究,不仅可以明确不同城市环境下居民休闲生活方式的真实性与个性,为文化特色鲜明的中国旅游休闲城市实践和模式提供可靠的理论依据,而且可以为当前我国不同区域、不同经济发展阶段的城市休闲发展提供借鉴,因而具有重要的学术意义和实践价值。

---

① Raymore L A, Barber B L, Eccles J S, Godbey G C. Leisure Behavior Pattern Stability During the Transition from Adolescence to Young Adulthood[J]. Journal of Youth & Adolescence, 1999, 28(1): 79-103.

② 朴正汉.登山锻炼者休闲涉入、休闲效益与主观幸福感的关系[J].沈阳体育学院学报,2017,36(3):82-88.

③ Driver B. The Benefits of Leisure[J]. Parks & Recreation, 1992, 27(11): 13-19.

二、研究目的

中国疆域辽阔,按照政策和经济划分,可以分为东部、中部和西部三大经济带。[①] 长江流域横跨了中国东、中、西三大经济带共计 19 个省、市、自治区,是世界第三大流域,而上海、武汉和成都 3 个城市分别位于长江下、中、上游地区,且分别是代表着东中西部三大城市群以及三种文化传统的中心城市。特别需要指出的是,目前中国正处于社会经济转型的关键时期,伴随物质生活水平的极大提高,人们的价值观念和生活方式也发生了翻天覆地的变化,这在休闲生活领域或许能够得到比较明显的体现。因此,本书分别选取 2004 年、2014 年和 2019 年作为时间断面,对上海、武汉和成都城市居民的休闲方式展开调查研究,一方面可以纵向考察上述 3 个城市居民 15 年间休闲方式的变迁状况,另一方面可以横向比较分析 3 个代表性城市居民休闲方式的差异,从而探索中国城市居民休闲方式变迁的规律性特征,并通过城市间的相互借鉴,为最终提升居民的休闲生活质量提供指导和参考,具有重要的现实意义。

概括来说,通过对上海、武汉和成都城市居民休闲生活方式的实证研究,考察不同区域、不同经济发展阶段城市居民的休闲状况,研究城市居民休闲方式的变迁和满意度差异,旨在达到以下四个研究目的。

第一,分析城市居民休闲方式的一般规律及其差异性。本研究对上海、武汉和成都 3 个城市居民的休闲方式及其影响因素进行解析,首要目的在于揭示丰富多样的休闲活动所反映的不同群体休闲方式的一般规律和差异性,进而从物质文明层面思考城市休闲发展的方向与路径,同时从精神文明层面思考城市居民休闲意识的树立与科学休闲观的培养。

第二,探究不同区域城市居民休闲方式的变迁及其差异性。本研究针对上海、武汉和成都城市居民的休闲生活方式,分别在 2004 年、2014 年和 2019 年进行追踪式调查,可以掌握和分析 3 个城市居民休闲方式的变迁,以此反映中国城市居民休闲生活状况的发展趋势,同时亦能够了解城市休闲发展的区域差异特征。

第三,研究城市居民休闲方式选择及休闲满意度的影响因素,继而全面把握地域环境和文化差异与城市居民休闲特征和城市休闲性格之间的内在关系,以

---

① 东部地区:北京、天津、河北、辽宁、上海、江苏、浙江、福建、山东、广东和海南,共 11 个省(直辖市)。中部地区:山西、吉林、黑龙江、安徽、江西、河南、湖北、湖南,共 8 个省。西部地区:四川、重庆、贵州、云南、西藏、陕西、甘肃、青海、宁夏、新疆、广西、内蒙古,共 12 个省(自治区、直辖市)。

探究城市休闲发展的深层目标与终极方向。一方面,从内部因素来看,城市居民既受到传统道德观念的影响和约束,也受到日常生活与工作压力的限制,对休闲的追求还不够主动和开放;另一方面,从外部环境来看,城市本身的发展以及社会舆论对于居民休闲的支持和引导还有待提升,城市休闲环境与休闲氛围还有待进一步营造和优化。

第四,拓展丰富城市居民休闲方式内涵的途径。休闲是促进人的全面发展的必然选择,城市居民在工作和家庭任务之外的休闲方式将使其身心得到进一步的深刻解放,进而将对促进社会变革发挥巨大作用。因此,在有关城市休闲的理论研究、产业发展、设施完善、观念培养、氛围营造等各方面,都要根据现实状况和人们的需求不断充实,从而丰富城市居民休闲方式的内涵,使城市休闲文明得以全面发展。

第二节　研究内容与研究方法

基于本书主要探讨的四个方面的问题,本节在设计研究技术路线和对主要概念界定的基础上,详细阐释了对社会学问卷调查方法、定量分析和定性分析相结合的方法、比较分析法的具体运用。

一、研究内容

休闲逐步成为我国城市居民重要的生活主题。在此背景下,本研究以上海、武汉和成都为实证案例地,选择城市居民休闲方式、活动选择的影响因素及其满意度作为研究对象,通过横向和纵向的比较分析,主要探讨以下四个方面的问题。

第一,纵向比较分析城市居民休闲方式的现实状况。本书以实证调查为基础,从休闲方式选择的角度切入,旨在切实深入地掌握国内不同发展水平下典型城市居民休闲方式的现实状况,并从中深入挖掘其真实需求,进而探究现代城市居民休闲生活从现实状态到理想目标的距离与途径。更为重要的是,通过跨度15年的纵向比较,可以了解3个典型城市居民休闲方式的变迁。

第二,纵向比较分析城市居民休闲方式选择的影响因素。在反映休闲方式选择现状的基础上,本研究针对城市居民休闲方式选择的影响因素进行了统计分析和纵向比较,以此观察影响因素在时间趋势上的变化,同时进一步探究城市居民休闲生活的深层需求,为提高城市居民休闲生活质量的途径思考提供深层依据。

第三,纵向比较分析城市居民休闲活动满意度状况以及对城市休闲状况的评价。通过观察城市居民休闲活动满意度的变化,可以把握休闲生活质量的整体面貌。同时,结合城市休闲状况的评价,能够使我们明晰影响城市居民休闲满意度的主要方面,从而采取针对性的措施,改善和提升城市居民的休闲生活质量。

第四,横向比较分析上海、武汉和成都城市居民的休闲生活方式。基于上述3个城市居民休闲方式、活动选择影响因素及休闲满意度的调查统计结果,分别在 2004 年、2014 年和 2019 年三个时间断面,横向比较 3 个城市居民的休闲方式、影响因素及满意度状况,在分析城市差异性的同时,最终找出城市居民休闲生活方式的一般规律性,进而凸显休闲方式与城市文明发展之间的密切联系,并试图从中解读城市居民休闲方式的深层特征及其文化内涵,探寻城市休闲的共性与个性的发展方向。

二、研究思路

本研究从休闲方式、休闲满意度等相关文献出发,基于生活方式和休闲社会学等理论成果,分别以 2004 年、2014 年和 2019 年为研究的时间断面,并以上海、武汉、成都作为研究对象,围绕休闲方式展开实证研究,分析比较三个城市居民的休闲方式选择倾向,具体包括同伴选择、休闲活动、休闲场所、休闲时间和休闲消费、休闲活动选择的影响因素及其满意度,从而针对建设文化特色鲜明的旅游休闲城市提出建议。研究的技术路线如图 1-1 所示。

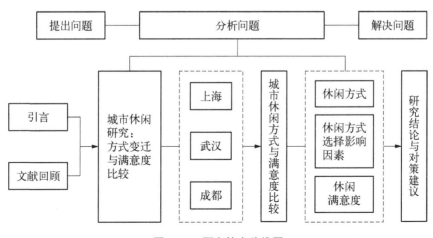

图 1-1 研究技术路线图

三、研究方法

第一,采用社会学问卷调查方法。在把握宏观层面城市休闲发展总体趋势的基础上,注意研究和分析微观层面具体的居民休闲方式、休闲活动选择影响因素及其满意度。将宏观理论的指导和发展关系的概括与微观层面的详述和材料相结合来完成论证。

第二,运用定量分析和定性分析相结合的方法。城市居民休闲生活的表象是可以衡量和计算的,数据和图表比定性分析更能一目了然地说明问题,更能反映不同城市居民的休闲状况发展所达到的程度。因此,本研究将在很大程度上借助于定量研究的方法,以问卷调查的客观数据为依据,对城市居民休闲生活的现状进行客观表述,在叙述的基础上进行分析,在分析的基础上进行概括和提炼,以深入反映不同地域城市居民休闲方式的本质特征。

第三,运用比较分析法。一方面,本研究涉及文化传统各具特色的三个区域中心城市,因此在分析总体规律时,通过横向比较的方法,辩证地体现不同城市和地域的居民在休闲方式选择中体现出来的态度和需求;另一方面,本研究基于2004 年、2014 年和 2019 年、总跨度为 15 年的 3 次问卷调查样本,15 年间城市社会经济发生了巨大的变化,因而居民的休闲生活方式必然随之发生演变。通过对城市休闲生活方式的纵向比较,能够将城市居民休闲生活的诸层面立体地呈现出来,同时也能够使城市休闲经济、休闲功能得到全面的观照。

鉴于本书研究主题以及采用的分析和研究方法,要求研究重心尽可能下移,不是停留在对城市居民休闲方式选择的表面现象进行一般的简单描述,而是从休闲与人、休闲与城市的互动关系中,以丰富的调查数据为依据,分析上海、武汉和成都城市居民休闲方式的具体形态,近距离观察城市休闲真实的发展经历和普通居民真实的休闲倾向。通过对研究目标重心的下移,力图接近不同地域城市休闲发展的本质规律。为了达到这一研究目的,本书还运用社会学、心理学和城市社会学等学科理论,对城市居民休闲方式及影响因素的分析从感性认识上升到理性认识,透过现象看本质,以增加对城市休闲发展的成熟度和完善度的挖掘,加强说服力。

四、概念界定

(一) 休闲

国内外众多学者的研究论著,都对休闲的概念进行了多层次的探讨和研究。

在分析休闲的定义时,斯托克代尔(Stockdale)提出了有关休闲概念认识的三大
要点:一是在一定时间内,个体可自由支配选择的心理活动或状态;二是在客观
上,休闲与工作相对立,是非工作时间或闲暇时间的感受;三是在主观上,休闲活
动强调发生时本质上的观念,其呈现的意义在于个人信念与知觉系统,因此可能
发生在任何时间与任何场合。① 目前,有关国内外休闲的定义数不胜数,以下只
是从时间、活动、劳动、心态、发展、生活、方式和特征等角度出发,重点梳理比较
有代表性的有关休闲的论述。

基于时间的定义。赫伯特(Herbert)认为,休闲是个体自主做出选择、自愿
参加活动的时间。②

基于活动的定义。世界休闲组织(World Leisure Org.)指出,"所谓休闲就
是人们在完成工作和其他任务之后,在自由支配的时间内所进行的活动,是以补
偿性活动为基础的活动"。③

基于劳动的定义。勒科比西耶(Lecorbusier)认为,"休闲这个词决不反映一
种不应提倡的惰性,而是一种付出劳动的巨大努力,一种发挥个人主动性、想象
力和创造性的劳动;一种既不能出售也不能盈利的忘我的劳动"。④

基于心态的定义。皮珀(Pieper)强调,"休闲乃是一种心智上和精神上的态
度——它并不只是外在因素的结果,它也不是休闲时刻、假日、周末或假期的必
然结果。它首先乃是一种心态,是心灵的一种状态"。

基于发展的定义。梁颖以为,休闲是"有计划地暂时停止日常工作,以
刻意安排参加各种与本职工作完全不同或毫无关系的活动来摆脱日常工
作、劳动带来的各种精神压力,并利用这些活动与日常工作之间的极大差异性
来恢复消耗的体力和精神,弥补智力磨损,获得新的知识和新的灵感,增强创
造力"。

基于生活的定义。杰弗里·戈德比(Geoffrey Godbey)认为,"休闲是从文
化环境和物质环境的外在压力中解脱出来的一种相对自由的生活,它使个体能
以自己所喜爱的、本能地感到有价值的方式,在内心之爱的驱动下行为,并为信

---

① (英)C. 米歇尔·霍尔,斯蒂芬·J. 佩奇.旅游休闲地理学——环境·地点·空间[M].周昌军,等
译.北京:旅游教育出版社,2007:4.
② (英)C. 米歇尔·霍尔,斯蒂芬·J. 佩奇.旅游休闲地理学——环境·地点·空间[M].周昌军,等
译.北京:旅游教育出版社,2007:4.
③ 世界休闲组织.休闲宪章[EB/OL].http://wenku.baidu.com/view/3230545c804d2616064ec019.
html.
④ 若泽·塞依杜.旅游接待的今天和明天[M].冯百才,等译.北京:旅游教育出版社,1990.

仰提供一个基础"。

基于方式的定义。皮格拉姆(Pigram)提出,简单地说,休闲实质上就是人们对待和利用闲暇时间的方式。[1]

基于特征的定义。迪马泽迪耶(Dumazedier)指出,所谓休闲,就是个人从工作岗位、家庭、社会义务中解脱出来,为了休息,为了消遣,或为了培养与谋生无关的智能,以及为了自发地参加社会活动和自由发挥创造力,是随心所欲的总称。[2]

从以上论述中我们可以发现,对休闲定义的角度是非常多元化的,不同的角度会形成相应的概念,而且一个具体的概念不可能涵盖休闲所包含的所有内容,所以既要学会观察一个个具体定义之间的差别,又要努力识别形成概念之间差异的原因,这样就可能比较科学和完整地认识休闲概念,并理解休闲所包含的相关内容。

总之,基于以上对相关概念的分析,我们可以得出这样的结论:所谓休闲是个人自由时间、自由活动、自主状态和自我发展的合理组合的总称。当然,正确认识休闲的科学内涵应把握以下几个要点。第一,休闲是人们对可自由支配时间的合理安排与有效使用。第二,休闲时间和休闲活动虽然与人们所从事的日常工作毫无关系,但与"既不能出售也不能盈利的忘我的劳动"并不冲突,从某种意义上讲,这种忘我的劳动恰恰是休闲的重要形式。第三,休闲既是人们对生活理想和价值理念的一种理性诉求,也是一种行为实践。第四,休闲活动成为人们自我发展和自我完善的一种具体形式。第五,对个人而言,合适就是最好的休闲形式。

(二) 休闲方式

所谓休闲方式则是指"人们在日常闲暇时间里从事的能够满足愉悦、安逸、刺激等心理和生理需求活动的方法和形式"。休闲方式的直观形态是休闲活动及其利用方式,但不等同于休闲活动。休闲方式更体现主体的能动性和目的性,表达对休闲活动选择的倾向和偏好。休闲活动是休闲方式的客体,是休闲方式的具体表现形式。最近几年,社会经济的快速发展和家庭收入的不断递增,导致休闲已经成为城市居民生活的主要构成部分。休闲的本质也逐渐被广大民众所了解,特别是休闲对个人发展以及休闲消费对社会经济的重要性得到了较高的

---

[1]　(英)史蒂芬·威廉姆斯.休闲旅游[M].杜靖川,等,译.昆明:云南大学出版社,2006:4.

[2]　Dumazedier J. Toward a Society of Leisure[M]. Trans by S. McClure. NY: The Free Press, 1967: 16-17.

认可。过去以看电视、参加旅游活动为主要休闲方式的休闲体系,现如今已逐渐被多元化的休闲方式所代替。应该说,经济、科技以及社会文化的变迁将不断地更新休闲方式,各种形式、各种主题、各种内容的休闲方式伴随商业化和市场运作的深入将被大量开发,满足人们放松、愉悦、教育、自我发展等方面的需要。

(三) 休闲动机

所谓休闲动机,是指在休闲需要的激发下,引导和整合个人休闲活动,并导致该休闲活动指向某一目标的内在心理过程与个体行为。[①] 一方面,休闲动机产生于休闲需要,无论这种需要是主动产生的,还是被迫形成的;另一方面,人们为了满足休闲需要而行动,而休闲动机不仅是产生休闲行为最直接的驱动力,也决定了人们休闲行为的方向性和目标性。概括起来说,首先,人们因主观或客观原因产生了休闲需要,但是如果没有形成相应的休闲动机,就不会产生具体的休闲行为,休闲需要也就无法得到真正的满足。其次,休闲的产生与人们的需要密不可分,休闲表现为人们改善或调节心理和生理的一种生活愿望,休闲动机就成为一种内在力量或推力,是形成休闲行为的驱动力。再次,动机的产生是综合因素的结果,从社会学和心理学角度观察,通常与态度、文化、认知和准则相关,因而使人们形成独具特点的动机模式。最后,生活节奏快,工作压力大,以及层出不穷的休闲活动方式,都会对人们的休闲动机产生影响,并体现在人们的休闲行为过程中。

休闲动机是直接驱动人们采取形式多样的休闲行为的内在动力,从而满足人们多样化的休闲需要。正是在不断发展的休闲动机的影响和驱动下,休闲才成为人们生活的重要组成部分。根据动机分类的基本原则,大致可以从以下三方面对休闲动机进行分类:首先,从动机的起源角度看,分为生理动机和社会动机;其次,从动机指向对象的角度看,分为物质动机和精神动机;最后,从诱导动机产生的原因角度看,分为内部动机和外部动机。但在现实中,由于出发点不同,有关休闲动机类型的划分存在较大差异。不过,大都包含了上述三方面的内容。

克兰德尔(Crandall)综合了有关休闲动机研究的一系列成果,并经过梳理,将休闲动机归纳为 17 个类别,在一定程度上比较全面地反映了 20 世纪 80 年代发达国家居民休闲动机构成的基本状况。这一分类至今仍然对我们正确把握休闲动机具有重要的指导意义,见表 1-1。

---

① 楼嘉军.休闲学概论[M].上海:华东师范大学出版社,2016:95.

表 1-1 休闲动机的分类

序号	类　别	序号	类　别
1	享受大自然,逃离现代文明	10	认可、身份
2	逃离日常事务和责任	11	社会权力的显示
3	锻炼身体	12	利他主义
4	创造性	13	寻求刺激
5	放松	14	自我实现(反馈、自我提高、能力利用)
6	接触社会	15	成就感、挑战与竞争
7	接触新朋友	16	打发时间,消除无聊
8	接触异性	17	理性审美
9	家庭接触	合计	17 类

资料来源:(英)C. 米歇尔·霍尔,斯蒂芬·J. 佩奇.旅游休闲地理学——环境·地点·空间[M].周昌军,等译.北京:旅游教育出版社,2007:44,表 2.1.

(四) 休闲同伴

所谓休闲同伴,简单而言是指一起从事休闲活动的人。人类具有社会属性,人们无论是在工作还是日常活动中,都希望与外界产生联系。休闲活动是个人参与社会活动的一种形式,同伴是人们参与休闲活动的个体与群体关系的体现,休闲同伴选择是休闲活动价值取向的首要因素,找到合适的休闲同伴对放松心情、培养个人兴趣、增进友情、促进家庭和睦等方面具有积极意义。

不同时期的休闲伙伴选择可以反映特定的城市居民在个体和群体的交往中所持有的文化内涵和价值取向。本研究选项设计代表着个体深层次从个人主义到集体主义的不同程度,家人是与生俱来的社会关系,代表着受访者具有较强的集体主义观念;选择朋友和同事,因为具有自由选择权,所以代表着次级的个人主义;选择单独出行,代表着强烈的个人主义观念。①

(五) 休闲活动

休闲活动是指人们在休闲时间内实现休闲目标的具体形式或载体。因此,

---

① 赵莹,柴彦威,Martin Dijst.行为同伴选择的社会文化效应研究——中国北京与荷兰乌特勒支的比较[J].地理科学,2014(8):946-954.

休闲活动常常被认为是人们身心放松的一个载体,是个体活力恢复的一条渠道,也是人们对内心冲突宣泄的一种形式。同时也为想逃脱日常工作琐事的人们提供了一个积极向上、有益身心体验的舞台。[①]

　　关于休闲活动的分类可以从多个角度入手。从空间角度讲,可以分为室内休闲活动与室外休闲活动。从活动性质讲,可以将人们在日常生活中从事的各种休闲活动归结为以下几种主要形式,即游憩活动、娱乐活动、游戏活动、旅游活动和体育休闲活动等。从积极的动机角度讲,可以分为以下六种形式:消遣娱乐类、怡情养生类、体育健身类、观光度假类、社会活动类、自我发展类,见表1-2。

表1-2　休闲活动分类一览表

活动类别	活动形式	休闲活动项目
消遣娱乐	文化娱乐	电视、上网、唱歌、跳舞、电影、电脑游戏
	吧式消费	酒吧、咖啡馆、茶馆、陶吧、书吧、迪吧、水吧、氧吧等
	闲逛闲聊	散步、逛街、逛商场、当面闲聊、短信闲聊、电话闲聊等
怡情养生	花草宠物	花、草、树、虫、鱼、鸟、兽及其他宠物等
	业余爱好	琴、棋、书、画、茶、酒、牌、摄影、收藏、写作、设计、发明等
	美容装饰	个人性(美发、美容、化妆、饰物佩戴、裁剪制衣等) 家庭性(主要指家庭环境或个人居住环境的精细装修、装饰等)
体育健身	体育健身	太极、跳操、游泳、溜冰、桌球、保龄球、高尔夫、射箭、跑马以及各种需要健身器材的健身运动等
	刺激型	跳伞、蹦极、攀岩、漂流、潜水、滑草、航模、动力伞、水中狩猎、探险等
观光度假	远足/旅游	欣赏和体会异地自然风光、名胜古迹、历史文化遗产、民族风情、境外度假等
	近郊度假	城市绿地、公园(园林)、广场、动物园、植物园、游乐园(水上乐园)、古镇、岛屿、度假村、农家乐、野炊、田野游玩等

---

① (英)史蒂芬·威廉姆斯.旅游休闲[M].杜靖川,等译.昆明:云南大学出版社,2006:2.

续　表

活动类别	活动形式	休闲活动项目
社会活动	私人社交	私人聚会、婚礼、生日、毕业、开业、升职、乔迁、获奖等
	节庆赛事	传统节日、纪念日庆典、旅游节、电影节(电视节)、特色文化节、宗教活动、体育赛事等
	社会公益	社会工作、公益活动、志愿者服务等
自我发展	访问/学习	博物馆、纪念馆、展览馆、科技馆、高校、名人故居、烈士陵园、宗教场所、特色历史街区、特色建筑、创意园区等
	休闲教育	学习乐器、声乐、舞蹈、书法、绘画、插花等,以及参加各种非职业性课程

资料来源:根据楼嘉军.娱乐旅游概论[M].福州:福建人民出版社,2000:13;王雅林、刘耳、徐利亚.城市休闲——上海、天津、哈尔滨城市居民时间分配的考察[M].北京:社会科学文献出版社,2003:50-51的有关内容整理制作。

　　显而易见,现代社会休闲活动内涵丰富、类型众多、特性多元,为现代社会人们在职业劳动和社会必要活动以外,谋求个人兴趣的充分发展,全面提高身体素质,合理完善心理构架,促使人格精神的现代化,乃至促使整个社会群体意识的现代化,提供了必要条件和实施载体。当然,也应看到,随着社会发展和活动形式深化,各种休闲活动之间的边界出现模糊或重叠的趋势。

(六) 休闲时间

　　所谓休闲时间,也称作可自由支配时间,是指人们用于工作的时间以及满足生理需求和家庭劳动需要等时间之外,人们可自由支配的活动时间。[①]

　　对休闲时间的认识可以从以下三方面理解。首先,休闲是一个时间概念,可以用时间尺度对人们的休闲活动进行衡量,没有时间也就无所谓休闲。其次,休闲时间是构成人们完整休闲活动的一个制约性条件。一般认为,影响休闲的有三类因素,分别是内在制约因素(intrapersonal constraints)、人际关系制约因素(interpersonal constraints)和结构性制约因素(structural constraints)。[②] 其中,休闲时间属于结构性制约因素范畴。最后,休闲时间又不是简单意义上的空闲时间,尽管空闲时间也是一个时间概念,然而,在许多时候人们常常将休闲时间

---

　　① 楼嘉军.休闲学概论[M].上海:华东师范大学出版社,2016:76.
　　② (韩)孙海植,安永冕,曹明焕,等.休闲学[M].朴松爱、李仲广,译.大连:东北财经大学出版社,2005:124.

等同于空闲时间。

一般认为,空闲时间是相对于工作而言的一个时间概念。阿尔努(Arnould)认为,空闲时间是指人们"不用于工作和不负任何责任的时间",展现了人们暂时脱离工作后的一种生活状态或时间方式,所以空闲时间是与工作时间相对应的。因此,从时间尺度上看,空闲时间要大于休闲时间。塞巴斯蒂安(Sebastian)认为,"人人都会拥有空闲时间,但并非人人都能够拥有休闲。空闲时间是一种人人拥有的并可以实现的观念,而休闲却并不是每个人都可以真正达到的人生状态"。

根据各国劳动法规定,工作以后的休息时间大致分为3种,即工作中的间隙时间、每日的休闲时间和休假。为了说明人们休闲时间的使用特性和规律,这里将各类休闲时间再细分为工作中的间隙休闲时间,每天工作、睡眠和家务活动以后的休闲时间,周末双休日,公共节假日和带薪假期等5大部分。

休闲时间是指当工作(包括有酬工作和无酬工作)、生活事务、睡眠和其他基本需求得到满足后个人可以自由利用的时间。[1] 时间是一种稀缺资源,个体或家庭拥有休闲时间的多少是居民能否积极参与休闲活动的前提。城市居民时间分配结构的不同,在一定程度上可以反映出他们生活结构和生活状态的差异,其中休闲时间的占有量则可以直接反映居民的生活质量。

当前生产效率不断提高,带薪休假政策不断规范化,逐渐形成了以公共休假制度、法定假日制度和带薪休假制度为主要内容的多层次的休假制度[2],为市民从事各种休闲活动提供了必要的时间保障。

(七) 休闲场所

休闲场所是居民实现休闲行为的空间载体。城市规划和发展中既要考虑市民的休闲需求,又要考虑配套休闲场所的发展。休闲场所是娱乐休闲活动的空间属性,同时也是休闲服务有形展示的载体,可以帮助市民感受到休闲服务带来的利益。[3] 休闲场所通常具有公共性、开放性和休闲性的特点,与居民之间存在着一种特殊的依赖关系——休闲场所的可持续发展依赖于城市居民"重游行为"的休闲活动,而居民也依赖于休闲场所的设施和服务使身心得到放松。[4] 从理

---

① 宋瑞.时间、收入、休闲与生活满意度:基于结构方程模型的实证研究[J].财贸经济,2014(6):100-110.

② 楼嘉军.中国城市休闲发展研究报告(2014)[M].上海:上海交通大学出版社,2015:7.

③ 高燕,郑焱.中西部城市市民娱乐休闲场所选择影响因素比较研究——以长沙市和兰州市为例[J].旅游学刊,2009(12):46-53.

④ 黄向,保继刚,Wall Geoffrey.场所依赖(place attachment):一种游憩行为现象的研究框架[J].旅游学刊,2006(9):19-24.

论上来说,休闲场所的选择应该与休闲时间的长短、休闲方式的选择具有对应性和同步性,即不同时间情境下进行不同休闲方式的休闲场所存在差异且有规律可循。

(八) 休闲花费

休闲花费是指居民在进行休闲活动时的经济开销。人们在进行休闲活动时,除了需要充足的时间,还需要依赖于一定的产品、设施和服务,这必然会产生休闲花费。大众休闲时代的到来推动了休闲产业的发展,人们过往单纯地以物质为主导的消费需求开始下降,而逐步转移为以满足休闲娱乐等精神满足的脱物化消费,因此,娱乐因素更多地渗透到居民购物、餐饮及其他日常生活中[①],使生活与休闲紧密相连,也促使居民休闲消费增长,朝多元化方向发展。需要指出的是,休闲花费的多少一定程度上受到休闲活动和休闲场所选择等的限制。

(九) 影响因素

影响因素是指决定居民选择休闲活动的原因或条件。影响因素分析旨在全面把握地域环境和文化差异等因素与城市居民休闲特征和城市休闲性格之间的内在关系,为提高居民休闲满意度寻求突破的路径。本书中居民休闲活动选择的影响因素主要包括:休闲方式趣味性、休闲方式娱乐性、休闲方式健身性、休闲方式时尚性、休闲方式知识性、休闲方式参与性、休闲设施质量、休闲服务水平、休闲产品宣传和推荐、休闲场所管理水平、休闲场所离居住地的距离、周围人参与休闲活动多少、身体健康状况、心情、兴趣爱好、个人收入水平高低、休闲花费多少、个人闲暇时间多少、家人朋友的支持。

(十) 休闲满意度

满意是一种心理状态。休闲满意是指居民休闲需求被满足后产生的心理愉悦感与满足感,揭示的是居民参加休闲活动的事前期望与结束休闲活动后的实际感受之间的一种相对关系。所谓休闲满意度则是指衡量居民休闲需求得到心理满足程度的一种指标,其数值高低在一定意义上反映了居民在参加休闲活动后所获得的心理满足感的大小。[②] 通过对休闲满意度的分析,可以使我们了解个体是否从他们参与的休闲活动中获得了期望的效益,考察休闲活动是否满足了他们的需要,判断和预测他们是否乐意参与这些活动,或者使他们选择与满意度水平相当的休闲活动,甚至增强对休闲活动的选择。

---

① 楼嘉军.中国城市休闲发展研究报告(2014)[M].上海:上海交通大学出版社,2015:8.
② 楼嘉军.论休闲与休闲时代[M].上海:上海交通大学出版社,2015:117.

第三节　问卷设计及抽样过程

一、问卷设计

（一）2004 年调研问卷的设计

2004 年，在承担华东师范大学人文社会科学预研究课题"城市休闲娱乐及其影响研究"的基础上，为了能够比较准确地了解城市居民参加休闲活动的基本状况，把握相关的演变特征，2004 年 3 月，由华东师范大学旅游系楼嘉军牵头成立了"长江流域城市居民休闲方式研究"课题组，并选择了上海、武汉和成都三座城市为主要研究对象。在初步拟定的调研提纲的基础上，2004 年 3—6 月，在课题组负责人楼嘉军的协调下，在旅游系邱扶东和王晓云等老师的帮助与配合下，课题组的其他成员岳培宇、金倩、王丽梅、侯新冬及辜应康等研究生一起参与，经过反复讨论，形成了有关居民休闲方式调查问卷的初稿。后经多次讨论，并对研究调研的主要内容以及在预调研过程中遇到的若干问题进行了比较充分的梳理，最终确定了 2004 年的城市居民休闲方式调查问卷。问卷调研的内容主要有以下五部分。一是人口学特征信息，包括性别、年龄、收入、文化程度和职业等内容。二是休闲方式，主要包括休闲动机与同伴选择、休闲活动、休闲场所、休闲时间和休闲花费等内容。其中，休闲活动、休闲场所、休闲时间和休闲花费又分为平时、周末和黄金周三个时间段进行调查。三是休闲活动影响因素，主要有休闲方式的趣味性、娱乐性、知识性，休闲设施质量和休闲服务水平等内容。四是休闲满意度，主要包括休闲活动满意度以及对城市休闲状况的总体评价。需要指出的是，在问卷的设计过程中，为了获取居民在不同时段参加休闲活动状态的信息，课题组特意将通常的一个时段的静态选项，细分为多个时段的动态选择，以便能够更接近居民在不同时段参加休闲活动的行为演变轨迹，这也是课题组在进行问卷设计时的一个突破。当然这一调整在进一步把握居民休闲时间利用与休闲活动变化之间的关系特征的同时，也增加了以后进行研究的难度。

（二）2014 年调研问卷的调整

2014 年，在承担国家社会科学基金项目"我国城市休闲化的指标体系、质量测度与提升路径研究"的基础上，作为研究课题的负责人，楼嘉军在推进城市休闲化研究工作的同时，提出继续开展有关城市居民休闲方式的调研工作。一方面,希望能够围绕城市居民的休闲方式的调研,与2004年的研究工作进行衔接;另一方面,希望通过新的市场问卷的调研,能够探寻近十年来,我国城市居民休闲方式的演变特点与发展规律,在理论和实践上为我国休闲研究做出应有贡献,也可以为相关管理部门的政策制定提供依据。

关于城市居民休闲方式调研的课题组由楼嘉军负责,成员包括李丽梅、刘松、徐爱萍、马红涛、刘润、李婷、马芮、黄佳丽和刘震等博士研究生与硕士研究生,在旅游系邱扶东和孙晓东等老师的配合下,课题组针对当时居民休闲方式发展的具体实情,经过反复讨论以后认为,为了保证2014年关于城市居民休闲方式市场研究工作的延续性,以及与2004年调研内容的可对比性,决定使2014年的市场问卷的基本格式和内容与2004年市场问卷版本保持大致相同。然而鉴于将近10年时间的变化,很多新的休闲方式涌现并快速发展,居民休闲内容更为丰富,休闲方式更加多元,选择手段也更趋多样化。因此,课题组决定对2004年的市场问卷进行适当调整。在2014年2—4月,课题组组织了多轮专家讨论,针对问卷的内容、问卷的表达方式以及近10年出现的新的休闲方式进行了补充和修改。例如,在2004年关于城市居民休闲方式的市场问卷中,有关休闲方式的选项中,有一个题项是"看电视、影视娱乐和上网"。当时,这样安排是基于那个年代居民休闲方式的具体现状,由于网络的普及率没有近年来那么高,能够随意进行"网上冲浪"的人群规模还没有那么庞大,上网作为一种独立的休闲方式,其影响力远不如看电视,所以就把看电视、上网、看电影等合并为一项休闲方式进行选择。令人意想不到的是,10年后,随着信息化时代的到来,上网已经成为一种十分普遍的休闲方式。据不完全统计,在多个群体中,上网的规模与上网的时间也已大大超过看电视这样一种传统的休闲方式。显而易见,看电视、上网在休闲属性和选择人群等方面有着明显的区别。对此,课题组把"看电视、影视娱乐和上网"这一个题目拆为三个选项。但是在统计时,又合并起来进行处理。这样做,既能够观察城市居民围绕看电视与上网两种休闲方式在10年过程中的变化特征,又可以根据相关材料对2004年与2014年的调查数据进行有机比较与合理分析。又如,根据10年间休闲发展的实际状况,课题组在具体的休闲活动中,还增加了"桌游""看演唱会、音乐会等"等深受广大市民喜爱的休闲活动选项。通过相应的调整,以使问卷调查内容与时代发展的实际相对贴近。此外,在月收入一栏,2004年设计时把8 000元以上作为高收入的标准。在2014年,根据社会发展的实际情况,把8 000元以上这一栏又拆分为四个选项,即8 001～10 000元、10 001～15 000元、15 001～20 000元、20 000元以上。

（三）2019 年调研问卷的沿用

时隔 5 年后，为便于调查数据的纵向可对比，2019 年的研究基本沿用了
2014 年的调查问卷，只是在个别题项上进行了微调。比如，在 2019 年的调查
中，考虑到休闲活动在平衡家庭关系、增进家庭情感中的作用，以及提升性休闲
活动的不断涌现，对个人自我实现意义不断增强的情况下，课题组在原来 8 项动
机的基础上，增设"家庭团聚"和"自我实现"两项。

二、问卷发放

（一）问卷调研

1. 2004 年的问卷发放工作

在正式确定城市居民休闲方式调查问卷以后，课题组于 2004 年 6 月正式启
动问卷发放工作，主要选择上海、武汉与成都作为案例研究城市。

2004 年武汉城市居民休闲方式的调研工作由金倩负责，成都城市居民休闲
方式的调研工作由岳培宇负责。两个城市的调研工作安排在当年 7—8 月进行。
调研地点主要选择两座城市的娱乐场所、公园、社区、公共图书馆以及部分企事
业单位。在武汉地区发放问卷 250 份，回收有效问卷 242 份，有效率为 96.80%；
在成都发放问卷 250 份，回收有效问卷 237 份，有效率为 94.80%。

上海地区的问卷发放工作在 2004 年 9—10 月展开，由岳培宇、金倩、侯新
冬、王丽梅和辜应康等负责进行。在上海市内的部分娱乐场所、公园、社区、公共
图书馆以及企事业单位内发放 300 份，回收有效问卷 287 份，有效率为 95.67%。
需要说明的是，本问卷在发放过程中，主要针对生活或工作在上海、武汉和成都
三个城市城区的居民或常住城区的外来人口，同时尽量避免调查中、小学生等经
济上尚未独立的群体。

2. 2014 年的问卷发放工作

在完成了对居民休闲方式市场调查问卷进行微调的工作后，课题组开展了
市场问卷的发放工作。

上海地区的问卷发放工作由马红涛、刘润等负责，时间在 2014 年 8—10 月，
课题组多次分批在工作日、周末、小长假和黄金周到上海市黄浦区、普陀区、虹口
区和徐汇区等主要城区的社区、公园、广场、图书馆、办公楼等地进行了问卷调查
工作。共发放问卷 400 份，回收有效问卷 309 份，有效率为 77.25%。

2014 年武汉城市居民休闲方式的调研工作于当年 8—10 月进行，委托湖北
经济学院的蒋昕博士组织相关大学生实施。共发放问卷 420 份，回收有效问卷

407 份,有效率为 96.90%。

2014 年成都城市居民休闲方式的调研工作于当年 6—8 月完成,委托西南财经大学岳培宇博士组织相关大学生完成市场调研工作。发放问卷 420 份,回收有效问卷 387 份,有效率为 92.14%。

3. 2019 年的问卷发放工作

课题组于 2019 年 6 月—2020 年 1 月先后在上海、武汉、成都三个城市开展城市居民休闲方式问卷调查。调查范围均覆盖三个城市的娱乐场所、公园、社区、广场、图书馆及部分企事业单位,调查方法主要是按年龄、性别采用分层抽样与方便抽样相结合的抽样方式。其中,在上海共发放问卷 380 份,回收有效问卷 359 份,问卷有效率为 94.47%;在武汉共发放问卷 410 份,回收有效问卷 400 份,问卷有效率为 97.56%;在成都共发放问卷 450 份,回收有效问卷 441 份,问卷有效率为 98.00%。

需要指出的是,本研究在挑选问卷调查开展的地点和对象时,主要针对生活或工作在武汉主要城区的本地居民或常住武汉的外地人,同时尽量避免调查中、小学生等经济上尚未独立的群体。

(二) 三个城市的问卷发放工作

1. 上海的问卷发放工作

2004 年 9—10 月,课题组在上海市区的主要社区、公园、图书馆、娱乐场所和其他地方发放问卷 300 份,回收有效问卷 287 份,有效率为 95.67%。2014 年 8—10 月,课题组多次分批在工作日、周末、小长假和黄金周到上海黄浦区、普陀区、虹口区和徐汇区等主要城区的社区、公园、广场、图书馆、办公楼等地进行了问卷调查。课题组共发放问卷 400 份,回收有效问卷 309 份,有效率为 77.25%。2019 年 6 月—2020 年 1 月,课题组在上海共发放问卷 380 份,回收有效问卷 359 份,问卷有效率为 94.47%。

2. 武汉的问卷发放工作

课题组分别于 2004 年 7—8 月和 2014 年 8—10 月在武汉市内的娱乐场所、公园、社区、公共图书馆及企事业单位发放问卷,调查仍主要采用街头拦截式访问的形式。其中,2004 年共发放问卷 250 份,回收有效问卷 248 份;2014 年共发放问卷 420 份,回收有效问卷 407 份;2019 年 6 月—2020 年 1 月,共发放问卷 410 份,回收有效问卷 400 份,问卷有效率为 97.56%。

3. 成都的问卷发放工作

课题组于 2004 年 7—8 月在成都市武侯区、锦江区、青羊区及金牛区等主要城区的娱乐场所、公园、商场及公共图书馆等场所随机发放调查问卷 250 份,回收有效问卷 237 份。2014 年 6—8 月多次分批在市区的公园、广场、图书馆等公共休闲区域发放调查问卷 420 份,回收有效问卷 387 份,有效率为 92.14%。2019 年 6 月—2020 年 1 月,共发放问卷 450 份,回收有效问卷 441 份,问卷有效率为 98.00%。

三、数据处理

本研究的数据主要来源于对上海、武汉和成都居民休闲方式与满意度的调查,所有问卷调查数据均借助目前在社会科学研究中被广泛应用的数据处理软件 SPSS 来处理和分析。在对调查数据进行缺失值处理的基础上,主要运用描述统计、方差分析和因子分析等分析模块进行数据的统计分析。其中,因子分析核心思想是降维,它是以相关性为基本原理,用少数几个不可观察的潜在变量因子描述多个能实际观测随机变量之间的关系的一种统计学方法,主要应用于休闲活动选择影响因素以及休闲满意度的比较分析之中。

需要说明的是,由于三次调查问卷的题项存在不同程度的调整,在数据处理时根据研究需要进行了归类合并,比如在"月收入"题项中,2014 年和 2019 年问卷为 8 个选项,2004 年问卷为 5 个选项,区别在于 2004 年问卷把 8 000～20 000 元统称为 8 000 元以上,2014 年和 2019 年问卷则将 8 000 元及以上的选项做了细分。在处理数据时,将 2014 年和 2019 年问卷的数据中 8 000 元及以上都统计为"8 000 元以上",便于纵向比较。在"休闲方式"题项中,2014 年和 2019 年问卷为 15 种休闲方式,2004 年问卷为 12 种休闲方式,区别在于 2004 年问卷的"C、看电视、影视娱乐和上网"于 2019 年拆分为"C 上网、D 看电视、E 看电影";在处理数据时,将 2014 年和 2019 年的"C 上网、D 看电视、E 看电影、F 看演唱会、演唱会等"合并,与 2004 年的"C、看电视、影视娱乐和上网"等同。

第二章 上海居民休闲方式、影响因素与满意度分析

第一节 人口统计学特征

一、调查样本的基本信息

2004 年、2014 年和 2019 年三次调研样本的人口学基本信息包括性别、年龄、婚姻状况、文化程度、职业和收入等。三次调研样本的基本信息如表 2-1 所示。

表 2-1 样本人口统计学特征(单位:%)

类别	选项	2004年	2014年	2019年	类别	选项	2004年	2014年	2019年
性别	男	52.04	49.68	49.86		3 001~5 000 元	29.74	31.35	27.02
	女	47.96	50.32	50.14		5 001~8 000 元	15.99	33.66	30.64
年龄	18 岁以下	1.49	1.62	0.00	月收入	8 001~10 000 元	12.27	10.23	13.93
	18~25 岁	33.83	23.38	22.56		10 001~15 000 元	—	9.90	10.58
	26~35 岁	34.20	39.61	19.50		15 001~20 000 元	—	2.31	4.18
	36~45 岁	17.84	16.56	20.61		20 000 元以上	—	1.98	3.90
	46~60 岁	10.78	16.56	20.33	婚姻状况	未婚	49.81	44.65	27.86
	60 岁以上	1.86	2.27	16.99		已婚	50.19	55.35	72.14
月收入	1 000 元及以下	11.52	4.29	1.39	文化程度	初中及以下	1.86	1.30	6.41
	1 001~3 000 元	30.48	6.27	8.36		高中(中专、职校)	17.47	15.31	20.06

类别	选　项	2004年	2014年	2019年	类别	选　项	2004年	2014年	2019年
文化程度	本科及大专	72.86	69.06	62.67	职业	私营企业主、个体经营户	1.49	4.85	3.06
	硕士及以上	7.81	14.52	10.86		学　生	14.50	4.53	6.13
职业	企、事业单位职工	16.73	69.70	42.34		自由职业者	3.35	3.24	3.34
	企、事业单位管理人员	38.29	11.00	13.09		离退休人员	—	2.91	22.01
	公务员	3.35	3.88	5.29		其他从业人员	22.30	7.12	4.74

二、调查样本的人口学特征

(一) 性别

在 2019 年的调研中,受访对象中男性所占比例为 49.86%,女性所占比例为 50.14%,男女比例基本持平。在 2014 年和 2004 年的调研中,受访对象中男性所占比例分别为 49.68% 和 52.04%,女性所占比例分别为 50.32% 和 47.96%,男女比例大致接近。在跨度 15 年的三次市场调查中,受访对象男女比例基本接近,为接下来的人口统计学特征分析和休闲方式变迁等研究奠定了比较好的基础。

(二) 年龄

在 2019 年的调研对象中,年龄构成如下:18 岁以下选项比例为 0,18~25 岁选项所占比例为 22.56%,26~35 岁选项所占比例为 19.50%,36~45 岁选项所占比例为 20.61%,46~60 岁选项所占比例为 20.33%,60 岁以上的老人所占的比例为 16.99%。在 2014 年调研的样本中,18 岁以下所占比例为 1.62%,18~25 岁选项所占比例为 23.38%,26~35 岁选项所占比例为 39.61%,36~45 岁和 46~60 岁选项所占比例均为 16.56%,60 岁以上的老人所占的比例为 2.27%。在 2004 年的调研样本中,18 岁以下选项所占比例为 1.49%,18~25 岁选项所占比例为 33.83%,26~35 岁选项所占比例为 34.20%,36~45 岁选项所占比例为 17.84%,46~60 岁选项所占比例为 10.78%,60 岁以上的老人所占的比例为 1.86%。可以看出,2019 年调研的对象主要是具有独立的经济来源的上海居民,与未进入社会的学生相比,他们的休闲具有很强的自主性和实现的保障性。相比于 2014 年和 2004 年,2019 年的调研样本在 18～25 岁之外的年龄段分布更加均衡。

(三) 婚姻

在 2019 年的调研中,未婚人群所占比例为 27.86%,已婚人群占比为 72.14%。在 2014 年的调研中,未婚人群所占比例为 44.65%,已婚人群占比为 55.35%。在 2004 年的调研中,未婚人群所占比例为 49.81%,已婚人群占比为 50.19%。在三次调研中,已婚人群的比例逐渐上升。

(四) 个人月收入

在 2019 年的调研对象中,受访者月收入在 1 000 元及以下的为 1.39%,1 001～3 000 元的为 8.36%,3 001～5 000 元的为 27.02%,5 001～8 000 元的为 30.64%,8 001～10 000 元的为 13.93%,10 001～15 000 元的为 10.58%,15 001～20 000 元的为 4.18%,20 000 元以上的占比为 3.90%。在 2014 年的调研对象中,受访者月收入在 1 000 元及以下的为 4.29%,1 001～3 000 元的为 6.27%,3 001～5 000 元的为 31.35%,5 001～8 000 元的为 33.66%,8 001～10 000 元的为 10.23%,10 001～15 000 元的为 9.90%,15 001～20 000 元的为 2.31%,20 000 元以上的为 1.98%。在 2004 年的调研对象中,收入在 1 000 元及以下的为 11.52%,1 001～3 000 元的为 30.48%,3 001～5 000 元的为 29.74%,5 001～8 000 元的为 15.99%,8 000 元以上的所占比重为 12.27%。

从受访者的收入状况看,15 年来上海居民不同收入群体的构成发生了显著变化,有两点值得关注。一是不同收入群体的主体部分发生了变化。2004 年收入在 1 000～3 000 元和 3 001～5 000 元的两部分人群约占 60.22%;2014 年收入在 3 001～5 000 元和 5 001～8 000 元的两部分人群约占 65.11%;2019 年收入在 3 001～5 000 元和 5 001～8 000 元两部分人群占比为 57.66%。也就是说,15 年间,受访者中的主体部分的收入水平提高了一个台阶,这一变化意味着普通市民大众的休闲生活水平得到了明显提升。二是中高收入群体增幅迅速,集中表现在月收入为 8 000 元以上的人群,由 2004 年的 12.27%、2014 年的 24.42% 增长到 2019 年的 32.59%,增长了约 1.66 倍。2019 年收入在 3 001～5 000 元和 5 001～8 000 元两部分人群的占比虽然低于 2014 年,但 8 000 元以上人群占比在这 5 年中有了较大提升。中高收入群体规模激增,也与近年来上海消费市场中各种中高端休闲消费产品层出不穷的发展现状基本吻合。

(五) 文化程度

在 2019 年的调研样本中,初中及以下学历所占比例为 6.41%,高中(中专、职校)学历所占比例为 20.06%,本科及大专学历的人群所占比例最高,达到了62.67%,而硕士及以上学历的人群所占比重也达到了 10.86%。在 2014 年的调研样本中,初中及以下学历所占比例为 1.30%,高中(中专、职校)学历所占比例为 15.31%,本科及大专学历人群占比 69.06%,而硕士及以上学历的人群所占比重也达到了 14.52%。在 2004 年的调研样本中,初中及以下学历所占比例为1.86%,高中(中专、职校)学历占比 17.47%,本科及大专学历占比 72.86%,硕士及以上学历的人群所占比例为 7.81%。可以发现,经过 15 年的发展,上海居民的教育水平和文化素质有了比较明显的改善。硕士及以上学历的受访人群比例明显增加,由 2004 年的 7.81% 提升到 2014 年的 14.52% 和 2019 年的 10.86%。

(六) 职业

在 2019 年的调研样本中,企、事业单位职工所占比例最高,为 42.34%;有13.09% 的人员为企、事业单位管理人员;5.29% 的调研对象为公务员;私营企业主、个体经营户人群所占比重为 3.06%;学生群体所占比重为 6.13%;自由职业者群体所占比重为 3.34%;离退休人员所占比重为 22.01%;而其他从业人员的比重为 4.74%。在 2014 年的调研样本中,企、事业单位职工所占比例达到了69.07%;有 11% 的人员为企、事业单位管理人员;3.88% 的调研对象为公务员;私营企业主、个体经营户人群所占比重为 4.85%;学生群体所占比重为 4.53%;自由职业者群体所占比重为 3.24%;离退休人员所占比重为 2.91%;而其他从业人员的比重为 7.12%。而 2004 年的调研对象中,企、事业单位职工比例为16.73%;企、事业单位管理人员所占比例为 38.29%;公务员比例为 3.35%;私营企业主、个体经营户比例为 1.49%;学生比例为 14.5%;自由职业者所占比例为3.35%;其他从业人员所占比例为 22.3%。

通过对三次调研数据的比较,可以发现三个比较明显的变化。一是 2014年受访者中在企、事业单位工作的人数约占 80%,比 2004 年的 55.02% 高出将近 25 个百分点,这一职业构成数量的变化现象,既反映了上海作为我国特大城市在经济转型中曾经有过产业调整对社会人群职业构成的影响,又表明上海第三产业与现代服务业的高速发展,形成受访者人群中间主体职业构成的新态势。而 2019 年的调研中这一比例又降到了 55.43%,对比 2014 年的调研数据,可以发现除了离退休人员之外的其他各类职业比例无明显变化,说明了人口年龄结构对职业结构产生的影响。二是其他形式的从业人员数量的变化,从 2004 年的 22.3%、2014 年的 7.12% 到 2019 年的 4.74%,下降了 17.56个百分点,也揭示了受访者人群的就业偏好向企、事业单位回归的演变趋势。

三是离退休人员的比例明显增加,从 2014 年的 2.91% 到 2019 年的 22.01%,这与第七次全国人口普查显示的上海人口老龄化程度高于全国水平的结果一致。

总体而言,三次调研样本的男女比例都比较平均,年龄多集中在 18~60 岁,具有稳定的收入,文化程度主要集中在大专及本科以上,职业多为企、事业单位职工和管理人员。从样本人口统计学特征可以看出,整个调研样本对于反映上海城市居民休闲方式的基本特点提供了比较理想的基本素材。

第二节　居民休闲方式

一、休闲动机与休闲同伴

(一)休闲动机

休闲动机是影响居民选择休闲方式的重要因素。2004 年、2014 年和 2019 年上海居民参加休闲活动的主要动机如表 2-2 所示。

表 2-2　2004 年、2014 年和 2019 年上海居民休闲动机调查情况(单位:%)

年份	放松身心、消除疲劳	开阔眼界、增长认识能力	增强与外界沟通、扩大交际	锻炼身体	审美愉悦、怡情养性	商务需要	消磨时间	其他
2004	30.08	22.62	14.40	12.85	12.34	4.63	3.08	—
2014	30.80	20.50	18.70	7.00	11.30	9.60	1.40	0.70
2019	28.32	18.38	9.66	10.77	16.34	5.48	8.26	2.79

可以看出,2004 年、2014 年和 2019 年上海居民从事休闲动机的选择,最多的为放松身心、消除疲劳,其次为开阔眼界、增长认识能力。在八个选项中,两项合计分别约占 53%、51% 和 46.70%。从跨度 15 年的数据比较看,居民有关休闲动机的基本选择倾向没有发生大的变化。

第一,从事休闲活动的主要动机仍然是"放松身心、消除疲劳",尽管三次调查的跨度为 15 年,该选项却始终以 30% 左右的比例占据首位。对此可以从以下两方面进行理解。首先,放松身心是休闲生活的一种常态。从当今人们的生活构成角度讲,休闲已经成为工作、睡眠以及家务或必要的社会活动以外的第四生活状态。作为生活的必要组成部分,休闲对人们而言已经不可或缺,而休闲最基本的功能就是行动自由自在,精神无忧无虑,身体轻轻松松。因此,选择放松身心作为休闲的主要动机,既是人们享受朴实生活的一种自然体现,也是人们追求精神价值诉求的一种必然流露。其次,休闲是调节工作压力与生活节奏的润滑剂。上海是我国公认的工作压力大、生活节奏快的城市之一。据"2020 中国睡眠指数报告",上海居民平均睡眠时间仅为 7 小时,焦虑和烦躁情绪成为影响睡眠的主要因素。[①] 从受访者角度看,其大多为工薪阶层,承受着工作与生活的双重压力。这说明,上海居民把休闲活动作为缓解身体和心理疲劳、释放生活压力的主要动机,对他们来说,休闲活动是一种必然的选择。

第二,位居休闲动机选择次席的是"开阔眼界、增长认识能力"。表明居民参加休闲活动比较注重形式与内容的统一,偏爱知识性与娱乐性的休闲方式,以便提升自我、发展自我。

第三,在 2019 年的调查中,审美愉悦、怡情养性,消磨时间的休闲动机选择比例有所提高,反映了人们更加关注精神享受,休闲需要发展到了更高的层次。

第四,在 2019 年的调查中,增强与外界沟通、扩大交际的休闲动机选择比例有较明显的减弱。商务需要的动机选择也在经历了 2004 年到 2014 年的上升之后重新回落,反映出在近年较高的工作压力与较快的生活节奏双重挤压下,人们更加注重回归休闲作为平衡和调节生活手段的基本属性。

第五,锻炼身体的动机选择在经历了 2004 年到 2014 年的下降后,2019 年再度回升,反映了人们在经过出于压力被迫缩减用于锻炼身体的休闲活动时间,牺牲身体健康的无奈之举之后,重新关注健康的循环性波动。当前,越来越多的人将形成共识:身体健康是人生的最大财富。关注健康是由小康社会阶段走向富裕社会阶段的重要特征。

(二) 休闲同伴

休闲同伴选择反映了市民在日常的休闲活动过程中,与他人及群体之间形成的一种社会关系,体现了人们在休闲活动中偏重何种社会关系的一种价值取向。2004、2014 年和 2019 年,上海市居民休闲同伴选择倾向如表 2 - 3 所示。

---

① 2020 中国睡眠指数报告［EB/OL］.搜狐网,https://www.sohu.com/a/44347009699900352,2021 - 01 - 08.

表 2 - 3　2004 年、2014 年和 2019 年上海市居民休闲同伴选择(单位：%)

类　别	选　项	2004 年	2014 年	2019 年
休闲同伴	家　人	36.80	43.83	42.62
	朋　友	50.93	42.53	41.23
	同　事	5.95	6.17	8.36
	单　独	5.20	5.84	7.24
	其　他	1.12	1.62	0.56

从表 2 - 3 可以看出,2004 年,受访者关于休闲同伴的选择比例最高的是"朋友",为 50.93%;其次是"家人",为 36.80%。两者合计约为 87.73%。2014 年,选择"家人"的比例升至第一,为 43.83%;选择"朋友"的比例退居其次,为 42.53%。两项之和为 86.36%。2019 年,选择比例最高的依然是"家人"和"朋友",分别为 42.62%和 41.23%,两项之和为 83.85%,其他选项与前两次调查差别不大。

从 2004 年的数据看,受访者在选择休闲同伴时,选择朋友的比例高达 50.93%,表现出强烈的往外走倾向。这也是因为当时经济改革逐步深入,就业岗位竞争日趋激烈,在工作压力与生活压力下,人们需要向他人倾诉。同时随着城市化加速发展,人们脱离了传统的家庭和单位之间两点一线的生活轨迹。舒适的娱乐环境与宽敞的娱乐空间的出现也为人们日常的休闲行为和交往关系分离出传统的生活模式创造了条件。彼时上海家庭局促的居住环境对家庭日常休闲活动而言是一个极大的制约因素。

从 15 年间进行的三次调查可以发现,在人们的日常休闲活动中,同伴的主体主要由家人与朋友构成。家庭成员体现了亲情关系,朋友圈子反映了友情空间。亲情与友情,覆盖了人们休闲生活的绝大部分时段与空间,亲人与朋友成为陪伴人们人生的两大群体。而 2014 年以来,虽然上海居民参与休闲活动仍以亲情或友情为感情基础,但重心发生了变化,上海居民对家庭的重视和对亲情的依恋上升为对休闲活动的主要价值诉求,通过各类休闲活动增加与家人相处的机会、增进与家人的感情、促进家庭和睦、凝聚家庭向心力。

二、休闲活动倾向及群体差异

(一)休闲活动倾向

不同的时间情境对居民选择休闲活动的类型有重要影响。本研究设置了平时、周末和黄金周三个时间阶段，通过分段选择来调查上海居民休闲活动方式的选择偏好。其中，平时指周一到周五，周末指周六和周日，黄金周指春节、国庆节两个连续七天的休假周期①。根据上海居民实际休闲活动的变化，在 2019 年的调查中对市民休闲活动的选项进行了调整，去掉了美容、家居装饰选项，增加了散步选项，将业余爱好和休闲教育两个选项包含的具体内容进行了重新归类，并规范了一些选项的用词，以使问卷内容更加合理。2004 年、2014 年和 2019 年上海居民休闲活动选择统计结果见表 2－4。其中，2019 年"业余爱好、桌游、棋牌"选项数据为"桌游、棋牌"选项统计数据。

表 2－4　2004 年、2014 年和 2019 年休闲活动选择(单位: %)

休闲活动	平　　时			周　　末			黄金周		
	2004 年	2014 年	2019 年	2004 年	2014 年	2019 年	2004 年	2014 年	2019 年
旅游度假	2.97	6.13	5.29	5.95	8.80	5.29	24.54	23.65	21.63
参观访问	2.23	3.01	4.36	4.58	3.99	4.27	6.82	7.44	4.92
上　网		23.82	20.98		13.77	18.20		12.24	14.95
看电视		19.40	17.27		9.20	7.80		6.20	6.50
看电影	27.88	12.40	7.99	19.33	15.10	12.72	12.14	8.00	6.87
看演唱会、音乐会等		0.90	1.02		3.60	2.23		3.10	2.41
逛街、购物、饮食、闲聊	21.56	9.25	7.61	19.83	16.78	18.01	14.37	15.85	18.48
吧式消费	3.22	2.43	1.20	5.70	4.11	3.81	2.35	2.16	2.41
养花草宠物	4.58	4.86	4.83	3.59	3.29	3.06	1.61	2.40	2.23
散　步	—	—	8.73	—	—	7.34	—	—	4.36
阅　读	—	—	8.82	—	—	4.27	—	—	5.57

①　2004 年第一次调查时，有春节、五一和十一共三个黄金周，五一黄金周随着 2008 年休假制度调整而取消。

续　表

休闲活动	平　　时			周　　末			黄金周		
	2004年	2014年	2019年	2004年	2014年	2019年	2004年	2014年	2019年
业余爱好、桌游、棋牌	11.28	6.71	1.49	9.05	7.98	2.60	7.68	8.28	1.58
美容、家居装饰	3.35	—	—	4.58	—	—	3.35	—	—
体育健身	10.16	8.32	—	10.16	7.16	—	5.95	4.92	—
社会活动	3.59	1.50	1.76	6.82	4.11	1.76	12.14	3.60	1.76
休闲教育	2.11	0.58	2.41	3.84	1.17	2.41	2.35	1.32	3.34
其　他	7.06	0.69	0.28	6.57	0.94	0.46	6.69	0.84	0.56

　　从表 2-4 中可以看出,2004 年,在平时,上海居民休闲活动的第一选择是看电视、影视娱乐和上网等,占 27.88%;其次是逛街、购物、饮食、闲聊,占 21.56%;再次是业余爱好、桌游、棋牌,比例是 11.28%。三项合计占 60.72%。到了周末,休闲活动选择占据第一的是逛街、购物、饮食、闲聊,为 19.83%;其次是看电视、影视娱乐和上网等,为 19.33%;再次是体育健身,为 10.16%。三项合计为 49.32%。在黄金周期间,居民在休闲活动选择上最青睐的是旅游度假,为 24.54%;其次是逛街、购物、饮食、闲聊,占 14.37%;再次是看电视、影视娱乐和上网等,为 12.14%。三项合计是 51.05%。值得注意的是,并列第三的还有社会活动项,说明人们从事社交活动的意愿也在增强。

　　2014 年,在平时,上海居民休闲活动方式选择上最多的是看电视、影视娱乐和上网等,占 56.52%;接下来是逛街、购物、饮食、闲聊等,为 9.25%;第三位是体育健身,为 8.32%。三项合计为 74.09%。在周末,看电视、影视娱乐和上网等,依据占据第一,为 41.67%;第二位是逛街、购物、饮食、闲聊等,占 16.78%;第三位是业余爱好、桌游、棋牌,为 7.98%。三项合计为 66.43%。在黄金周,看电视、影视娱乐和上网等,还是处于首位,占 29.54%;旅游度假居其次,为 23.65%;第三是逛街、购物、饮食、闲聊,为 15.85%。三项合计为 69.04%。

　　2019 年,在平时,选择看电视、影视娱乐和上网等的居民,占 47.26%;接下来是阅读和散步,分别占 8.82% 和 8.73%。这三项合计为 64.81%。在周末,选择看电视、影视娱乐和上网等的居民,占 40.95%;接下来是逛街、购物、饮食、闲聊,占 18.01%;再次为散步,占 7.34%。这三项合计为 66.30%。在黄金周,选择看电视、影视娱乐和上网的居民,占 30.73%;接下来是旅游度假,占 21.63%;逛街、购物、饮食、闲聊为 18.48%。这三项合计为 70.84%。

从居民休闲活动方式选择的变动可以看出以下几个特征。首先,在平时,居民前三项休闲活动方式的选择比例高达 60% 以上,反映出居民的休闲活动方式具有鲜明的集中度和相似性特点,也从一个层面表明居民休闲活动方式选择的约束性特点比较明显。其次,从不同时段看,居民休闲活动方式选择位次也有变化,选择看电视、影视娱乐和上网等活动的比例按照平时、周末、黄金周依次降低;在周末,选择看电影,逛街、购物、饮食、闲聊等活动的比例大幅上涨,看电视的比例有较大幅度的下降;到了黄金周,出门旅游度假成为更多人的选择,但看电视、影视娱乐和上网等活动除了 2004 年仍居首位。显然,居民休闲方式选择的位次变化,折射出一个比较清晰的演变轨迹,从平时到周末,再到黄金周,居民休闲活动方式在空间上,由室内走向室外;在形式上,由静态走向动态;在距离上,由近程走向远方。再次,从休闲活动方式的内容看,体育健身以及 2019 年新增的散步和阅读活动在不同的时段保持着较为稳定的比例,成为居民重要的休闲内容。

(二) 群体差异

1. 性别差异

第一,平时休闲活动选择的差异。由于男性和女性在体能、心理等方面的差异,其选择的休闲活动也是不同的。调查结果显示,2004 年、2014 年和 2019 年不同性别市民在平时休闲活动选择方面有一定的区别,见表 2-5。

表 2-5 2004 年、2014 年和 2019 年不同性别市民平时休闲活动选择一览表(单位: %)

休闲活动	男 性			女 性		
	2004 年	2014 年	2019 年	2004 年	2014 年	2019 年
旅游度假	2.56	6.43	5.77	3.33	5.88	4.81
参观访问	2.31	3.10	5.40	2.14	2.94	3.33
看电视、影视娱乐和上网	28.21	56.43	46.19	27.62	56.56	48.34
逛街、购物、饮食、闲聊	17.18	5.71	7.08	25.71	12.44	8.15

休闲活动	男　性			女　性		
	2004 年	2014 年	2019 年	2004 年	2014 年	2019 年
吧式消费	3.33	2.14	1.49	3.10	2.71	0.56
养花草宠物	5.64	4.52	3.72	3.57	5.20	5.93
散　步	—	—	7.64	—	—	9.81
阅　读	—	—	8.94	—	—	8.70
业余爱好、桌游、棋牌	10.77	8.81	2.05	11.67	4.75	0.93
美容、家居装饰	0.51	—	—	5.95	—	—
体育健身	11.28	10.95	7.26	9.29	5.88	5.00
社会活动	3.33	1.19	2.61	3.81	1.81	0.93
休闲教育	1.54	0.48	1.86	2.62	0.68	2.96
其　他	13.33	0.24	0.00	1.19	1.13	0.56

统计结果显示,不论男性或女性市民,在平时都比较热衷于"看电视、影视娱乐和上网"活动,在三次调查中占比均为第一,体现出高度的一致性。当然,在平时休闲活动的选择方面,也有比较明显的差异性。一是在逛街、购物、饮食、闲聊方面,在三次调查中女性的占比都高于男性,2004 年和 2014 年都比男性高出将近 8 个百分点。二是养花草宠物的比例,女性均略高于男性,而在体育健身上男性的选择比例均略高于女性。

从 2014 年的调查数据分析看,相比于十年前的结果有比较明显的不同。尽管男女市民在平时的休闲活动中,无不把"看电视、影视娱乐和上网"活动作为第一选择,但是值得注意的是,这一比例由 2004 年的 28% 左右提升至 2014 年的 56% 左右,几乎增加了 1 倍,成为平时休闲活动中最核心、最主要的活动项目。2019 年这一比例有一定程度的下降,男女分别为 46.19% 和 48.34%。由于这一项目组合选择比例的变化,势必对其他休闲活动项目选择的比例产生挤压作用。如在逛街、购物、饮食、闲聊方面,男女的选择比例均有较大的降幅。

第二,周末休闲活动选择的差异。从数据看,居民依然把看电视、影视娱乐和上网作为周末的第一选项,不过相比于平时的选择,均有不同程度的下降,大部分降低了 10 个百分点左右。其中女性选择的比例均小于男性,在平时休闲活动的选择中并未出现这一特点。主要活动选择比例的降低,意味着居民选择活动自由度的扩大。在前两次调查中,女性的第二与第三选择分别是逛街、购物、饮食、闲聊和旅游度假;而男性则是逛街、购物、饮食、闲聊和体育健身。2019 年新增的选项"散步",成为女性新的第三选择。男性在周末参加健身活动的比例一直高于女性,但是这种性别差距在 2019 年已经明显缩小,详见表 2-6。

表 2-6 2004 年、2014 年和 2019 年不同性别上海
居民周末休闲活动选择情况(单位: %)

休闲活动	男　性			女　性		
	2004 年	2014 年	2019 年	2004 年	2014 年	2019 年
旅游度假	5.90	8.27	3.72	5.95	9.15	6.85
参观访问	5.13	4.14	4.84	4.05	3.89	3.70
看电视、影视娱乐和上网	19.49	43.31	43.39	19.29	40.05	38.52
逛街、购物、饮食、闲聊	17.18	14.11	16.01	22.38	19.45	20.00
吧式消费	4.62	3.65	4.84	6.67	4.58	2.78
养花草宠物	3.59	2.19	2.23	3.57	4.35	3.89
散　步	—	—	6.52	—	—	8.15
阅　读	—	—	3.91	—	—	4.63
业余爱好、桌游、棋牌	10.00	9.01	3.72	8.10	7.10	1.48
美容、家居装饰	0.77	—	—	8.10	—	—
体育健身	12.05	9.98	6.15	8.33	4.58	5.37
社会活动	6.15	3.89	1.68	7.62	4.35	1.85
休闲教育	2.56	0.97	2.42	5.00	1.37	2.41
其　他	12.56	0.49	0.56	0.95	1.14	0.37

第三,黄金周休闲活动选择的差异。2004年,男性在黄金周期间位居前三的活动分别是旅游度假(23.08%),逛街、购物、饮食、闲聊(13.08%),看电视、影视娱乐和上网(11.28%),合计为47.44%。女性热衷的前几项活动在排序上与男性相似,前述三项的比例依次是25.95%、15.71%、13.1%,总和是54.76%。相对而言,女性的活动集中度略高于男性。2004年,男性对"参观访问""吧式消费""业余爱好、桌游、棋牌""体育健身"更为偏好,女性则更偏好"旅游度假""看电视、影视娱乐和上网""逛街、购物、饮食、闲聊""美容、家居装饰""社会活动";男性选择"其他"的比例高达13.08%,说明上海男性的休闲方式比女性更为多样,女性的休闲活动相对单调。2014年,上海男性与女性居民在黄金周的休闲方式偏好与2004年相比没有出现明显差异。

2019年,男性在黄金周期间首选的活动是看电视、影视娱乐和上网等(33.15%),第二选择的是旅游度假(21.04%),第三选择的是逛街、购物、饮食、闲聊(16.20%),合计为70.39%。女性热衷的前三项活动在排序上与男性相似,比例依次是28.33%、22.22%、20.74%,总和为71.29%。人们在黄金周期间不再把旅游度假作为首要的选择,而是更多地选择可以在市区内完成的休闲活动,与近年来反映的黄金周人车拥挤、旅游体验下降的问题一致,人们更倾向于选择更加便捷的休闲方式。

在2004年、2014年和2019年的三次调研中,不同性别的上海居民在黄金周期间选择休闲活动的状况如表2-7所示。

表2-7 2004年、2014年和2019年不同性别上海居民黄金周休闲活动选择情况(单位:%)

休闲活动	男　性			女　性		
	2004年	2014年	2019年	2004年	2014年	2019年
旅游度假	23.08	20.94	21.04	25.95	26.24	22.22
参观访问	7.69	8.13	4.84	5.95	6.86	5.00
看电视、影视娱乐和上网	11.28	28.57	33.15	13.10	30.50	28.33
逛街、购物、饮食、闲聊	13.08	15.02	16.20	15.71	16.78	20.74
吧式消费	2.82	2.22	3.17	1.90	2.13	1.67

续　表

休闲活动	男　性			女　性		
	2004 年	2014 年	2019 年	2004 年	2014 年	2019 年
养花草宠物	1.28	8.13	2.42	1.90	4.26	2.04
散　步	—	—	3.91	—	—	4.81
阅　读	—	—	4.84	—	—	6.30
业余爱好、桌游、棋牌	8.72	5.17	2.42	6.67	4.02	0.74
美容、家居装饰	0.26	—	—	6.19	—	—
体育健身	6.15	6.90	2.42	5.71	2.84	2.41
社会活动	10.26	2.71	1.49	13.81	4.49	2.04
休闲教育	2.31	1.48	3.72	2.38	0.95	2.96
其　他	13.08	0.74	0.37	0.71	0.95	0.74

2. 年龄差异

第一，平时休闲活动选择的年龄差异。一方面，在平时休闲活动选择上，相较 2004 年，2014 年 18～25 岁、26～35 岁、36～45 岁和 46～60 岁群体选择"看电视、影视娱乐和上网"的比例明显增加，分别从 29.63%、29.75%、23.61% 和 22.99% 上升为 61.48%、59.65%、56.38% 和 41.70%。与这十年互联网和移动互联网的迅速发展密切相关。2019 年，46～60 岁和 60 岁以上人群选择比例升幅较大，46～60 岁人群从 22.99%（2004 年）、41.70%（2014 年）升至 49.31%，60 岁以上人群从 26.67%（2004 年）、30.00%（2014 年）升至 36.62%。可以看出，互联网对各个年龄段居民的休闲方式产生了巨大影响，很多居民将上网作为平时的休闲方式。

另一方面，各年龄群体的居民选择"逛街、购物、饮食、闲聊"作为平时休闲的比例均有下降，下降得十分明显，尤其是 18～25 岁和 26～35 岁两个较为年轻的群体。这是由移动互联网的发展与工作休闲时间的割裂性引起的。工作日期间，居民的休闲时间多被分割为早晨上班前、中午午餐后及下班后等几个时段，每个时段的时间均较短，不适合经常进行"逛街、购物、饮食、闲聊"和"旅游度假"等消耗时间和金钱较多的休闲活动。同时，由于手机和平板电脑等移动互联网终端具有内容丰富有趣、形式多样、用户体验性强等特点，迅速赢得了年轻人的青睐,很多年轻人会在下班之后选择在家里用手机上网、玩游戏、看视频等。而60岁以上人群,由于退休后休闲时间相对充足以及消费观念的变化,选择旅游度假、参观访问,看电视、影视娱乐和上网等活动的比例稳定上升,也体现了老年人关注自我、丰富生活的需求变化。2004年、2014年和2019年不同年龄群体上海居民平时休闲活动选择情况如表2-8所示。

表 2-8 2004 年、2014 年和 2019 年不同年龄群体
上海居民平时休闲活动选择情况(单位: %)

休闲活动	年份	18 岁以下	18~25 岁	26~35 岁	36~45 岁	46~60 岁	60 岁以上
旅游度假	2004	8.33	1.85	4.30	2.78	2.30	0.00
	2014	6.67	3.87	6.14	4.96	8.84	11.11
	2019	0.00	2.47	0.95	4.05	6.39	14.21
参观访问	2004	8.33	2.22	1.08	2.08	4.60	6.67
	2014	6.67	1.95	3.91	0.00	3.46	12.22
	2019	0.00	2.06	3.81	3.15	3.65	10.38
看电视、影视娱乐和上网	2004	33.33	29.63	29.75	23.61	22.99	26.67
	2014	60.00	61.48	59.65	56.38	41.70	30.00
	2019	0.00	48.55	51.90	48.20	49.31	36.62
逛街、购物、饮食、闲聊	2004	8.33	24.07	23.3	18.75	16.09	13.33
	2014	6.67	10.05	8.48	11.20	9.89	6.67
	2019	0.00	9.88	11.43	5.86	4.11	6.56
吧式消费	2004	0.00	4.07	4.30	2.08	0.00	0.00
	2014	0.00	2.49	2.83	2.50	2.05	0.00
	2019	0.00	1.23	1.43	1.80	0.00	0.55
养花草宠物	2004	8.33	3.33	2.51	4.86	11.49	20.00
	2014	0.00	4.54	2.27	7.76	10.59	0.00
	2019	0.00	4.12	5.24	8.56	3.20	2.73

休闲活动	年份	18 岁以下	18～25 岁	26～35 岁	36～45 岁	46～60 岁	60 岁以上
散　步	2004	—					
	2014	—					
	2019	0.00	10.29	6.67	7.21	10.96	8.20
阅　读	2004	—					
	2014	—					
	2019	0.00	9.05	8.57	11.26	9.13	5.46
业余爱好、桌游、棋牌	2004	16.67	13.33	8.96	7.64	16.09	20.00
	2014	13.33	4.52	5.94	6.95	11.37	6.67
	2019	0.00	0.41	0.95	2.25	1.83	2.19
美容、家居装饰	2004	0.00	2.96	5.38	2.08	0.00	0.00
	2014	—					
	2019	—					
体育健身	2004	16.67	9.63	12.54	9.72	6.90	0.00
	2014	0.00	9.58	8.77	7.87	7.82	6.67
	2019	0.00	8.64	6.67	1.80	6.39	7.10
社会活动	2004	0.00	3.33	3.94	5.56	0.00	6.67
	2014	0.00	0.51	1.70	2.38	0.69	13.33
	2019	0.00	0.00	1.43	2.25	1.83	3.83
休闲教育	2004	0.00	3.33	2.15	0.69	1.15	0.00
	2014	0.00	0.49	0.00	0.00	2.85	0.00
	2019	0.00	2.88	0.95	3.15	2.74	2.19
其　他	2004	0.00	2.22	1.79	20.14	18.39	6.67
	2014	6.67	0.51	0.28	0.00	0.72	13.33
	2019	0.00	0.41	0.00	0.45	0.46	0.00

第二,周末休闲活动选择的年龄差异。一方面,在三次调查中,周末休闲活动选择中,"看电视、影视娱乐和上网"休闲活动都是各年龄段的首要选择,其比例明显上升,可以说网络对我国居民的工作、生活和学习的改变是全方位的,原因在此不再累述。另一方面,18~25 岁、26~35 岁及 46~60 岁年龄群体周末选择旅游度假作为休闲活动的比例在 2014 年小幅度提升,2019 年又有所回落。主要有以下两方面原因:一是私家车拥有量的井喷式增长,使上海居民周末出游变得十分便捷;二是上海周边区县及江苏、浙江和安徽等地的景区针对上海开发出很多十分具有吸引力的旅游产品,且越来越多的景区(点)免费开放。因此,近十年来,上海自驾游市场越来越火爆,越来越多的上海居民选择周末到周边地区进行旅游度假。然而,除了 18~25 岁群体呈稳定上升态势外,26~35 岁、36~45 岁和 46~60 岁群体选择周末进行旅游度假的比例却在达到 2014 年的高峰后下降,这是由于近年来孩子面临着越来越大的学习压力,家长一般会选择周末陪同孩子在社区绿地等周边区域进行休闲放松。第三,参加社会活动在各年龄段的比例均呈现下降趋势,说明人们的休闲活动越来越趋向自我中心,更多地选择个人和家庭活动,详见表 2-9。

表 2-9 2004 年、2014 年和 2019 年不同年龄群体上海居民
周末休闲活动选择一览表(单位: %)

休闲活动	年份	18 岁以下	18~25 岁	26~35 岁	36~45 岁	46~60 岁	60 岁以上
旅游度假	2004	0.00	4.07	7.17	7.64	4.60	13.33
	2014	0.00	5.47	11.25	5.09	9.78	20.00
	2019	0.00	7.41	5.71	3.60	4.57	4.92
参观访问	2004	0.00	4.07	4.66	3.47	8.05	6.67
	2014	0.00	4.46	5.37	2.38	2.17	0.00
	2019	0.00	4.12	5.71	3.60	3.20	4.92
看电视、影视娱乐和上网	2004	8.33	21.85	20.07	18.06	13.79	20.00
	2014	60.00	39.92	42.45	47.63	34.09	33.33
	2019	0.00	39.50	36.66	41.89	44.30	42.62

休闲活动	年份	18 岁以下	18～25 岁	26～35 岁	36～45 岁	46～60 岁	60 岁以上
逛街、购物、饮食、闲聊	2004	33.33	21.85	21.86	14.58	13.79	20.00
	2014	20.00	19.01	16.85	17.53	13.71	6.67
	2019	0.00	22.22	20.00	14.86	13.24	19.67
吧式消费	2004	16.67	8.52	6.09	2.78	0.00	0.00
	2014	6.67	4.49	4.84	3.22	2.81	0.00
	2019	0.00	5.76	6.19	2.70	1.83	2.19
养花草宠物	2004	8.33	3.70	1.79	3.47	6.90	13.33
	2014	0.00	4.00	2.30	0.83	7.94	0.00
	2019	0.00	2.88	1.43	5.41	4.11	1.09
散　步	2004	—					
	2014	—					
	2019	0.00	4.53	9.05	5.86	8.68	9.29
阅　读	2004	—					
	2014	—					
	2019	0.00	3.29	3.33	5.86	5.02	3.83
业余爱好、桌游、棋牌	2004	16.67	9.26	7.53	7.64	14.94	6.67
	2014	13.34	10.62	4.02	8.11	13.74	13.34
	2019	0.00	1.65	1.90	3.15	4.11	2.19
美容、家居装饰	2004	0.00	4.81	5.73	2.78	3.45	0.00
	2014	—					
	2019	—					
体育健身	2004	0.00	11.48	10.04	11.81	5.75	0.00
	2014	0.00	4.51	7.75	7.97	10.02	6.67
	2019	0.00	5.76	4.76	7.21	5.02	6.01

续　表

休闲活动	年份	18 岁以下	18～25 岁	26～35 岁	36～45 岁	46～60 岁	60 岁以上
社会活动	2004	8.33	5.93	8.24	3.47	10.34	13.33
	2014	0.00	4.53	4.02	4.76	2.90	13.33
	2019	0.00	1.23	2.86	0.90	2.28	1.64
休闲教育	2004	8.33	2.96	4.30	6.25	1.15	0.00
	2014	0.00	1.00	0.86	1.67	2.11	0.00
	2019	0.00	1.65	1.43	3.60	3.65	1.64
其　他	2004	0.00	1.48	2.51	18.06	17.24	6.67
	2014	0.00	2.00	0.28	0.83	0.72	6.67
	2019	0.00	0.00	0.95	1.35	0.00	0.00

　　第三,黄金周休闲活动选择的年龄差异。2004 年、2014 年和 2019 年不同年龄群体上海居民黄金周休闲活动选择情况如表 2 - 10 所示。一方面,由于网络和移动互联网的普及,以及文化娱乐活动形式的多元化与活动内容的丰富化,在不同年龄群体的上海居民中,选择看电视、影视娱乐和上网等活动的比例均有明显上升。2019 年 36～45 岁人群选择比例增幅较大,18～25 岁、26～35 岁人群的选择略有减少,而逛街、购物、饮食、闲聊则有了相应比例的增加,反映了年轻群体更加向外、中老年人群更多以家庭为中心的活动特点。另一方面,各个年龄群体在黄金周期间选择旅游度假的比例大致稳定,2019 年 60 岁以上人群选择旅游度假的比例比 2014 年高出 13%。近 15 年是上海居民由观光游逐渐向度假旅游转变的时期,在黄金周期间外出旅游度假成了上海居民的一种常态化生活选择,因此上升幅度逐渐趋于平缓。二是由于五一黄金周在 2009 年被取消,导致近年来黄金周期间出游人数激增,景区人满为患,造成旅游环境舒适度降低。而上海众多企、事业单位又陆续实施带薪休假制度,使得出游时间多元化,也对黄金周出游比例的变化产生影响。而退休人群也更多地参与到旅游度假活动中来。另外,社会活动在各年龄段都有明显的下降趋势,也反映了人们在休闲活动中注重以个人、家庭为主的趋势。

表 2－10　2004 年、2014 年和 2019 年不同年龄群体上海居民
黄金周休闲活动选择一览表(单位：%)

休闲方式	年份	18 岁以下	18～25 岁	26～35 岁	36～45 岁	46～60 岁	60 岁以上
旅游度假	2004	25.00	25.19	26.52	22.92	22.99	6.67
	2014	33.33	20.28	24.70	25.87	18.81	6.67
	2019	0.00	22.22	24.29	19.82	21.92	19.67
参观访问	2004	25.00	6.30	6.09	8.33	6.90	0.00
	2014	13.33	9.10	6.89	6.45	7.17	6.67
	2019	0.00	4.94	6.19	4.50	4.57	4.37
看电视、影视娱乐和上网	2004	8.33	13.70	13.26	9.72	8.05	13.33
	2014	13.33	34.96	32.01	26.46	21.32	26.67
	2019	0.00	30.04	29.05	34.69	31.51	27.87
逛街、购物、饮食、闲聊	2004	0.00	15.56	16.13	11.11	11.49	20.00
	2014	13.33	14.08	16.44	16.35	19.45	6.67
	2019	0.00	20.16	20.95	16.22	15.07	20.22
吧式消费	2004	0.00	2.96	2.51	2.08	1.15	0.00
	2014	6.67	3.30	0.89	3.98	2.18	0.00
	2019	0.00	1.23	1.43	4.05	1.37	4.37
养花草宠物	2004	0.00	1.11	0.00	2.78	4.60	13.33
	2014	0.00	0.00	1.47	3.43	7.22	6.67
	2019	0.00	1.65	0.95	3.60	2.28	2.73
散　步	2004	—					
	2014	—					
	2019	0.00	4.12	1.90	2.25	6.85	7.10
阅　读	2004	—					
	2014	—					
	2019	0.00	3.29	5.71	5.86	8.22	4.92

休闲方式	年份	18 岁以下	18～25 岁	26～35 岁	36～45 岁	46～60 岁	60 岁以上
业余爱好、桌游、棋牌	2004	8.33	9.26	5.38	4.86	12.64	20.00
	2014	6.67	8.59	6.16	9.16	11.55	26.66
	2019	0.00	2.06	0.95	1.80	2.28	0.55
美容、家居装饰	2004	8.33	3.70	4.66	1.39	1.15	0.00
	2014	—					
	2019	—					
体育健身	2004	8.33	6.30	6.45	5.56	4.60	0.00
	2014	0.00	2.03	6.75	4.15	6.49	0.00
	2019	0.00	4.12	1.90	1.35	1.37	3.28
社会活动	2004	8.33	12.22	14.34	9.03	8.05	20.00
	2014	13.33	3.85	3.24	4.15	2.89	6.67
	2019	0.00	2.47	1.90	1.35	1.37	1.64
休闲教育	2004	8.33	2.22	3.23	1.39	1.15	0.00
	2014	0.00	2.78	0.60	0.00	2.18	6.67
	2019	3.29	3.81	4.05	2.74	2.73	
其　他	2004	0.00	1.48	1.43	20.83	17.24	6.67
	2014	0.00	1.05	0.87	0.00	0.74	6.67
	2019	0.00	0.41	0.95	0.45	0.46	0.55

3. 受教育水平差异

第一，平时休闲活动选择。在平时，最明显的一个特征就是不同文化程度群体最主要的休闲活动方式不约而同地趋向于看电视、影视娱乐和上网等。

从变化趋势看，体现以下几个特点。首先，休闲活动方式选择的集中度提高。在 2004 年，选择看电视、影视娱乐和上网的比例主要集中在 25％～30％。到了 2014 年，选择的比例主要集中在 52％～57％，2019 年的比例主要集中在 40％～50％。分析数据可以得出，增幅急速提高主要是由上网偏好造成的。显而易见,进入网络时代以来,人们的休闲活动方式出现了一个全新的分配模式,以网络为主的休闲方式已经完全取代了以看电视为主的休闲方式,详见表2-11。

表2-11 2004年、2014年和2019年不同文化程度群体
上海居民平时休闲活动选择一览表(单位:%)

休闲方式	年份	初中及以下	高中(中专、职校)	本科及大专	硕士及以上
旅游度假	2004	6.67	2.84	3.05	1.59
	2014	8.33	8.68	5.43	5.43
	2019	11.59	10.19	3.70	1.71
参观访问	2004	13.33	1.42	2.20	1.59
	2014	8.33	7.19	2.15	2.33
	2019	10.14	6.48	3.56	1.71
看电视、影视娱乐和上网	2004	26.67	22.70	28.76	31.75
	2014	55.56	52.46	57.03	55.98
	2019	37.68	42.13	50.08	46.15
逛街、购物、饮食、闲聊	2004	6.67	19.86	22.17	23.81
	2014	0.00	6.53	9.89	10.24
	2019	7.25	4.17	8.74	7.69
吧式消费	2004	0.00	7.09	2.37	3.17
	2014	0.00	2.33	2.57	1.59
	2019	1.45	0.46	1.04	1.71
养花草宠物	2004	0.00	6.38	4.23	4.76
	2014	0.00	3.23	5.46	4.74
	2019	5.80	3.24	5.19	5.13
散 步	2004		—		
	2014		—		
	2019	5.80	10.19	8.44	9.40

休闲方式	年份	初中及以下	高中(中专、职校)	本科及大专	硕士及以上
阅　读	2004	—			
	2014	—			
	2019	2.90	6.48	9.48	12.82
业余爱好、桌游、棋牌	2004	20.00	4.26	12.01	17.46
	2014	8.33	12.32	5.82	6.28
	2019	4.35	2.78	1.04	0.00
美容、家居装饰	2004	6.67	1.42	4.06	0.00
	2014	—			
	2019	—			
体育健身	2004	13.33	9.22	10.83	6.35
	2014	0.00	2.42	9.22	11.85
	2019	5.80	7.41	5.33	8.55
社会活动	2004	0.00	4.26	3.55	3.17
	2014	8.33	2.40	1.39	0.79
	2019	4.35	3.24	0.89	2.56
休闲教育	2004	0.00	2.13	1.86	4.76
	2014	0.00	0.78	0.52	0.78
	2019	1.45	3.24	2.22	2.56
其　他	2004	6.67	18.44	4.91	1.59
	2014	11.11	1.67	0.52	0.00
	2019	1.45	0.00	0.30	0.00

其次,休闲活动选择的多样性减弱。由于选择看电视、影视娱乐和上网等休闲活动方式的比例大幅度递增,客观上使得市民选择其他休闲活动的比例出现相应降低。譬如,在逛街、购物、饮食、闲聊方面的选择比例,相比于 2004 年,都

有10%以上的降幅。最后,休闲活动选择的差异性表现。尽管不同文化程度的群体在主要休闲活动方式的选择方面呈现一定的相似性,但是并不能掩饰在其他休闲活动方式选择上存在的差异性。例如,在高中及以下文化程度的群体中间,选择纯娱乐活动的比例会高一些;而在大学及以上文化程度的群体中间,偏好体育健身的比例要多一点。

第二,周末休闲活动选择。从数据统计看,在周末时段,尽管不同文化程度群体主要的休闲活动选择仍是看电视、影视娱乐和上网等活动类别,2014年各类文化程度群体的选择比例相比2004年均有20%左右的增幅,2019年则出现了不同程度的下降,其中初中及以下学历群体下降约20个百分点,硕士及以上学历人群下降约10个百分点。这一变化趋势,一方面说明居民周末休闲活动的选择余地更加宽广,更为多元;另一方面,也显示适合居民从事各种休闲娱乐需求的活动类型与活动场所得到相应发展,休闲娱乐产业的成熟度进一步提高,详见表2-12。

表2-12 2004年、2014年和2019年不同文化程度群体上海居民周末
休闲活动选择一览表(单位:%)

休闲方式	年份	初中及以下	高中(中专、职校)	本科及大专	硕士及以上
旅游度假	2004	0.00	4.96	5.58	12.70
	2014	0.00	8.25	8.87	9.30
	2019	1.45	4.17	5.19	10.26
参观访问	2004	0.00	0.71	5.41	6.35
	2014	0.00	4.21	4.07	3.88
	2019	4.35	3.24	4.00	7.69
看电视、影视娱乐和上网	2004	13.33	20.57	19.12	20.63
	2014	66.67	43.25	41.39	38.11
	2019	46.37	45.82	41.03	28.20
逛街、购物、饮食、闲聊	2004	20.00	19.15	20.30	17.46
	2014	0.00	11.65	17.18	21.87
	2019	21.74	14.35	18.81	17.95

休闲方式	年份	初中及以下	高中（中专、职校）	本科及大专	硕士及以上
吧式消费	2004	13.33	4.96	5.58	6.35
	2014	0.00	6.61	3.77	3.14
	2019	2.90	2.78	4.00	5.13
养花草宠物	2004	13.33	3.55	3.55	1.59
	2014	0.00	5.04	2.41	5.52
	2019	1.45	2.78	3.70	0.85
散　步	2004		—		
	2014		—		
	2019	5.80	8.80	6.96	7.69
阅　读	2004		—		
	2014		—		
	2019	4.35	2.78	4.74	4.27
业余爱好、桌游、棋牌	2004	13.33	7.80	8.80	12.70
	2014	16.67	10.15	8.32	4.75
	2019	2.90	4.17	2.37	0.85
美容、家居装饰	2004	6.67	3.55	5.25	0.00
	2014		—		
	2019		—		
体育健身	2004	6.67	9.22	10.83	6.35
	2014	0.00	5.02	7.42	9.47
	2019	1.45	6.02	5.63	8.55
社会活动	2004	13.33	4.26	7.11	9.52
	2014	8.33	5.00	4.17	3.17
	2019	2.90	2.31	1.33	2.56

续　表

休闲方式	年份	初中及以下	高中(中专、职校)	本科及大专	硕士及以上
	2004	0.00	3.55	3.89	4.76
休闲教育	2014	0.00	0.81	1.37	0.79
	2019	2.90	2.31	1.78	5.98
	2004	0.00	17.73	4.57	1.59
其　他	2014	8.33	0.00	1.03	0.00
	2019	1.45	0.46	0.44	0.00

　　第三,黄金周休闲活动选择。在黄金周连续 7 天的长假里,居民休闲活动选择倾向出现了比较明显的变化。第一,虽然看电视、影视娱乐和上网活动依然是最主要的选择对象,占比在 30% 左右,相比于平时休闲活动选择的比例减少 20 个百分点左右,比周末也降低 10 个百分点左右。第二,由于具有了连续休假一周的有利条件,选择旅游度假活动的居民比例显著提高。需要注意的是,相较于 2004 年,2014 年和 2019 年旅游度假的选择比例却略有下降。一般而言,经过多年发展,居民收入增加,出游交通条件已经得到极大改善,旅游景区服务质量也有提高,而上海居民在黄金周期间的出游意愿不升反降,足不出"沪"的市场特征十分明显,值得关注,见表 2 - 13。

表 2 - 13　2004 年、2014 年和 2019 年不同文化程度群体上海居民黄金
周休闲活动选择一览表(单位: %)

休闲方式	年份	初中及以下	高中(中专、职校)	本科及大专	硕士及以上
	2004	13.33	24.82	24.70	25.4
旅游度假	2014	19.44	22.08	22.86	22.54
	2019	17.39	16.67	23.70	21.37
	2004	6.67	7.09	6.60	7.94
参观访问	2014	0.00	7.65	8.11	5.52
	2019	4.35	4.17	4.44	9.40

休闲方式	年份	初中及以下	高中(中专、职校)	本科及大专	硕士及以上
看电视、影视娱乐和上网	2004	6.67	9.93	12.86	12.70
	2014	25.00	26.98	30.21	30.15
	2019	28.99	30.56	31.70	26.49
逛街、购物、饮食、闲聊	2004	0.00	12.77	15.74	9.52
	2014	8.33	11.92	16.51	19.30
	2019	21.74	17.59	18.52	17.95
吧式消费	2004	0.00	3.55	2.20	1.59
	2014	8.33	3.38	2.16	0.00
	2019	8.70	2.78	1.78	1.71
养花草宠物	2004	6.67	0.71	1.69	1.59
	2014	0.00	5.90	1.63	2.40
	2019	4.35	1.85	2.07	2.56
散 步	2004		—		
	2014		—		
	2019	4.35	9.72	2.67	4.27
阅 读	2004		—		
	2014		—		
	2019	1.45	6.02	5.93	5.13
业余爱好、桌游、棋牌	2004	20.00	5.67	7.45	11.11
	2014	19.44	11.11	8.70	8.79
	2019	1.45	2.78	1.33	0.85
美容、家居装饰	2004	13.33	2.84	3.21	3.17
	2014		—		
	2019		—		

休闲方式	年份	初中及以下	高中(中专、职校)	本科及大专	硕士及以上
体育健身	2004	13.33	6.38	5.41	7.94
	2014	0.00	4.27	5.18	5.63
	2019	0.00	3.70	2.07	3.42
社会活动	2004	6.67	7.09	13.37	12.70
	2014	8.33	5.04	3.45	3.25
	2019	2.90	0.93	1.78	2.56
休闲教育	2004	6.67	2.13	2.03	4.76
	2014	0.00	1.67	1.30	1.63
	2019	2.90	2.78	3.41	4.27
其　他	2004	6.67	17.02	4.74	1.59
	2014	11.11	0.00	0.89	0.79
	2019	1.45	0.46	0.59	0.00

三、时间分配与场所选择

(一) 休闲时间分配

1. 平时休闲时间

平时休闲时间一般是指周一到周五工作日期间的休闲时间。从调查数据看,2004 年,在平时休闲时间方面,居民拥有 1～3 小时的比例约为 50%,1 小时以下和 3～5 小时的占比各在 20% 左右,5 小时以上的比例不到 10%。在 2014 年,居民在休闲时间获取方面出现了一些比较明显的变化。1～3 小时的比例接近 56%,比 2004 年提高约 6 个百分点;1 小时以下约为 26%,比 2004 年增加了约 6 个百分点;3～5 小时以及 5 小时以上的比例,则分别下降了约 6 个百分点。在 2019 年,居民拥有 1 小时以下、1～3 小时和 3～5 小时的休闲时间占比回到了与 2004 年相仿的水平,5 小时以上的比例有较大的提高,见表 2-14。

表 2-14 2004 年、2014 年和 2019 年上海居民平时休闲时间占有量(单位:%)

休闲时间	2004 年	2014 年	2019 年
1 小时以下	20.07	25.57	18.66
1~3 小时	49.81	55.74	48.75
3~5 小时	21.93	15.74	19.50
5 小时以上	8.18	2.95	13.09

在 2004 年,居民休闲时间在 3 小时以下的比例合计约为 70%,10 年以后,这一比例提升至 81%以上,提高了 10 多个百分点。从一定程度上表明,这个时期的居民日常休闲时间碎片化趋势进一步强化,而休闲时间的整体性比例不断被削弱。而 2019 年的变化,表明日常休闲时间的整体性开始出现提升。

2. 周末休闲时间

周末休闲时间是指居民在双休日的休闲时间。从统计数据看,三次调查都显示,在双休日 4~10 小时的占比最高,且从 2004 年的 44%左右逐步升高,达到了 2019 年的将近 55%。4~15 小时之间的休闲时间合计在 70%上下波动。4 小时以下大约占 20%,对 15 小时以上的占比,2014 年和 2019 年均比 2004 年下降 6 个百分点,见表 2-15。

表 2-15 2004 年、2014 年和 2019 年上海居民周末休闲时间占有量(单位:%)

休闲时间	2004 年	2014 年	2019 年
4 小时以下	18.59	20.20	20.89
4~10 小时	44.24	51.32	54.87
10~15 小时	23.79	20.86	16.99
15 小时以上	13.38	7.62	7.24

从总体上看,在双休日期间,大多数受访者可以保证 4~15 小时的休闲时间,而且休闲时间呈现稳中趋升的发展态势。15 小时以上的长休闲时间占比下降,反映了人们的生活节奏进一步加快的趋势。

3. 黄金周休闲时间

黄金周是上海居民集中进行休闲的重要时段,休闲时间所占比重也相对较高。在 2004 年,居民对 3～5 天休闲时间的选择比例最高,为 40.89%;其次是1～3 天,比例为 35.32%。2014 年和 2019 年,居民对 1～3 天休闲时间的选择比例最高,分别为 47.18% 和 56.82%,呈现稳定增长态势;而对 3～5 天的选择比例则为 33.55% 和 25.63%,呈现明显的下降趋势。此外,还有一个比较大的变化是,对 5 天以上的选择比例,2014 年比 10 年前明显下降了 9 个百分点,2019 年则比 2014 年略有下降。这一占比的变化,或许与 2008 年五一黄金周被取消相关,见表 2-16。

表 2-16　2004 年、2014 年和 2019 年上海居民黄金周休闲时间占有量(单位: %)

休闲时间	2004 年	2014 年	2019 年
1 天以下	4.09	8.97	8.64
1～3 天	35.32	47.18	56.82
3～5 天	40.89	33.55	25.63
5 天以上	19.70	10.30	8.91

(二) 休闲场所选择

本研究对上海城市居民休闲场所选择的调查同样分为平时、周末和黄金周三个时间阶段。

第一,居家休闲是重要的表现形式。从统计数据看,家庭作为日常重要的休闲场所的特征非常显著。在 2004 年,占比为 26.77%;10 年后上升至 31.37%,这种演变趋势与居民日常休闲时间日趋碎片化相关。2019 年这一比例略有回落,更为接近 2004 年的水平,这一变化曲线也与居民平时休闲时间占有量的变化一致,说明居民拥有的休闲时间和休闲场所的选择存在着联系。随着居民拥有的休闲时间的延长,把家庭作为休闲场所的选择比例会同步降低,也就意味着家庭作为休闲场所的重要性出现相对降低的趋势。

第二,户外休闲比例大幅增加。从统计数据看,随着居民选择在家休闲的比例降低,居民转向户外休闲场所的比例同步提升。这种选择的变化在平时和周末表现得尤为显著。以平时景区、公园、绿地的选择为例,从 2004 年的 7.68%、

2014 年的 16.67％增加到 2019 年的 19.03％,说明上海居民平时休闲场所的范围开始由室内转为更开放的公共休闲空间。

第三,活动场所选择多元化趋势明显。从统计数据看,休闲活动场所选择多样性的趋势十分明显,社区、企业活动中心,商场、广场、夜市,博物馆、纪念馆等的选择比例都有不同程度的提升,表明居民可以选择场所的自由度更高,娱乐消遣、提升自我等多元的休闲价值取向得到充分的满足。这种变化其实是休闲供求两方面互动发展的结果,也是社会经济发展与居民生活水平同步提高的真实写照,见表 2－17。

表 2－17　2004 年、2014 年和 2019 年上海居民休闲场所选择(单位：％)

休闲场所	平　时			周　末			黄金周		
	2004年	2014年	2019年	2004年	2014年	2019年	2004年	2014年	2019年
自己或者别人家里	26.77	31.37	28.78	17.60	18.59	22.10	17.35	16.85	20.89
景区、公园、绿地	7.68	16.67	19.03	12.89	18.59	17.27	21.56	20.82	22.10
社区、企业活动中心	3.47	6.50	11.88	2.11	3.88	5.39	1.49	6.02	6.04
文体娱乐场所	7.19	10.17	7.89	11.28	12.47	9.10	9.79	10.11	7.61
商场、广场、夜市	18.09	14.22	11.79	12.76	18.24	21.54	11.03	17.33	17.73
餐饮场所	14.00	10.91	9.56	11.28	12.82	11.61	9.79	13.00	10.58
网吧、酒吧、咖吧	1.98	2.57	1.95	4.46	3.53	2.88	3.10	2.17	2.51
培训机构	6.69	0.86	1.86	5.82	2.82	1.58	1.49	0.84	0.74
图书馆	6.07	3.19	3.71	10.04	4.94	3.71	8.92	3.73	3.62
博物馆、纪念馆等	1.49	1.10	1.58	2.73	1.65	3.25	5.20	4.93	5.57
宗教活动场所	0.12	0.25	0.46	1.24	0.59	0.19	0.87	0.60	0.46
其他	6.44	2.21	1.49	7.81	1.88	1.39	9.42	3.61	2.14

四、休闲花费

(一) 平时休闲花费

调查显示,居民平时休闲花费总体上比较低。在 2004 年,居民休闲花费在 100 元及以下的比例约为 70%;到了 2014 年,这一比例提高至 79% 左右,2019 年又回落了 8 个百分点。首先,这一变化数据大体与居民日常的休闲活动场所主要是家庭相符。其次,一方面,由于平时休闲时间较少,除了家庭外,社区以及周边的休闲场所构成了居民日常休闲活动的重要组成部分。另一方面,社区及周边休闲场所提供的相关活动,费用都比较适中,基本不需要大额支出,成为一种休闲活动常态,形成了大众休闲时代的基本特征,见表 2 - 18。

表 2 - 18　2004 年、2014 年和 2019 年上海居民平时休闲花费(单位: %)

休闲花费	2004 年	2014 年	2019 年
50 元及以下	33.83	41.12	36.49
51～100 元	36.43	38.49	34.82
101～300 元	24.54	17.76	18.38
300 元以上	5.20	2.63	10.31

(二) 周末休闲花费

由于周末居民休闲时间比较完整,休闲场所选择余地比较大,对居民休闲花费变化的影响相对大一些。从周末休闲花费的统计数据看,居民休闲消费变化呈现一些新特点。第一,居民用于休闲方面的花费在 100 元及以下的比例,在 2004 年为 23.79%,到了 2014 年,为 15.95%,2019 年为 18.38%,说明居民的整体消费水平在提升。第二,从 101～300 元的中下花费与 301～500 元的中上花费数据看,2014 年比 10 年前合计提高了大约 10 个百分点,2019 年与 2014 年较为接近。这一变化趋势也符合居民在周末出现离家向外休闲的演变特征。向外休闲,意味着有更多的休闲活动可以选择,也意味着更多的花费,见表 2 - 19。

表 2-19 2004 年、2014 年和 2019 年上海居民周末休闲花费(单位:%)

休闲花费	2004 年	2014 年	2019 年
100 元及以下	23.79	15.95	18.38
101~300 元	44.24	52.16	49.03
301~500 元	24.54	26.25	23.12
500 元以上	7.43	5.65	9.47

(三)黄金周休闲花费

黄金周由 7 天长假构成,对许多居民而言是一年中出游的最好时间段,因此在休闲花费方面的支出增加的特征也是比较明显的。

从统计数据看,2004 年,居民在黄金周期间的休闲花费在 1 000 元及以下的比例合计约为 55%,2014 年约为 52%,2019 年约为 57%。虽然总体比例变化不大,但 500 元及以下的比例呈下降趋势,501~1 000 元的比例在 2019 年的调查中出现了明显上升。与居民整体消费水平的上升一致。值得关注的是,在 3 000 元以上这一最高花费中,2004 年比例为 7.81%,到了 2014 年则升至 15.61%,增加了近一倍,2019 年又升高一个百分点。对居民而言,最高一栏休闲花费占比的提高,说明居民外出旅游已经十分普遍,而且旅游空间已经逐步由中近距离转变为中远距离,这与居民休闲花费的变化相一致,见表 2-20。

表 2-20 2004 年、2014 年和 2019 年上海居民黄金周休闲花费(单位:%)

休闲花费	2004 年	2014 年	2019 年
500 元及以下	25.28	23.92	18.38
501~1 000 元	30.11	28.57	39.28
1 001~3 000 元	36.80	31.89	25.63
3 000 元以上	7.81	15.61	16.71

第三节 居民休闲活动选择的影响因素

城市居民休闲活动的选择受到来自个体特征、活动属性、设施场所、产品服务、休闲距离以及社会关系等多方面的影响。在系统梳理 2004 年、2014 年和 2019 年上海居民休闲活动选择影响因素的基础上，通过因子分析法进行了横向比较分析，从影响程度视角做了纵向对比。

一、影响因素的描述性统计

2004 年上海居民休闲活动选择影响因素统计结果如表 2-21 所示。

表 2-21 2004 年上海居民休闲活动选择影响因素分析(单位: %)

影 响 因 素	完全无影响	影响比较小	影响比较大	影响非常大
休闲方式趣味性	4.46	23.42	54.65	17.47
休闲方式娱乐性	7.43	23.79	53.16	15.61
休闲方式健身性	8.92	41.64	36.80	12.64
休闲方式时尚性	16.36	52.04	23.42	8.18
休闲方式知识性	8.55	34.94	44.24	12.27
休闲方式参与性	8.55	31.97	49.07	10.41
休闲设施质量	3.72	19.70	54.65	21.93
休闲服务水平	2.60	19.33	50.93	27.14
休闲产品宣传与推荐	9.67	49.07	34.57	6.69
休闲场所管理水平	3.35	20.07	53.53	23.05
休闲场所离居住地距离	8.18	36.80	39.41	15.61
周围人参与休闲活动多少	14.87	44.24	34.94	5.95
身体健康状况	7.43	22.30	49.81	20.45
心情	4.09	14.50	51.67	29.74
兴趣爱好	3.35	10.04	50.93	35.69
收入水平高低	5.58	27.14	48.33	18.96
休闲花费多少	5.58	31.23	49.81	13.38
闲暇时间多少	4.83	21.19	53.16	20.82
家人朋友的支持	16.36	50.56	24.91	8.18

从统计结果来看,在 2004 年休闲活动选择影响因素中,"完全无影响"选择比例较高的为家人朋友的支持、休闲方式时尚性和周围人参与休闲活动多少,选择比例分别为 16.36%、16.36% 和 14.87%;"影响比较小"中选择比例较高的为休闲方式时尚性、家人朋友的支持、休闲产品宣传与推荐、周围人参与休闲活动多少,选择比例分别为 52.04%、50.56%、49.07% 和 44.24%。这说明,休闲方式受家人朋友、身边人和休闲设施时尚性等因素影响较小。"影响比较大"选择比例较高的有休闲方式趣味性、休闲设施质量、休闲场所管理水平、休闲方式娱乐性、闲暇时间多少、心情、兴趣爱好和休闲服务水平,选择比例均在 50% 以上。"影响非常大"选择比例较高的为兴趣爱好、心情、休闲服务水平,选择比例分别为 35.69%、29.74% 和 27.14%。

2014 年上海居民休闲活动选择影响因素的统计结果表明,对居民休闲活动影响比较大的有休闲设施质量、兴趣爱好、休闲场所管理水平、休闲服务水平、闲暇时间多少和休闲方式趣味性,选择的比例均超过了 50%。对上海居民休闲活动选择"影响非常大"的主要是市民本身的因素,如心情(32.46%)、兴趣爱好(29.28%)和身体状况(25.41%)。同时,休闲服务水平对居民的休闲活动选择影响也非常大,选择的比例达到了 26.47%。而对居民休闲活动"完全无影响"选择比例较高的有休闲方式时尚性(19.67%)和休闲方式知识性(14.33%)等,说明居民参与休闲活动更多是出于放松身心、缓解生活和工作中的压力的目的,而非追求时尚或获取知识和技能,见表 2-22。

表 2-22 2014 年上海居民休闲活动选择影响因素分析(单位: %)

影 响 因 素	完全无影响	影响比较小	影响比较大	影响非常大
休闲方式趣味性	9.09	18.83	50.65	21.43
休闲方式娱乐性	5.21	26.38	49.19	19.22
休闲方式健身性	9.80	41.83	38.89	9.48
休闲方式时尚性	19.67	42.30	31.80	6.23
休闲方式知识性	14.33	41.37	36.48	7.82
休闲方式参与性	7.62	34.11	44.37	13.91
休闲设施质量	3.58	20.85	55.05	20.52

续　表

影　响　因　素	完全无影响	影响比较小	影响比较大	影响非常大
休闲服务水平	4.25	16.99	52.29	26.47
休闲产品宣传与推荐	10.46	42.48	38.89	8.17
休闲场所管理水平	2.30	24.92	53.44	19.34
休闲场所离居住地距离	7.57	25.99	44.08	22.37
周围人参与休闲活动多少	10.56	36.96	39.27	13.20
身体健康状况	6.51	19.22	48.86	25.41
心情	3.28	14.43	49.84	32.46
兴趣爱好	2.96	13.16	54.61	29.28
收入水平高低	8.14	28.66	43.00	20.20
休闲花费多少	4.55	32.47	44.81	18.18
闲暇时间多少	5.56	19.93	50.98	23.53
家人朋友的支持	10.10	36.16	36.81	16.94

　　从 2019 年调查的统计结果来看,上海居民在休闲活动影响因素选择中,"影响比较大"的因素主要有休闲方式娱乐性、休闲方式趣味性和休闲场所管理水平,选择比例均在 50% 以上。"影响非常大"选择比例较高的为身体健康状况、收入水平高低、心情和兴趣爱好,选择比例在 30% 左右。"完全无影响"选择比例较高的为休闲方式健身性、休闲方式时尚性、闲暇时间多少和休闲方式知识性,选择比例分别为 15.60%、12.26%、11.14% 和 10.86%;"影响比较小"中选择比例较高的为休闲方式时尚性、休闲方式健身性、休闲产品宣传与推荐、休闲方式知识性,选择比例分别为 41.78%、39.00%、37.33% 和 35.38%。这说明,对上海居民休闲方式影响大的主要是个人因素,其次是休闲产品和休闲场所提供的休闲体验,休闲活动的目的更多的是放松身心、缓解生活和工作中的压力,对于追求时尚或获取知识技能的要求不高,见表 2-23。

表 2 – 23　2019 年上海居民休闲活动选择影响因素分析(单位：%)

影 响 因 素	完全无影响	影响比较小	影响比较大	影响非常大
休闲方式趣味性	6.13	21.17	50.42	22.28
休闲方式娱乐性	5.57	22.01	51.53	20.89
休闲方式健身性	15.60	39.00	34.54	10.86
休闲方式时尚性	12.26	41.78	33.15	12.81
休闲方式知识性	10.86	35.38	40.39	13.37
休闲方式参与性	7.80	34.26	45.40	12.53
休闲设施质量	5.29	23.40	47.63	23.68
休闲服务水平	5.01	22.84	47.63	24.51
休闲产品宣传与推荐	6.96	37.33	43.45	12.26
休闲场所管理水平	4.74	23.96	50.14	21.17
休闲场所离居住地距离	9.47	27.02	39.83	23.68
周围人参与休闲活动多少	10.03	28.41	40.67	20.89
身体健康状况	5.29	16.99	44.85	32.87
心情	6.96	19.50	44.57	28.97
兴趣爱好	6.41	18.11	47.63	27.86
收入水平高低	7.52	18.94	43.18	30.36
休闲花费多少	6.41	24.79	45.96	22.84
闲暇时间多少	11.14	20.06	47.91	20.89
家人朋友的支持	6.69	24.51	46.80	22.01

二、影响因素的因子分析

因子分析是处理多变量数据的统计分析方法,它试图以最少的信息丢失量从原始变量中提取公因子变量,用得到的公因子变量概括和解释具有错综复杂关系的大量的调研问卷信息,揭示变量信息之间最本质的联系。

（一）KMO 检验和 Bartlett 球形检验比较分析

KMO(Kaiser‑Meyer‑Olkin)检验和 Bartlett(巴特利特)球形检验是用于研究变量之间的偏相关性的一种方法,一般认为 KMO 值在 0.7 以上代表适合做因子分析,KMO 统计量越接近 1 代表越适合进行因子分析。Bartlett 球形检验统计量显著度(sig 值)小于 0.01 即可认定各变量之间存在着显著的相关性。

对 2004 年调查问卷结果中涉及的 19 项休闲活动影响因素进行相关性检测,可以发现 KMO 值为 0.797,大于 0.7;sig 值为 0.000,小于 0.01。因此,可以认定 2004 年问卷中影响因素变量之间存在显著的相关性,适合进行因子分析,见表 2‑24。

表 2‑24　2004 年休闲方式影响因素的 KMO 和 Bartlett 检验

KMO 取样适切性量数		0.797
Bartlett 球形检验	近似卡方	1 516.280
	自由度	171
	显著度	0.000

对 2014 年调查问卷中涉及的 19 项休闲活动影响因素进行相关性检测,结果表明 KMO 值为 0.852,大于 0.7;sig 值为 0.000,小于 0.01。因此,可以认定 2014 年问卷中影响因素变量之间存在显著的相关性,适合进行因子分析,见表 2‑25。

表 2‑25　2014 年休闲方式影响因素的 KMO 和 Bartlett 检验

KMO 取样适切性量数		0.852
Bartlett 球形检验	近似卡方	2 071.917
	自由度	171
	显著度	0.000

对 2019 年调查问卷中涉及的 19 项休闲活动影响因素进行相关性检测,结果表明 KMO 值为 0.894,大于 0.7;sig 值为 0.000,小于 0.01。因此,可以认定 2019 年问卷中影响因素变量之间存在显著的相关性,适合进行因子分析,见表 2‑26。

表 2-26　2019 年休闲方式影响因素的 KMO 和 Bartlett 检验

KMO 取样适切性量数		0.894
Bartlett 球形度检验	近似卡方	3 594.707
	自由度	171
	显著度	0.000

(二) 解释的总方差比较分析

通过对 2004 年相关统计数据的分析,可以得出上海居民休闲活动选择影响因素分析解释的总方差。

表 2-27 给出了 2004 年的调研问卷中因子分析每个公因子所解释的方差及其累积和。观"初始特征值"一栏的"累积方差占比",前 6 个公因子解释的累积方差占比为 63.398%,因此,提取 6 个公因子能够很好地表达 2004 年问卷调查原有变量中所包含的信息。

表 2-27　2004 年上海居民休闲活动选择影响因素分析解释的总方差

成分	初始特征值			提取平方和载入			旋转平方和载入		
	合计	方差占比/%	累积方差占比/%	合计	方差占比/%	累积方差占比/%	合计	方差占比/%	累积方差占比/%
1	4.967	26.140	26.140	4.967	26.140	26.140	2.510	13.208	13.208
2	1.948	10.255	36.395	1.948	10.255	36.395	2.385	12.553	25.761
3	1.441	7.587	43.982	1.441	7.587	43.982	2.065	10.867	36.628
4	1.397	7.354	51.336	1.397	7.354	51.336	1.837	9.669	46.297
5	1.160	6.107	57.443	1.160	6.107	57.443	1.691	8.900	55.197
6	1.131	5.955	63.398	1.131	5.955	63.398	1.558	8.201	63.398

提取方法:主成分分析法。

2014 年,在上海居民休闲活动选择影响因素解释的总方差中,前 5 个公因子解释的累积方差已经达到 61.021%,故提取 5 个公因子就能够很好地解释原有变量包含的信息,见表 2-28。

表 2 - 28　2014 年上海居民休闲活动选择影响因素解释的总方差

成分	初始特征值			提取平方和载入			旋转平方和载入		
	合计	方差占比/%	累积方差占比/%	合计	方差占比/%	累积方差占比/%	合计	方差占比/%	累积方差占比/%
1	6.164	32.444	32.444	6.164	32.444	32.444	2.957	15.564	15.564
2	1.726	9.085	41.529	1.726	9.085	41.529	2.341	12.320	27.885
3	1.477	7.771	49.300	1.477	7.771	49.300	2.340	12.318	40.203
4	1.179	6.206	55.506	1.179	6.206	55.506	2.028	10.671	50.874
5	1.048	5.515	61.021	1.048	5.515	61.021	1.928	10.147	61.021

提取方法：主成分分析法。

2019 年,在上海居民休闲活动选择影响因素解释的总方差中,前 4 个公因子解释的累积方差已经达到 62.710%,故提取 4 个公因子就能够很好地解释原有变量包含的信息,见表 2 - 29。

表 2 - 29　2019 年上海居民休闲活动选择影响因素解释的总方差

成分	初始特征值			提取平方和载入			旋转平方和载入		
	合计	方差占比/%	累积方差占比/%	合计	方差占比/%	累积方差占比/%	合计	方差占比/%	累积方差占比/%
1	7.663	40.330	40.330	7.663	40.330	40.330	3.448	18.148	18.148
2	2.010	10.576	50.906	2.010	10.576	50.906	2.987	15.722	33.870
3	1.222	6.431	57.337	1.222	6.431	57.337	2.773	14.597	48.467
4	1.021	5.373	62.710	1.021	5.373	62.710	2.706	14.243	62.710

提取方法：主成分分析法。

（三）旋转成分矩阵比较分析

研究发现,2004 年上海居民休闲活动选择影响因子旋转后每个公因子的载荷分批更加清晰,各因子的意义更易解析。已知因子载荷为变量与公因子的相关系数,对一个变量来说,因子的载荷绝对值越大,其关系越密切,就更能代表这个变量。按照这个观点,第一个公因子更能代表"收入水平高低""休闲花费多少""闲暇时间多少""休闲方式参与性"和"休闲场所离居住地距离";第二个公因子更能代表"休闲场所管理水平""休闲设施质量"和"休闲服务水平";第三个公因子更能代表"心情""身体健康状况"和"兴趣爱好";第四个公因子更能代表"休闲方式娱乐性"和"休闲方式趣味性";第五个公因子更能代表"周围人参与休闲活动多少""休闲方式时尚性""休闲产品宣传与推荐"和"家人朋友的支持";最后一个公因子更能代表"休闲方式知识性"和"休闲方式健身性",见表 2-30。

表 2-30　2004 年因子分析旋转成分矩阵

类　　别	成　　分					
	1	2	3	4	5	6
收入水平高低	**0.823**	0.117	0.181	0.067	0.058	0.002
休闲花费多少	**0.821**	0.028	0.215	0.054	0.040	0.057
闲暇时间多少	**0.628**	0.078	0.178	0.092	0.005	0.179
休闲方式参与性	**0.493**	0.289	−0.073	0.357	0.266	0.040
休闲场所离居住地距离	**0.403**	0.285	0.234	−0.340	0.132	−0.072
休闲场所管理水平	0.121	**0.787**	0.183	−0.024	0.044	0.139
休闲设施质量	0.082	**0.786**	0.080	0.231	0.029	0.098
休闲服务水平	0.102	**0.754**	0.147	0.251	−0.008	0.034
心情	0.161	0.162	**0.762**	0.089	0.257	−0.040
身体健康状况	0.221	0.194	**0.745**	0.043	0.136	0.049
兴趣爱好	0.243	0.066	**0.729**	0.208	−0.098	0.220
休闲方式娱乐性	0.163	0.167	0.123	**0.822**	0.118	0.097
休闲方式趣味性	0.076	0.229	0.207	**0.757**	−0.078	0.073
周围人参与休闲活动多少	0.057	−0.008	0.269	−0.074	**0.693**	−0.057
休闲方式时尚性	−0.056	0.063	0.006	0.366	**0.599**	0.323

类　　别	成　　分					
	1	2	3	4	5	6
休闲产品宣传与推荐	−6.523	0.437	0.004	−0.014	**0.592**	0.084
家人朋友的支持	0.372	−0.166	0.019	−0.017	**0.529**	0.006
休闲方式知识性	0.109	0.103	−0.029	0.036	0.014	**0.839**
休闲方式健身性	0.066	0.113	0.184	0.130	0.105	**0.775**

提取方法：主成分分析法。

旋转法：具有 Kaiser 标准化的正交旋转法；旋转在 6 次迭代后收敛。

表 2 - 31　2014 年因子分析旋转成分矩阵

类　　别	成　　分				
	1	2	3	4	5
休闲花费多少	**0.887**	0.080	0.026	0.095	−0.038
收入水平高低	**0.822**	0.212	0.156	0.117	0.062
闲暇时间多少	**0.689**	−0.026	0.184	0.181	0.203
家人朋友的支持	**0.568**	0.216	0.081	−0.037	0.312
休闲场所离居住地距离	**0.499**	0.136	0.086	0.139	0.329
休闲方式知识性	0.104	**0.798**	0.032	0.174	0.022
休闲方式时尚性	0.076	**0.681**	0.100	0.075	0.198
休闲方式健身性	0.130	**0.679**	0.166	0.121	0.050
休闲产品宣传与推荐	0.114	**0.450**	0.419	−0.119	0.188
休闲场所管理水平	0.118	0.147	**0.817**	0.037	0.103
休闲服务水平	0.163	0.071	**0.811**	0.236	0.135
休闲设施质量	0.104	0.207	**0.715**	0.351	0.121
休闲方式趣味性	0.203	0.026	0.160	**0.830**	0.256

类　别	成　分				
	1	2	3	4	5
休闲方式娱乐性	0.065	0.164	0.158	**0.772**	0.293
休闲方式参与性	0.209	0.393	0.205	**0.497**	−0.159
兴趣爱好	0.039	0.030	0.064	0.152	**0.745**
心情	0.315	0.098	0.177	0.270	**0.612**
身体健康状况	0.306	0.222	0.222	0.269	**0.487**
周围人参与休闲活动多少	0.260	0.384	0.199	−0.081	**0.458**

提取方法：主成分分析法。
旋转法：具有 Kaiser 标准化的正交旋转法；旋转在 6 次迭代后收敛。

　　表 2-31 为 2014 年上海居民休闲活动选择影响因素因子分析旋转成分矩阵。第一公因子更能代表"休闲花费多少""收入水平高低""闲暇时间多少""家人朋友的支持"和"休闲场所离居住地距离"；第二公因子更能代表"休闲方式知识性""休闲方式时尚性""休闲方式健身性"和"休闲产品宣传与推荐"；第三公因子更能代表"休闲场所管理水平""休闲服务水平"和"休闲设施质量"；第四公因子更能代表"休闲方式趣味性""休闲方式娱乐性"和"休闲方式参与性"；第五公因子更能代表"兴趣爱好""心情""身体健康状况"和"周围人参与休闲活动多少"。

　　对 2019 年上海居民休闲活动选择影响因素进行因子分析旋转成分分析，得到四个公因子，见表 2-32。

表 2-32　2019 年因子分析旋转成分矩阵

类　别	成　分			
	1	2	3	4
休闲方式娱乐性	**0.745**	0.061	0.287	0.188
休闲方式知识性	**0.735**	0.169	0.029	0.101
休闲方式时尚性	**0.729**	0.265	−0.075	0.114
休闲方式趣味性	**0.716**	0.143	0.318	0.153

续　表

类　　别	成　分			
	1	2	3	4
休闲方式健身性	**0.716**	0.133	−0.015	0.083
休闲方式参与性	**0.606**	0.299	0.277	0.172
休闲场所管理水平	0.191	**0.816**	0.196	0.189
休闲服务水平	0.259	**0.753**	0.210	0.320
休闲设施质量	0.247	**0.738**	0.222	0.305
休闲产品宣传与推荐	0.209	**0.703**	0.191	0.024
休闲花费多少	0.077	0.227	**0.820**	0.209
收入水平高低	0.077	0.195	**0.808**	0.207
周围人参与休闲活动多少	0.124	0.168	**0.628**	0.151
心情	0.138	0.146	0.138	**0.841**
兴趣爱好	0.221	0.131	0.192	**0.785**
身体健康状况	0.107	0.340	0.317	**0.645**
闲暇时间多少	0.128	0.140	0.485	0.494
家人朋友的支持	0.246	0.315	0.372	0.381
休闲场所离居住地距离	0.196	0.308	0.299	0.343

提取方法：主成分分析法。

旋转法：具有 Kaiser 标准化的正交旋转法；旋转在 5 次迭代后收敛。

　　第一公因子更能代表"休闲方式娱乐性""休闲方式知识性""休闲方式时尚性""休闲方式趣味性""休闲方式健身性"和"休闲方式参与性"；第二公因子更能代表"休闲场所管理水平""休闲服务水平""休闲设施质量"和"休闲产品宣传与推荐"；第三公因子更能代表"休闲花费多少""收入水平高低"和"周围人参与休闲活动多少"；第四公因子更能代表"心情""兴趣爱好"和"身体健康状况"。"闲暇时间多少""家人朋友的支持"和"休闲场所离居住地距离"三项小于 0.5，且在多个维度中数值接近，故删除这三项。

通过对 2004 年、2014 年和 2019 年休闲活动选择影响因素因子分析结果对比，可以发现影响上海居民休闲活动选择的因素主要有以下 6 个方面，见表 2-33。

表 2-33　2004 年、2014 年和 2019 年休闲方式影响因素公因子比较表

休闲支持因子	2004 年	收入水平高低	休闲花费多少	闲暇时间多少	休闲场所离居住地距离	休闲方式参与性
	2014 年	收入水平高低	休闲花费多少	闲暇时间多少	休闲场所离居住地距离	家人朋友的支持
	2019 年	休闲花费多少	收入水平高低	周围人参与休闲活动多少		
休闲保障因子	2004 年	休闲场所管理水平	休闲设施质量	休闲服务水平		
	2014 年	休闲场所管理水平	休闲设施质量	休闲服务水平		
	2019 年	休闲场所管理水平	休闲服务水平	休闲设施质量	休闲产品宣传与推荐	
自我身心因子	2004 年	心情	身体健康状况	兴趣爱好		
	2014 年	心情	身体健康状况	兴趣爱好	周围人参与休闲活动多少	
	2019 年	心情	兴趣爱好	身体健康状况		
消遣功能因子	2004 年	休闲方式趣味性	休闲方式娱乐性			
	2014 年	休闲方式趣味性	休闲方式娱乐性	休闲方式参与性		
	2019 年	休闲方式娱乐性	休闲方式知识性	休闲方式时尚性	休闲方式趣味性	休闲方式健身性
		休闲方式参与性				

提升功能因子	2004 年	休闲方式知识性	休闲方式健身性		
	2014 年	休闲方式知识性	休闲方式健身性	休闲方式时尚性	休闲产品宣传与推荐
外部环境因子	2004 年	休闲产品宣传与推荐	家人朋友的支持	周围人参与休闲活动多少	休闲方式时尚性

　　第一，休闲支持因子。2004 年休闲支持因子中包括"收入水平高低""休闲花费多少""闲暇时间多少""休闲场所离居住地距离"和"休闲方式参与性"，而 2014 年为"收入水平高低""休闲花费多少""闲暇时间多少""休闲场所离居住地距离"和"家人朋友的支持"。2019 年为"休闲花费多少""收入水平高低"和"周围人参与休闲活动多少"。这说明，除了时间和金钱两个最基础的支撑市民进行休闲活动的条件外，上海居民越来越注重家人和朋友是否支持这种休闲方式。

　　第二，休闲保障因子。这一因子在 2004 年和 2014 年的因子分析比较中没有发生任何变化，而在 2019 年增加了"休闲产品宣传与推荐"。这一公因子代表了休闲场所、设施、服务等保障休闲活动进行的各种因素。

　　第三，自我身心因子。2004 年因子分析中"自我身心公共因子"包含"心情""身体健康状况"和"兴趣爱好"，而 2014 年该公因子所代表的因子在上述三者的基础上增加了"周围人参与休闲活动多少"。2019 年包含"心情""兴趣爱好"和"身体健康状况"，与 2004 年一致。

　　第四，消遣功能因子。2004 年"消遣功能因子"主要代表"休闲方式趣味性"和"休闲方式娱乐性"，而 2014 年其所代表含义增加了"休闲方式参与性"，2019 年增加了"休闲方式知识性""休闲方式时尚性"和"休闲方式健身性"，这说明上海居民对休闲的消遣功能需求越来越全面。

　　第五，提升功能因子。2004 年"提升功能因子"主要代表"休闲方式知识性"和"休闲方式健身性"，而 2014 年该公因子代表了"休闲方式知识性""休闲方式健身性""休闲方式时尚性"和"休闲产品宣传与推荐"，上海居民更多地将品味时尚与休闲的拓展知识面和健身等功能结合起来。

　　第六，外部环境因子。该公因子主要代表"休闲产品宣传与推荐""家人朋友的支持""周围人参与休闲活动多少"和"休闲方式时尚性"等因子。外部环境因子反映了家人朋友、周围人对休闲活动的态度以及休闲活动本身的宣传推广等是上海居民是否选择该休闲活动的主要影响因素。

三、影响因素的比较分析

居民的休闲方式受到休闲活动、休闲场所的区位和服务水平以及居民自身情况等多种因素的影响。15 年来,上海居民休闲方式的影响因素也在悄然发生变化。具体见表 2 - 34。

表 2 - 34 2004 年、2014 年和 2019 年上海居民休闲活动选择影响因素比较(单位: %)

休闲方式影响因素	完全无影响			影响比较小			影响比较大			影响非常大		
	2004	2014	2019	2004	2014	2019	2004	2014	2019	2004	2014	2019
休闲方式趣味性	4.46	9.09	6.13	23.42	18.83	21.17	54.65	50.65	50.42	17.47	21.43	22.28
休闲方式娱乐性	7.43	5.21	5.57	23.79	26.38	22.01	53.16	49.19	51.53	15.61	19.22	20.89
休闲方式健身性	8.92	9.80	15.60	41.64	41.83	39.00	36.80	38.89	34.54	12.64	9.48	10.86
休闲方式时尚性	16.36	19.67	12.26	52.04	42.30	41.78	23.42	31.80	33.15	8.18	6.23	12.81
休闲方式知识性	8.55	14.33	10.86	34.94	41.37	35.38	44.24	36.48	40.39	12.27	7.82	13.37
休闲方式参与性	8.55	7.62	7.80	31.97	34.11	34.26	49.07	44.37	45.40	10.41	13.91	12.53
休闲设施质量	3.72	3.58	5.29	19.70	20.85	23.40	54.65	55.05	47.63	21.93	20.52	23.68
休闲服务水平	2.60	4.25	5.01	19.33	16.99	22.84	50.93	52.29	47.63	27.14	26.47	24.51
休闲产品宣传与推荐	9.67	10.46	6.96	49.07	42.48	37.33	34.57	38.89	43.45	6.69	8.17	12.26
休闲场所管理水平	3.35	2.30	4.74	20.07	24.92	23.96	53.53	53.44	50.14	23.05	19.34	21.17

续　表

休闲方式影响因素	完全无影响			影响比较小			影响比较大			影响非常大		
	2004	2014	2019	2004	2014	2019	2004	2014	2019	2004	2014	2019
休闲场所离居住地距离	8.18	7.57	9.47	36.80	25.99	27.02	39.41	44.08	39.83	15.61	22.37	23.68
周围人参与休闲活动多少	14.87	10.56	10.03	44.24	36.96	28.41	34.94	39.27	40.67	5.95	13.20	20.89
身体健康状况	7.43	6.51	5.29	22.30	19.22	16.99	49.81	48.86	44.85	20.45	25.41	32.87
心情	4.09	3.28	6.96	14.50	14.43	19.50	51.67	49.84	44.57	29.74	32.46	28.97
兴趣爱好	3.35	2.96	6.41	10.04	13.16	18.11	50.93	54.61	47.63	35.69	29.28	27.86
收入水平高低	5.58	8.14	7.52	27.14	28.66	18.94	48.33	43.00	43.18	18.96	20.20	30.36
休闲花费多少	5.58	4.55	6.41	31.23	32.47	24.79	49.81	44.81	45.96	13.38	18.18	22.84
闲暇时间多少	4.83	5.56	11.14	21.19	19.93	20.06	53.16	50.98	47.91	20.82	23.53	20.89
家人朋友的支持	16.36	10.10	6.69	50.56	36.16	24.51	24.91	36.81	46.80	8.18	16.94	22.01

　　分析表 2-34 可以得出如下研究结论。

　　第一,完全无影响。在 2004 年上海居民休闲方式影响因素中,选择"完全无影响"比例最高的 3 项分别是"休闲方式时尚性""家人朋友的支持"和"周围人参与休闲活动多少",选择比例分别为 16.36%、16.36% 与 14.87%。在 2014 年"完全无影响"选择中,比例最高的 3 项变成了"休闲方式时尚性""休闲方式知识性"和"周围人参与休闲活动多少",选择比例分别为 19.67%、14.33% 与 10.56%。在 2019 年"完全无影响"选择中,比例较高的为"休闲方式健身性""休闲方式时尚性""闲暇时间多少",选择比例分别为 15.60%、12.26%、11.14%。可以看出,有相当比例的受访者认为上述因素对人们选择休闲活动没有影响。尤其需要注意的是,其中"休闲方式时尚性"在 15 年来的三次调研中，都被认为对休闲活动选择"完全无影响"的三个数值比较高的因素中，值得深思。

第二，影响比较小。在 2004 年上海居民休闲方式影响因素中，选择"影响比较小"比例最高的 3 项分别是"休闲方式时尚性""家人朋友的支持"和"休闲产品宣传与推荐"，选择比例分别为 52.04％、50.56％和 49.07％。在 2014 年"影响比较小"选择中，比例最高的 3 项是"休闲方式时尚性""休闲方式健身性"和"休闲产品宣传与推荐"，选择比例分别为 42.48％、42.30％和 41.83％。在 2019 年"影响比较小"选择中，比例最高的分别为"休闲方式时尚性""休闲方式健身性""休闲产品宣传与推荐"，比例分别为 41.78％、39.00％和 37.33％。可以看出，"休闲方式时尚性"和"休闲产品宣传与推荐"一直对居民的休闲方式选择影响较小，说明上海居民进行休闲活动时不易受潮流和宣传推荐的影响。

第三，影响比较大。在 2004 年上海居民休闲方式影响因素中，选择"影响比较大"比例最高的 3 项分别是"休闲设施质量""休闲方式趣味性"和"休闲场所管理水平"，比例分别为 54.65％、54.65％和 53.53％。在 2014 年选择比例最高的 3 项分别是"休闲设施质量""兴趣爱好"及"休闲场所管理水平"，比例分别为 55.05％、54.61％和 53.44％。在 2019 年选择比例最高的 3 项是"休闲方式娱乐性""休闲方式趣味性"和"休闲场所管理水平"，比例分别为 51.53％、50.42％和 50.14％。以上数据说明，上海居民在进行休闲活动时一直十分关注休闲场所的管理水平及设施质量等休闲软硬件配套设施，这也恰恰是上海城市休闲化体系建设的重点。2014 年"兴趣爱好"上升到"影响比较大"选择比例的第二位，这反映出上海居民将自己的休闲方式与个人的兴趣爱好相结合的一种趋势。2019 年的变化则显示上海居民更加重视休闲方式的娱乐性和趣味性。若休闲活动能够与居民个人发展及兴趣爱好相结合，不断增强娱乐性和趣味性内涵，无疑更易被大众接受，既有利于居民的身心健康，又能够赢得居民长期的青睐。

第四，影响非常大。在 2004 年与 2014 年上海居民休闲方式影响因素中，选择"影响非常大"的比例最高的 3 项是"心情""兴趣爱好"和"休闲服务水平"。在 2019 年"影响非常大"的选择中，比例最高的 3 项分别为"身体健康状况""收入水平高低""心情"和"兴趣爱好"。以上所有的选项占比大致处于 19％～36％，占比还是比较高，从一个方面说明了上述因素在居民休闲活动选择中发挥着重要作用。

第四节 居民休闲满意度

一、休闲活动满意度

（一）描述性统计

1. 2004 年上海居民休闲活动满意度统计

参与休闲活动能够释放工作和生活中的压力，能够回归自然和陶冶情操，还能增进亲友之间的感情，参加休闲互动的收获对居民休闲满意度有显著影响。2004 年上海居民休闲活动满意度描述性统计结果如表 2－35 所示。

表 2－35 2004 年上海居民休闲活动满意度统计表（单位：%）

休 闲 收 获	A	B	C	D
减轻或消除生活、工作压力	2.73	20.77	64.48	12.02
减轻或消除心理上的消极情绪	1.64	22.40	59.02	16.94
放松心情，获得愉快的体验	0.55	16.39	54.10	28.96
因完成某些活动获得成就感	6.01	36.07	44.81	13.11
扩大视野，获得新知识、经验	0.55	29.51	51.37	18.58
陶冶情操，满足审美需要	3.83	31.69	53.55	10.93
丰富兴趣爱好	4.37	34.43	48.63	12.57
锻炼身体，保持健康	3.83	27.87	53.01	15.30
提高自己对社会的认识能力	2.19	35.52	50.27	12.02
刺激单调生活，满足冒险需要	18.03	44.81	24.59	12.57
满足挑战自我、挑战自然的需要	16.39	45.36	30.05	8.20
暂时远离烦嚣的都市，回归自然	3.83	31.15	46.99	18.03
暂时远离拥挤的人群，回归自我	4.92	26.23	50.82	18.03
获得心灵平静	4.37	26.78	50.82	18.03
加深对自己的了解	4.37	36.61	49.18	9.84

休　闲　收　获	A	B	C	D
挖掘自己的潜能	10.38	46.99	32.24	10.38
实现自己的价值	9.84	47.54	33.33	9.29
调整与家人朋友的关系,增进亲情和友情	3.28	21.86	56.28	18.58
扩大交际范围,获得新的友谊或经历	6.56	31.15	43.72	18.58

注：A表示"完全没有收获",B表示"收获比较小",C表示"收获比较大",D表示"收获非常大"。

在休闲活动满意度选择中,"完全没有收获"选择比例较高的有"刺激单调生活,满足冒险需要""满足挑战自我、挑战自然的需要""挖掘自己的潜能"和"实现自己的价值",比例分别为18.03%、16.39%、10.38%和9.84%。"收获比较小"选择比例最高的为"实现自己的价值",占比为47.45%;其次为"挖掘自己的潜能",占比为46.99%;第三为"满足挑战自我、挑战自然的需要",占比为45.36%;第四为"刺激单调生活,满足冒险需要",所占比例为44.81%。"收获比较大"选择比例最高的为"减轻或消除生活、工作压力",选择比例达到了64.48%;其次是"减轻或消除心理上的消极情绪",占比为59.02%;第三为"调整与家人朋友的关系,增进亲情和友情",占比为56.28%。同时,"放松心情,获得愉快的体验""陶冶情操,满足审美需要""扩大视野,获得新知识、经验""暂时远离拥挤的人群,回归自我""获得心灵平静"等选择比例均超过了50%,这说明上海居民休闲活动在放松心情、减轻压力、消除消极情绪等方面满意度较高。"收获非常大"选择比例最高的为"放松心情,获得愉快的体验",占比为28.96%;其次为"扩大视野,获得新知识、经验""扩大交际范围,获得新的友谊或经历"和"调整与家人朋友的关系,增进亲情和友情",占比均为18.58%。这说明,上海居民对休闲活动起到的增加阅历、培养亲情友情等社交功能的满意度最高。

2.2014年上海居民休闲活动满意度统计

在2014年上海居民休闲活动满意度选择中,"完全没有收获"选择最高的调查项目为"刺激单调生活,满足冒险需要",占比为14.33%,是因为休闲活动更多的是通过轻松舒缓的活动来达到释放工作和生活中压力的目的;其次为"满足挑战自我、挑战自然的需要",占比为14.01%;第三是"实现自己的价值",占比为8.50%。"收获比较小"选择比例最高的为"加深对自己的了解",占比为47.06%;

其次为"挖掘自己的潜能",占比为 44.77%;第三为"满足挑战自我、挑战自然的需要",占比为 44.30%。"收获比较大"选择比例最高的为"放松心情,获得愉快的体验",占比达到了 70.36%;其次为"减轻或消除生活、工作压力",占比为 65.26%;第三为"减轻或消除心理上的消极情绪",占比为 63.61%;同时,"扩大视野,获得新知识、经验""陶冶情操,满足审美需要""锻炼身体,保持健康""丰富兴趣爱好""提高自己对社会的认识能力""获得心灵平静""调整与家人朋友的关系,增进亲情和友情"和"扩大交际范围,获得新的友谊或经历"等调研项目中"收获比较大"选择比例均超过了 50%。"收获非常大"选择比例最高的为"调整与家人朋友的关系,增进亲情和友情",占比为 19.93%;其次为"暂时远离烦嚣的都市,回归自然",占比为 18.89%;第三和第四分别为"放松心情,获得愉快的体验"和"暂时远离拥挤的人群,回归自我",占比分别为 18.57% 与 18.24%。以上数据说明,上海居民通过休闲活动收获最大的为增进亲友之间感情和远离工作和生活中的压力、放松身心。同时,居民对休闲活动起到的减轻工作和生活中的压力、放松身心和舒缓消极情绪等方面作用也相对较为满意,而上海居民对休闲活动有关认识和提升自我、刺激单调生活和挑战自我等方面的满意度较低,见表 2 - 36。

表 2 - 36 2014 年上海居民休闲活动满意度统计表(单位：%)

休 闲 收 获	A	B	C	D
减轻或消除生活、工作压力	3.57	15.58	65.26	15.58
减轻或消除心理上的消极情绪	0.98	21.64	63.61	13.77
放松心情,获得愉快的体验	0.98	10.10	70.36	18.57
因完成某些活动获得成就感	6.19	39.74	43.32	10.75
扩大视野,获得新知识、经验	2.61	31.60	52.77	13.03
陶冶情操,满足审美需要	3.92	35.29	50.65	10.13
丰富兴趣爱好	1.94	30.42	55.99	11.65
锻炼身体,保持健康	0.98	31.60	57.33	10.10
提高自己对社会的认识能力	4.25	33.66	51.31	10.78
刺激单调生活,满足冒险需要	14.33	40.39	34.20	11.07
满足挑战自我、挑战自然的需要	14.01	44.30	31.27	10.42

休 闲 收 获	A	B	C	D
暂时远离烦嚣的都市,回归自然	6.19	27.69	47.23	18.89
暂时远离拥挤的人群,回归自我	6.84	30.62	44.30	18.24
获得心灵平静	4.58	30.72	51.31	13.40
加深对自己的了解	5.88	47.06	38.24	8.82
挖掘自己的潜能	7.19	44.77	39.22	8.82
实现自己的价值	8.50	43.79	39.87	7.84
调整与家人朋友的关系,增进亲情和友情	3.92	19.28	56.86	19.93
扩大交际范围,获得新的友谊或经历	5.54	28.99	52.44	13.03

注:A表示"完全没有收获",B表示"收获比较小",C表示"收获比较大",D表示"收获非常大"。

3. 2019 年上海居民休闲活动满意度统计

在 2019 年上海居民休闲活动满意度选择中,"完全没有收获"选择最高的调查项目为"满足挑战自我、挑战自然的需要",占比为 12.26%;其次是"刺激单调生活,满足冒险需要",占比为 10.31%;第三是"实现自我价值",占比为 9.47%。"收获比较小"选择比例最高的为"满足挑战自我、挑战自然的需要",占比为 34.54%;其次为"实现自我价值",占比为 33.98%;第三为"挖掘自己的潜能",占比 33.15%。"收获比较大"选择比例最高的为"减轻或消除生活、工作压力",占比为 68.80%;其次为"放松心情,获得愉快的体验",占比达到了 64.62%;第三为"减轻或消除心理上的消极情绪",占比 63.79%。同时,"扩大视野,获得新知识、经验""锻炼身体、保持健康""提高自己对社会的认识能力""调整与家人朋友的关系,增进亲情和友情""丰富兴趣爱好"的选择比例都超过了 55%。相比 2014 年,选择比例超过了 50% 的项目,除了"陶冶情操,满足审美需要""扩大交际范围,获得新的友谊或经历""获得心灵平静"等,增加了"暂时远离拥挤的人群,回归自我""暂时远离烦嚣的都市,回归自然"和"因完成某些活动获得成就感"。"收获非常大"选择比例最高的为"调整与家人朋友的关系,增进亲情和友情",占比为 26.46%;其次为"放松心情,获得愉快的体验",占比为 24.23%;第三为"扩大交际范围,获得新的友谊或经历",占比为 20.06%。以上数据说明,上海居民参与休闲活动的主要收获为放松身心、纾解工作和生活中的压力,舒缓消极情绪。而上海居民对休闲活动有关认识和提升自我、实现自我价值和刺激单调生活等方面的满意度较低,见表2-37。

表2-37　2019年上海居民休闲活动满意度统计表(单位:%)

休　闲　收　获	A	B	C	D
减轻或消除生活、工作压力	2.79	10.58	68.80	17.83
减轻或消除心理上的消极情绪	2.23	15.60	63.79	18.38
放松心情,获得愉快的体验	3.34	7.80	64.62	24.23
因完成某些活动获得成就感	4.74	27.86	50.70	16.71
扩大视野,获得新知识、经验	4.74	20.89	57.38	16.99
陶冶情操,满足审美需要	4.74	24.51	53.48	17.27
丰富兴趣爱好	3.90	25.35	55.15	15.60
锻炼身体、保持健康	3.90	22.01	55.71	18.38
提高自己对社会的认识能力	6.41	24.51	55.43	13.65
刺激单调生活,满足冒险需要	10.31	31.48	42.34	15.88
满足挑战自我、挑战自然的需要	12.26	34.54	43.45	9.75
暂时远离烦嚣的都市,回归自然	6.96	23.96	52.09	16.99
暂时远离拥挤的人群,回归自我	6.13	24.79	53.20	15.88
获得心灵平静	5.01	25.63	51.81	17.55
加深对自己的了解	9.19	31.75	47.35	11.70
挖掘自己的潜能	8.91	33.15	45.68	12.26
实现自己的价值	9.47	33.98	44.29	12.26
调整与家人朋友的关系,增进亲情和友情	3.90	14.21	55.43	26.46
扩大交际范围,获得新的友谊或经历	5.29	22.56	52.09	20.06

注:A表示"完全没有收获",B表示"收获比较小",C表示"收获比较大",D表示"收获非常大"。

(二)因子分析

1. KMO 和 Bartlett 球形检验比较分析

在 2004 年的问卷数据中,对 19 项休闲活动满意度调研数据进行相关性检测,KMO 值为 0.813,大于 0.7;sig 值为 0.000,小于 0.01。因此,可以认定 2004 年问卷中休闲活动满意度变量之间存在显著的相关性,适合进行因子分析。结果如表 2-38 所示。

表 2-38　2004 年休闲活动满意度的 KMO 和 Bartlett 检验

KMO 取样适切性量数		0.813
Bartlett 球形检验	近似卡方	1 149.243
	自由度	171
	显著度	0.000

在 2014 年的问卷数据中,对 19 项休闲活动满意度调研数据进行相关性检测,结果如表 2-39 所示。KMO 值为 0.854,大于 0.7;sig 值为 0.000,小于 0.01。因此,可以认定 2014 年问卷中休闲活动满意度变量之间存在显著的相关性,适合进行因子分析。

表 2-39　2014 年休闲活动满意度的 KMO 和 Bartlett 检验

KMO 取样适切性量数		0.854
Bartlett 球形检验	近似卡方	2 783.963
	自由度	171
	显著度	0.000

在 2019 年的问卷数据中,对 19 项休闲活动满意度调研数据进行相关性检测,结果如表 2-40 所示。KMO 值为 0.926,大于 0.7;sig 值为 0.000,小于 0.01,因此,可以认定 2019 年问卷中休闲活动满意度变量之间存在显著的相关性,适合进行因子分析。

表 2 - 40　2019 年休闲活动满意度的 KMO 和 Bartlett 检验

KMO 取样适切性量数		0.926
Bartlett 球形检验	近似卡方	4 268.122
	自由度	171
	显著度	0.000

2. 解释的总方差及碎石图比较分析

表 2 - 41 显示出 2004 年休闲活动满意度因子分析每个公因子所解释的方差占比及其累积和。观察"初始特征值"一栏的"累计方差占比",前五个公因子解释的累积方差占比为 59.562%,因此,提取 5 个公因子能够很好地表达 2004 年问卷调查中休闲活动满意度原有变量中所包含的信息。

表 2 - 41　2004 年上海居民休闲活动满意度因子分析解释的总方差

成分	初始特征值			提取平方和载入			旋转平方和载入		
	合计	方差占比/%	累积方差占比/%	合计	方差占比/%	累积方差占比/%	合计	方差占比/%	累积方差占比/%
1	5.452	28.697	28.697	5.452	28.697	28.697	3.127	16.459	16.459
2	1.878	9.882	38.579	1.878	9.882	38.579	2.622	13.801	30.260
3	1.656	8.714	47.294	1.656	8.714	47.294	2.134	11.233	41.493
4	1.199	6.309	53.603	1.199	6.309	53.603	1.901	10.003	51.496
5	1.132	5.960	59.562	1.132	5.960	59.562	1.533	8.066	59.562
6	0.965	5.076	64.639						
7	0.934	4.918	69.557						
8	0.827	4.351	73.908						
9	0.737	3.877	77.785						
10	0.657	3.460	81.245						
11	0.570	2.999	84.244						
12	0.517	2.721	86.966						
13	0.472	2.486	89.451						

续　表

成分	初始特征值			提取平方和载入			旋转平方和载入		
	合计	方差占比/%	累积方差占比/%	合计	方差占比/%	累积方差占比/%	合计	方差占比/%	累积方差占比/%
14	0.415	2.186	91.638						
15	0.409	2.153	93.791						
16	0.361	1.899	95.690						
17	0.319	1.679	97.369						
18	0.276	1.451	98.819						
19	0.224	1.181	100.000						

提取方法：主成分分析法。

2004 年休闲活动满意度因子分析特征值的碎石图如图 2-1 所示。通过观察可以发现，第五个公因子之后的特征值变化趋缓，即在横坐标"5"之后折线变得较为平坦，表明选取 5 个公因子是比较恰当的。

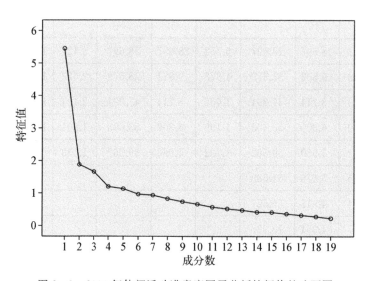

图 2-1　2004 年休闲活动满意度因子分析特征值的碎石图

2014 年休闲活动满意度因子分析解释的总方差如表 2-42 所示。前五个公因子解释的累积方差占比已经达到 66.107%，故提取 5 个公因子就能够很好地解释原有变量包含的信息。

表 2－42　2014 年上海居民休闲活动满意度因子分析解释的总方差

成分	初始特征值			提取平方和载入			旋转平方和载入		
	合计	方差占比/%	累积方差占比/%	合计	方差占比/%	累积方差占比/%	合计	方差占比/%	累积方差占比/%
1	6.837	35.984	35.984	6.837	35.984	35.984	2.804	14.757	14.757
2	1.973	10.384	46.368	1.973	10.384	46.368	2.790	14.682	29.439
3	1.460	7.684	54.052	1.460	7.684	54.052	2.649	13.941	43.380
4	1.260	6.629	60.681	1.260	6.629	60.681	2.272	11.956	55.336
5	1.031	5.425	66.107	1.031	5.425	66.107	2.047	10.771	66.107
6	0.898	4.728	70.835						
7	0.768	4.042	74.877						
8	0.723	3.803	78.680						
9	0.696	3.663	82.343						
10	0.571	3.007	85.350						
11	0.498	2.623	87.973						
12	0.425	2.235	90.207						
13	0.396	2.084	92.292						
14	0.334	1.759	94.051						
15	0.301	1.583	95.634						
16	0.248	1.306	96.940						
17	0.233	1.226	98.166						
18	0.209	1.100	99.266						
19	0.140	0.734	100.000						

提取方法：主成分分析法。

图 2－2 为 2014 年休闲活动满意度因子分析特征值的碎石图。通过观察可以发现,第五个公因子之后的特征值变化趋缓,即在横坐标"5"之后折线变得较为平坦,表明选取 5 个公因子比较恰当。

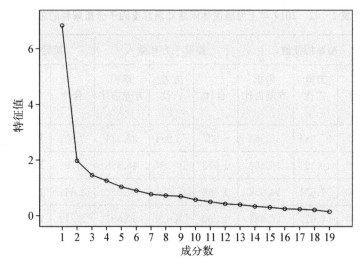

图 2-2　2014 年休闲活动满意度因子分析特征值碎石图

2019 年休闲活动满意度因子分析解释的总方差如表 2-43 所示。前三个公因子解释的累积方差占比已经达到 62.290%,故提取 3 个公因子就能够很好地解释原有变量包含的信息。

表 2-43　2019 年上海居民休闲活动满意度因子分析解释的总方差

成分	初始特征值			提取平方和载入			旋转平方和载入		
	合计	方差占比/%	累积方差占比/%	合计	方差占比/%	累积方差占比/%	合计	方差占比/%	累积方差占比/%
1	9.130	48.053	48.053	9.130	48.053	48.053	5.144	27.075	27.075
2	1.569	8.255	56.308	1.569	8.255	56.308	3.860	20.317	47.392
3	1.137	5.982	62.290	1.137	5.982	62.290	2.831	14.898	62.290
4	0.910	4.788	67.077						
5	0.867	4.564	71.642						
6	0.805	4.237	75.879						
7	0.646	3.402	79.281						
8	0.597	3.145	82.425						
9	0.489	2.573	84.998						

成分	初始特征值			提取平方和载入			旋转平方和载入		
	合计	方差占比/%	累积方差占比/%	合计	方差占比/%	累积方差占比/%	合计	方差占比/%	累积方差占比/%
10	0.384	2.023	87.022						
11	0.352	1.853	88.875						
12	0.332	1.750	90.625						
13	0.332	1.745	92.370						
14	0.305	1.605	93.975						
15	0.272	1.430	95.405						
16	0.252	1.327	96.732						
17	0.238	1.255	97.987						
18	0.217	1.144	99.131						
19	0.165	0.869	100.000						

提取方法：主成分分析法。

图 2-3 为 2019 年休闲活动满意度因子分析特征值的碎石图。通过观察可以发现，第三个公因子之后的特征值变化趋缓，即在横坐标"3"之后折线变得较

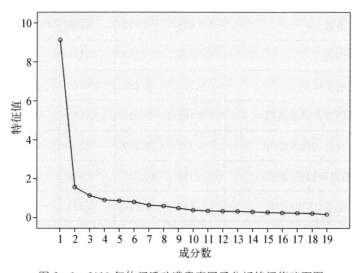

图 2-3　2019 年休闲活动满意度因子分析特征值碎石图

为平坦,表明选取 3 个公因子比较恰当。

3. 旋转成分矩阵比较分析

表 2-44 为 2004 年休闲活动满意度因子分析旋转成分矩阵。通过观测,我们可以发现,旋转后每个公因子的载荷分批更加清晰,各因子的意义更易解析。已知因子载荷为变量与公因子的相关系数,对一个变量来说,因子的载荷绝对值越大,其关系越密切,就更能代表这个变量。按照这个观点,第一个公因子更能代表"实现自己的价值""挖掘自己的潜能""加深对自己的了解""因完成某些活动获得成就感""提高自己对社会的认识能力"和"扩大视野,获得新知识、经验";第二个公因子更能代表"减轻或消除生活、工作压力""放松心情,获得愉快的体验""减轻或消除心理上的消极情绪""丰富兴趣爱好""锻炼身体,保持健康"和"陶冶情操,满足审美需要";第三个公因子更能代表"暂时远离烦器的都市,回归自然""暂时远离拥挤的人群,回归自我"和"获得心灵平静";第四个公因子更能代表"刺激单调生活,满足冒险需要"和"满足挑战自我、挑战自然的需要";第五个公因子更能代表"调整与家人朋友的关系,增进亲情和友情"和"扩大交际范围,获得新的友谊或经历"。

表 2-44 2004 年休闲活动满意度因子分析旋转成分矩阵

休闲活动	成分				
	1	2	3	4	5
实现自己的价值	0.802	−0.052	0.196	0.118	0.103
挖掘自己的潜能	0.754	0.253	0.136	0.145	0.126
加深对自己的了解	0.705	0.189	0.023	−0.085	0.090
因完成某些活动获得成就感	0.492	−0.029	0.175	0.417	−0.038
提高自己对社会的认识能力	0.483	0.189	−0.216	0.230	0.276
扩大视野,获得新知识、经验	0.463	0.377	0.069	0.176	0.011
减轻或消除生活、工作压力	0.140	0.712	0.194	−0.226	0.231
放松心情,获得愉快的体验	−0.045	0.666	0.294	0.152	0.012
减轻或消除心理上的消极情绪	0.118	0.624	0.303	−0.020	0.246

续　表

休闲活动	成分				
	1	2	3	4	5
丰富兴趣爱好	0.292	0.557	0.002	0.100	−0.337
锻炼身体,保持健康	0.341	0.527	−0.157	0.304	0.291
陶冶情操,满足审美需要	0.441	0.478	0.029	0.139	0.037
暂时远离烦嚣的都市,回归自然	0.001	0.113	0.800	0.275	0.100
暂时远离拥挤的人群,回归自我	0.070	0.207	0.762	0.173	0.141
获得心灵平静	0.332	0.234	0.638	−0.164	0.038
刺激单调生活,满足冒险需要	0.027	0.202	0.050	0.786	0.138
满足挑战自我、挑战自然的需要	0.329	−0.086	0.266	0.774	0.035
调整与家人朋友的关系,增进亲情和友情	0.063	0.069	0.227	−0.021	0.794
扩大交际范围,获得新的友谊或经历	0.263	0.148	0.036	0.234	0.651

提取方法:主成分分析法。

旋转法:具有 Kaiser 标准化的正交旋转法;旋转在 9 次迭代后收敛。

表 2-45 为 2014 年休闲活动满意度因子分析旋转成分矩阵。第一个公因子更能代表"实现自己的价值""挖掘自己的潜能""扩大交际范围,获得新的友谊或经历""加深对自己的了解"和"调整与家人朋友的关系,增进亲情和友情";第二个公因子更能代表"扩大视野,获得新知识、经验""因完成某些活动获得成就感""提高自己对社会的认识能力""丰富兴趣爱好""锻炼身体,保持健康"和"陶冶情操,满足审美需要";第三个公因子更能代表"减轻或消除生活、工作压力""减轻或消除心理上的消极情绪""获得心灵平静"和"放松心情,获得愉快的体验";第四个公因子更能代表"刺激单调生活,满足冒险需要"和"满足挑战自我、挑战自然的需要";第五个公因子更能代表"暂时远离烦嚣的都市,回归自然"和"暂时远离拥挤的人群,回归自我"。

表 2 - 45　2014 年休闲活动满意度因子分析旋转成分矩阵

休闲活动	成　分				
	1	2	3	4	5
实现自己的价值	0.722	0.199	−0.038	0.408	0.060
挖掘自己的潜能	0.718	0.188	0.081	0.456	−0.036
扩大交际范围,获得新的友谊或经历	0.688	0.381	−0.062	−0.098	0.140
加深对自己的了解	0.646	0.059	0.285	0.413	−0.028
调整与家人朋友的关系,增进亲情和友情	0.627	0.065	0.377	−0.105	0.298
扩大视野,获得新知识、经验	0.123	0.715	0.164	0.076	0.167
因完成某些活动获得成就感	0.107	0.666	0.114	0.332	−0.016
提高自己对社会的认识能力	0.142	0.594	0.156	0.362	0.020
丰富兴趣爱好	0.274	0.529	0.045	0.244	0.187
锻炼身体,保持健康	0.363	0.497	0.232	−0.106	0.061
陶冶情操,满足审美需要	0.051	0.496	0.358	0.305	0.258
减轻或消除生活、工作压力	0.070	0.155	0.833	0.043	0.084
减轻或消除心理上的消极情绪	0.064	0.269	0.785	0.187	0.183
获得心灵平静	0.388	−0.064	0.628	0.120	0.312
放松心情,获得愉快的体验	−0.005	0.445	0.592	0.058	0.085
满足挑战自我、挑战自然的需要	0.167	0.275	0.065	0.773	0.224
刺激单调生活,满足冒险需要	0.144	0.238	0.157	0.772	0.142
暂时远离烦嚣的都市,回归自然	0.107	0.167	0.192	0.174	0.890
暂时远离拥挤的人群,回归自我		0.146	0.213	0.125	0.889

提取方法：主成分分析法。
旋转法：具有 Kaiser 标准化的正交旋转法。

　　表 2－46 为 2019 年休闲活动满意度因子分析旋转成分矩阵。第一个公因子更能代表"挖掘自己的潜能""实现自己的价值""加深对自己的了解""扩大交际范围,获得新的友谊或经历""扩大视野,获得新知识、经验""满足挑战自我、挑战自然的需要""提高自己对社会的认识能力""因完成某些活动获得成就感""刺激单调生活,满足冒险需要""丰富兴趣爱好"和"锻炼身体、保持健康";第二个公因子更能代表"放松心情,获得愉快的体验""减轻或消除生活、工作压力""减轻或消除心理上的消极情绪""陶冶情操,满足审美需要"和"调整与家人朋友的关系,增进亲情和友情";第三个公因子更能代表"暂时远离拥挤的人群,回归自我""暂时远离烦嚣的都市,回归自然"和"获得心灵平静"。

表 2－46　2019 年休闲活动满意度因子分析旋转成分矩阵

休 闲 活 动	成　　分		
	1	2	3
挖掘自己的潜能	0.809	0.013	0.229
实现自己的价值	0.746	0.129	0.301
加深对自己的了解	0.682	0.223	0.320
扩大交际范围,获得新的友谊或经历	0.643	0.331	0.126
扩大视野,获得新知识、经验	0.632	0.462	0.123
满足挑战自我、挑战自然的需要	0.611	0.032	0.478
提高自己对社会的认识能力	0.603	0.397	0.167
因完成某些活动获得成就感	0.586	0.434	0.159
刺激单调生活,满足冒险需要	0.553	0.124	0.430
丰富兴趣爱好	0.548	0.487	0.214
锻炼身体,保持健康	0.535	0.392	0.091
放松心情,获得愉快的体验	0.125	0.829	0.199
减轻或消除生活、工作压力	0.184	0.801	0.182
减轻或消除心理上的消极情绪	0.161	0.787	0.257
陶冶情操,满足审美需要	0.460	0.497	0.273

休　闲　活　动	成　　分		
	1	2	3
调整与家人朋友的关系,增进亲情和友情	0.429	0.469	0.184
暂时远离拥挤的人群,回归自我	0.220	0.295	0.854
暂时远离烦嚣的都市,回归自然	0.315	0.234	0.796
获得心灵平静	0.252	0.401	0.651

提取方法：主成分分析法。
旋转法：具有 Kaiser 标准化的正交旋转法；旋转在 7 次迭代后收敛。

2004 年、2014 年和 2019 年上海居民休闲活动满意度公因子比较如表 2 - 47 所示。

通过分析可以发现以下主要结论。

第一,自我实现因子。2004 年主要包括"实现自己的价值""挖掘自己的潜能""加深对自己的了解""因完成某些活动获得成就感""提高自己对社会的认识能力"和"扩大视野,获得新知识、经验"。2014 年主要包括"实现自己的价值""挖掘自己的潜能""扩大交际范围,获得新的友谊或经历""加深对自己的了解""调整与家人朋友的关系,增进亲情和友情"和"扩大交际范围,获得新的友谊或经历"。从 2014 年的自我实现因子中可以看出,上海居民更加注重亲情友情等社交因素。2019 年主要包括"挖掘自己的潜能""实现自己的价值""加深对自己的了解""扩大交际范围,获得新的友谊或经历""扩大视野,获得新知识、经验""满足挑战自我、挑战自然的需要""提高自己对社会的认识能力""因完成某些活动获得成就感""刺激单调生活,满足冒险需要""丰富兴趣爱好"和"锻炼身体,保持健康"。在三次调查中,这一公因子的内容逐渐丰富,涵盖更加全面。

第二,自我提高因子。2004 年主要包括"减轻或消除生活、工作压力""放松心情,获得愉快的体验""减轻或消除心理上的消极情绪""丰富兴趣爱好""锻炼身体,保持健康"和"陶冶情操,满足审美需要"。2014 年主要包括"扩大视野,获得新知识、经验""因完成某些活动获得成就感""提高自己对社会的认识能力""丰富兴趣爱好""锻炼身体,保持健康"和"陶冶情操,满足审美需要"。2019 年主要包括"放松心情,获得愉快的体验""减轻或消除生活、工作压力""减轻或消除心理上的消极情绪""陶冶情操,满足审美需要"和"调整与家人朋友的关系,增进亲情和友情"。

表2-47　2004年、2014年和2019年上海居民休闲活动满意度公因子比较表

公因子	年份	休闲活动								
第一个公因子（自我实现因子）	2004	实现自己的价值	挖掘自己的潜能	加深对自己的了解	因完成某些活动获得成就感	提高自己对社会的认识能力	扩大视野、获得新知识经验			
	2014	实现自己的价值	挖掘自己的潜能	加深对自己的了解	调整与家人朋友的关系、增进亲情和友情	扩大交际范围、获得新的友谊或经历				
	2019	挖掘自己的潜能	实现自己的价值	加深对自己的了解	扩大交际范围、获得新的友谊或经历	扩大视野、获得新知识经验	满足挑战自我、挑战自然的需要	提高自己对社会的认识能力	因完成某些活动获得成就感	
第二个公因子（自我提高因子）	2004	减轻或消除生活、工作压力	放松心情、获得愉快的体验	减轻或消除心理上的消极情绪	丰富兴趣爱好	锻炼身体、保持健康	陶冶情操、满足审美需要	刺激单调生活、满足冒险需要	丰富兴趣爱好	锻炼身体、保持健康
	2014	扩大视野、获得新知识经验	因完成某些活动获得成就感	提高自己对社会的认识能力	丰富兴趣爱好	锻炼身体、保持健康	陶冶情操、满足审美需要			
	2019	放松心情、获得愉快的体验	减轻或消除生活、工作压力	减轻或消除心理上的消极情绪	调整与家人朋友的关系、增进亲情和友情	陶冶情操、满足审美需要				

续表

公因子	年份	休闲活动			
第三个公因子（短暂逃避因子）	2004	暂时远离喧嚣的都市，回归自然	暂时远离拥挤的人群，回归自我	获得心灵平静	
	2014	暂时远离喧嚣的都市，回归自然	暂时远离拥挤的人群，回归自我		
	2019	暂时远离喧嚣的都市，回归自然	暂时远离拥挤的人群，回归自我	获得心灵平静	
第四个公因子（寻求改变因子）	2004	刺激单调生活，满足冒险需要	满足挑战自我，挑战自然的需要		
	2014	刺激单调生活，满足冒险需要	满足挑战自我，挑战自然的需要		
第五个公因子（社交因子/释放压力因子）	2004	调整与家人的关系，增进亲情朋友，工作友谊	扩大交际范围，获得新的友谊或经历		
	2014	减轻或消除生活，工作上的压力	减轻或消除心理上的消极情绪	放松心情，获得愉快的体验	获得心灵平静

第三，短暂逃避因子。2004 年的短暂逃避因子主要包括"暂时远离烦嚣的都市，回归自然""暂时远离拥挤的人群，回归自我"和"获得心灵平静"；2014 年则减少了"获得心灵平静"，2019 年与 2004 年保持一致。总体来说，这个公因子内容变化相对不大。

第四，寻求改变因子。2004 年与 2014 年均为"刺激单调生活，满足冒险需要"和"满足挑战自我、挑战自然的需要"。

第五，社交因子/释放压力因子。2004 年的社交因子包括"调整与家人朋友的关系，增进亲情和友情"和"扩大交际范围，获得新的友谊或经历"；2014 年的第五个公因子为释放压力因子，主要包括"减轻或消除生活、工作压力""减轻或消除心理上的消极情绪""获得心灵平静""放松心情，获得愉快的体验"和"获得心灵平静"。

（三）纵向比较

经过 15 年的发展，上海的休闲设施不断完善，休闲环境进一步优化，市民休闲活动满意度也发生了一定变化，主要变化如下。

第一，主要休闲动机保持不变。通过对比发现，从 2004 年到 2019 年，上海居民休闲动机排名前 3 位均为"放松身心、消除疲劳""开阔眼界、增长认识能力"和"增强与外界沟通、扩大交际"。放松身心、消除疲劳及促进自身发展一直是上海居民休闲活动的主要休闲动机。同时，居民参与休闲的动机也在悄然发生变化，2014 年"商务需要"有较大上升，从 2004 年的 4.63% 上升到了 9.60%，锻炼身体则从 12.85% 下降到 7.00%。说明经过 10 年发展，上海居民以商务需要为休闲动机的比例显著增加，上海居民的商务休闲动机明显升高，但 2019 年审美愉悦、怡情养性和消磨时间的动机选择比例有所提高，反映了休闲需求深化发展对休闲动机的影响。

第二，上海居民休闲活动满意度整体有较大提高。虽然在 2014 年的 19 项满意度调研项目中，"收获非常大"选择比例下降的为 14 项，但在 2019 年的调查中，除了 3 项继续下降外，其余 16 项全部回升，且相较 2004 年有较大增幅。同时，在三次调查中，"收获比较大"选择比例仍为各项目中最高。且 2014 年 19 项中选择比例升高的调查项目为 14 项，2019 年 19 项中也有 14 项比例升高，说明上海居民对上海休闲活动比较满意的比例明显提高。"完全没有收获"和"收获比较小"的选择比例整体有所下降，直接体现了 15 年来上海城市休闲建设的成果。近年来上海城市建设中十分重视休闲设施的配置，尤其是近年来郊野公园的建设，黄浦江沿岸 45 千米滨江公共空间和苏州河中心城段 42 千米岸线的基本贯通，增加了休闲活动场所。同时，上海的休闲服务水平显著提高，交通和网络等配套设施也逐步完善,居民休闲活动满意度的显著提高很好地证明了这一点。

第三,上海居民休闲活动满意度均可分为自我实现因子、自我提高因子、短暂逃避因子、寻求改变因子和社交因子/释放压力因子五个公因子,且所包括内容大致相同。变化最大的是 2004 年的第五个公因子为"社交因子",主要包括"调整与家人朋友的关系,增进亲情和友情"和"扩大交际范围,获得新的友谊或经历"。然而 2014 年的第五个公因子为"释放压力因子",主要包括"减轻或消除生活、工作压力""减轻或消除心理上的消极情绪""获得心灵平静"和"放松心情,获得愉快的体验"。而 2019 年由五个公因子变为三个,分别为自我实现因子、自我提高因子和短暂逃避因子。

二、休闲环境满意度

为了解上海居民对城市休闲环境的总体评价,分别从休闲方式的丰富性、休闲时尚在全国的地位、休闲环境的安全性、休闲设施的完善性、休闲气氛的浓厚程度和休闲产业的发达程度 6 个方面进行了问卷调查。

(一)描述性统计

1. 2004 年上海城市休闲环境满意度

2004 年,上海居民对休闲方式丰富多样的认可度最高,基本同意(56.28%)和完全同意(23.50%)共占 79.78%,约为持否定意见者的 4 倍。上海居民对休闲时尚走在全国前列的认同度很高,基本同意的占 52.46%,完全同意的占30.05%。其他选项的赞同率也都超过否定率。由此可见,上海居民对上海城市休闲环境总体还是比较满意的。但需要关注的是,上海居民对休闲气氛浓厚、休闲活动设施完善和休闲产业发达的否定率相对较高,占 30%左右,这正是未来上海城市休闲发展需要改善的地方。2004 年上海城市休闲环境满意度见表 2-48。

表 2-48　2004 年上海城市休闲环境满意度一览表

类　　别	完全不同意	不太同意	基本同意	完全同意
休闲方式丰富多样	2.19%	18.03%	56.28%	23.50%
休闲活动设施完善	2.19%	29.51%	53.55%	14.75%
休闲时尚走在全国前列	3.28%	14.21%	52.46%	30.05%

类　别	完全不同意	不太同意	基本同意	完全同意
休闲气氛浓厚	5.46%	34.97%	45.90%	13.66%
休闲产业发达	4.37%	29.51%	48.09%	18.03%
休闲环境安全	2.73%	27.87%	53.01%	16.39%

2. 2014 年上海城市休闲环境满意度

2014 年，上海居民对休闲活动设施完善的认同度最高，基本同意（59.61%）和完全同意（23.78%）的共占 83.39%，约为持否定意见者的 5 倍。其他选项的赞同率都大大超过否定率，说明上海居民对上海城市休闲环境总体比较满意。其中，只有对休闲气氛浓厚和休闲产业发达的否定率相对较高，占三成左右。2014 年上海城市休闲环境满意度见表 2-49。

表 2-49　2014 年上海城市休闲环境满意度一览表

类　别	完全不同意	不太同意	基本同意	完全同意
休闲方式丰富多样	2.91%	18.45%	55.34%	23.30%
休闲活动设施完善	1.30%	15.31%	59.61%	23.78%
休闲时尚走在全国前列	2.93%	14.33%	53.75%	28.99%
休闲气氛浓厚	2.93%	27.36%	48.21%	21.50%
休闲产业发达	1.95%	24.10%	51.47%	22.48%
休闲环境安全	1.95%	17.21%	59.42%	21.43%

3. 2019 年上海城市休闲环境满意度

2019 年，上海居民对"休闲时尚走在全国前列""休闲方式丰富多样""休闲环境安全"和"休闲气氛浓厚"四项的认同度最高，基本同意和完全同意的加起来均超过了 90%，分别为 90.81%、90.53%、90.26% 和 90.25%，是持否定意见者的约 9 倍。其他两项的赞同率保持上升，都大大超过否定率，说明上海居民对上海城市休闲环境总体比较满意。2019 年上海城市休闲环境满意度见表 2-50。

表 2 - 50 2019 年上海城市休闲环境满意度一览表

类　　　别	完全不同意	不太同意	基本同意	完全同意
休闲方式丰富多样	1.11％	8.36％	66.30％	24.23％
休闲活动设施完善	0.84％	10.31％	68.80％	20.06％
休闲时尚走在全国前列	1.11％	8.08％	62.12％	28.69％
休闲气氛浓厚	1.11％	8.64％	67.41％	22.84％
休闲产业发达	1.11％	12.26％	59.33％	27.30％
休闲环境安全	1.11％	8.64％	62.40％	27.86％

（二）纵向比较

从变化上看,从 2004 年、2014 年到 2019 年,上海居民对休闲环境满意度最大的变化是所有选项的认同率均有所提高,至 2019 年,上海居民对城市休闲环境认可度最低的"休闲产业发达"一项,基本同意和完全同意的加起来也达到了86.63％。说明上海城市休闲体系经过 15 年的发展,城市休闲状况得到全面的发展,休闲基础设施不断完善,休闲方式进一步得到丰富,休闲产业取得较好的发展,休闲环境更加安全。不仅是休闲活动设施等硬件条件建设的提升,休闲气氛、休闲产业和休闲时尚等代表城市休闲发展内涵和深度的指标,也获得了长足的进步和普遍的认可。

第三章 武汉居民休闲方式、影响因素与满意度分析

第一节 人口统计学特征

一、调查样本的基本信息

2004 年、2014 年和 2019 年三次调研样本的人口学基本信息包括性别、年龄、月收入、婚姻状况、文化程度、职业。三次调研样本的基本信息如表 3-1 所示。

表 3-1 样本人口统计学特征（单位：%）

类别	选 项	2004年	2014年	2019年	类别	选 项	2004年	2014年	2019年
性别	男	57.00	48.64	55.80	月收入	5 001～8 000 元	4.00	21.61	14.80
	女	43.00	51.36	44.20		8 001～10 000 元		5.78	8.80
年龄	18 岁以下	2.00	0.49	3.30		10 001～15 000 元		3.77	8.80
	18～25 岁	49.00	34.73	36.50		15 001～20 000 元	2.00	1.01	3.00
	26～35 岁	29.00	33.74	21.30		20 000 元以上		1.01	3.80
	36～45 岁	11.00	15.27	19.80	婚姻状况	未 婚	64.00	45.99	50.80
	46～60 岁	5.50	14.04	11.80		已 婚	36.00	54.01	49.20
	60 岁以上	3.50	1.72	7.50	文化程度	初中及以下	4.50	6.45	8.50
月收入	1 000 元及以下	36.00	3.52	12.50		高中(中专、职校)	28.00	25.06	16.80
	1 001～3 000 元	43.00	27.64	24.50		本科及大专	49.00	57.57	58.30
	3 001～5 000 元	15.00	35.68	24.00		硕士及以上	18.50	10.92	16.50

续　表

类别	选　项	2004年	2014年	2019年	类别	选　项	2004年	2014年	2019年
职业	企、事业单位职工	30.00	34.40	24.80	职业	学　生	12.00	5.90	9.00
	企、事业管理人员	16.50	18.67	12.00		自由职业者	11.50	13.02	26.50
	公务员	7.00	1.72	2.50		离退休人员	—	3.44	7.80
	私营企业主、个体经营户	2.00	12.53	9.00		其他从业人员	21.00	10.32	8.50

二、调查样本的人口学特征

(一) 性别

三次调查结果显示,2019 年的调查对象中男性占 55.8%,女性占比为 44.2%;2014 年的调查对象中男性占 48.64%,女性占 51.36%;2004 年的调查对象中男性所占比例为 57.00%,女性所占比例为 43.00%。三次调研的男女比例结构基本持平,较为合理。

(二) 年龄

三次调查对象皆以中青年群体(18～45 岁)为主,占全部调查对象的 80% 左右。这部分群体大多数在职、收入独立、稳定,且有较强的休闲愿望,是社会中参与休闲活动最频繁的群体。在 2019 年的调查中,18 岁以下和 60 岁以上的群体数量最少,仅占全部的 3.3% 和 7.5%,但与前两次调查相比,占比略有增加。18～25 岁的群体数量最多,占比为 36.50%,其次是 26～35 岁和 36～45 岁,占比分别为 21.30% 和 19.80%。2014 年的调查中同样是 60 岁以上群体和 18 岁以下群体比例较小,分别为 1.72% 和 0.49%。样本中 18～25 岁群体和 26～35 岁群体的占比较高,分别为 34.73% 和 33.74%,36～45 岁群体占 15.27%,46～60 岁群体占 14.04%。而 2004 年的调查样本构成为:18 岁以下占 2.00%,18～25 岁占 49.00%,26～35 岁占 29.00%,36～45 岁占 11.00%,46～60 岁群体占 5.50%,60 岁以上群体占 3.50%。

(三) 婚姻

三次调查中,后两次样本的婚姻情况基本接近,即已婚与未婚人数持平,均为 50% 左右。其中,2019 年的调查群体中未婚者占 50.80%,已婚者占 49.20%;

2014 年的调查中未婚人群所占比例为 45.99％,已婚人群占比为 54.01％;2004
年的调研中未婚人群所占比例为 64.00％,已婚人群占比为 36.00％。

（四）个人月收入

跨期 15 年的三次调查结果显示,武汉居民高收入人群数量明显增加。在
2019 年的调研样本中,月收入在 8 000 元以上的群体占比为 24.4％,而 2014 年
和 2004 年的调研中这一群体的比例仅为 11.57％和 2.00％。月收入 3 001～
8 000 元的群体是本次调查中人数最多的群体,约占全部的 40％。月收入 3 000
元及以下群体占比为 37％。而 2014 年和 2004 年的调研对象中月收入在 3 000 元
及以下的占比约为 31％和 79％,月收入在 3 001～8 000 元的占比约为 57％和
19％。随着居民收入的稳步增加,其休闲消费的能力进一步提高,休闲方式和影响
休闲的因素从而相应发生变化。这也在一定程度上凸显出本研究的重要意义。

（五）文化程度

三次调查中,样本文化程度的构成情况基本接近。2019 年,本科及大专人
数最多,占比为 58.30％;其次是高中(中专、职校)、硕士及以上,分别为 16.80％
和 16.50％;初中及以下人数最少,仅为 8.50％。2014 年的调研样本中初中及以
下所占比例为 6.45％,高中(中专、职校)所占比例为 25.06％,本科及大专的人群
所占比例最高,达到了 57.57％,而硕士及以上的人群所占比重也达到了
10.92％。2004 年的调研样本中,初中及以下、高中(中专、职校)、本科及大专和
硕士及以上的人群所占比例分别为 4.50％、28.00％、49.00％和 18.50％。

（六）职业

在 2019 年的调研样本中,自由职业者数量最多,占比为 26.50％,其次是企、事
业单位职工,占比为 24.80％,两者总数占全部群体的一半以上。样本量最少的是
公务员,仅占全部的 2.50％。其余群体占比皆在 10％上下。在 2014 年的调研样本
中,企、事业单位职工所占比例最高,达到了 34.40％;18.67％的人员为企、事业单
位管理人员;1.72％的调研对象为公务员;私营企业主、个体经营户人群所占比重
为 12.53％;学生群体所占比重为 5.90％;自由职业者群体所占比重为 13.02％;离
退休人员所占比重为 3.44％;而其他从业人员的比重为 10.32％。在 2004 年的调
研对象中,企、事业单位职工比例为 30.00％,企、事业单位管理人员所占比例为
16.50％,公务员比例为 7.00％,私营企业主、个体经营户比例为 2.00％,学生所占比例
为 12.00％,自由职业者所占比例为 11.50％,其他从业人员所占比例为 21.00％。

综合三次调研的样本构成来看,调查对象的性别和婚姻情况等两者比例接近,
在企、事业单位从事管理服务工作和自由职业者的中青年群体占了较大比重。他

们所受教育水平较高,个人文化素质较好,收入也较为丰裕和稳定,是城市休闲参与的主要群体,一定程度上能够更好地反映武汉居民休闲方式的基本特点。

第二节 居民休闲方式

一、休闲动机与休闲同伴

(一) 休闲动机

在 2004 年和 2014 年的调研问卷中,课题组将武汉居民参与休闲活动的主要目的划分为 8 类,分别是:① 放松身心、消除疲劳;② 审美愉悦、怡情养性;③ 开阔眼界、增长认识能力;④ 加强与外界沟通、扩大交际;⑤ 锻炼身体;⑥ 消磨时间;⑦ 商务需要;⑧ 其他。但在 2019 年的调查中,考虑到休闲活动在平衡家庭关系、增进家庭情感中的作用,以及在提升性休闲活动的不断涌现对个人自我实现意义不断增强的情况下,课题组在原来 8 项动机的基础上,再增设"家庭团聚"和"自我实现"两项。三次调查结果如表 3 - 2 所示。

表 3 - 2　2004 年、2014 年和 2019 年武汉居民休闲动机比较(单位: %)

休闲动机	2004	2014	2019
放松身心、消除疲劳	28.20	31.34	29.41
审美愉悦、怡情养性	15.84	14.59	14.29
家庭团聚	—	—	11.45
锻炼身体	10.61	14.76	10.61
加强与外界沟通、扩大交际	14.39	11.11	7.94
开阔眼界、增长认识能力	23.11	13.52	10.02
消磨时间	4.80	11.28	9.85
自我实现	—	—	4.43
商务需要	2.47	2.24	1.42
其　　他	0.58	1.16	0.58
合　　计	100.00	100.00	100.00

总体来说,上表反映了武汉居民 2004—2019 年的 15 年间休闲活动目的的基本特征及变化趋势。

第一,从表 3-2 中可以发现,三次调查均显示武汉居民将休闲活动的放松功能放在第一位。这主要是由于近年来随着我国经济结构的调整,城市居民尤其是城市白领阶层的生活方式紧张、工作节奏加快、竞争的压力加大,人们内心的压力也随之增加。"亚健康"逐渐成为一个流行词汇,而对深受"亚健康"困扰的广大白领阶层来说,通过休闲活动来得到身心的放松是最好的良方。因此,通过休闲活动得到压力的释放和心情的放松就成为人们进行休闲活动的首要目的。

第二,武汉居民对休闲活动的发展功能侧重有所转移。2004 年的调查显示,武汉居民更多地希望能通过休闲活动开阔眼界、增长知识、怡情养性。2014 年,休闲活动的发展功能逐渐体现在锻炼身体和审美愉悦、怡情养性上。2019 年武汉居民参与休闲活动的动机中,开阔眼界、扩大交际的比例进一步下降,而追求审美愉悦、怡情养性的比例整体保持稳定,自我实现成为休闲活动的重要功能价值之一。随着生活水平的快速提升与健康理念的深入普及,全民健身的概念已经深入人心,更多居民希望能够在休闲活动中强身健体、愉悦心情。近年来,"广场舞"的快速发展也正是这一发展趋势的较好例证。

第三,武汉居民对从休闲活动中实现社会交往功能的期望仍占据重要地位,但比例略微下降。人是社会化的群体,而现代社会高度的社会分工和快速的城市化进程,使得大多数人与外部世界交往的社会关系被大大地压缩,并且飞速发展的信息网络进一步阻碍了人与人之间的直接交流和沟通。所以,人们迫切需要利用休闲时间进行直接的沟通和交流,休闲活动也就成为人们实现这一目的的重要载体和手段。

第四,团聚家人、增进情感成为休闲活动的重要功能之一。在 2019 年的调研中,课题组增设"家庭团聚"动机选项,该选项占比在 10 个选项中排名第三。可见,家庭团聚已经成为居民参与休闲活动的重要动机之一。近年来,超负荷工作模式的新闻常见报端,生活压力大、工作时间长、与家人相伴的时光少等社会问题已非常普遍。因此,在有限的闲暇时间内,人们往往希望能和家人一同参与休闲活动,既能起到放松身心的作用,又能实现陪伴家人、增进情感的作用。

(二)同伴选择

三次调研中有关休闲同伴选择的统计结果见表 3-3。

表 3-3　2004 年、2014 年和 2019 年武汉居民休闲同伴选择(单位: %)

休闲同伴	2004	2014	2019
家　人	21.00	32.91	40.75
朋　友	59.50	49.50	49.75
同　事	11.00	11.56	4.75
单　独	5.00	4.02	4.50
其　他	3.50	2.01	0.30

从 2004 年的调查中可以看出,在从事休闲活动的同伴选择上,59.50% 的被访者选择与朋友在一起,21.00% 的被访者选择与朋友在一起。这两部分比例占整体样本的 80% 以上。而选择与同事一起和单独从事休闲活动的分别为 11.00% 和 5.00%,其他为 3.50%。2014 年的调查显示,从事休闲活动的同伴选择仍然以朋友为第一位,占 49.50%;选择与家人在一起的比重为 32.91%;而选择与同事一起和单独从事休闲活动的比例分别为 11.56% 和 4.02%;其他为 2.01%。2019 年的调查结果与 2014 年相似,选择"家人"和"朋友"的比例高达 90.50%。综合三次调查可以发现,武汉居民参加休闲活动时选择朋友的比例要高于选择家庭成员,充分表明武汉居民参加休闲活动时具有显著的社交开放性和活动自由性的价值倾向,也在一定程度上折射出武汉居民"爱交友,重友情"的社会风气的本质特征。[①]

尽管跨期 15 年,但三次调查的结果基本相似,即朋友和家人一直位于同伴选择排序中的第一和第二位。从具体变化情况看,2004 年武汉居民休闲同伴的首选为"朋友",占比为 59.50%;而 2014 年"朋友"选项的占比下降 10 个百分点,即 49.50%;2019 年这一选项的占比为 49.75%。而排序第二位的"家人"选项,在 2004 年中占比为 21.00%;2014 年为 32.91%;而到了 2019 年,这一选项的比例上升至 40.75%,增幅非常明显。可见,与家人一起参与休闲活动已成为普遍现象。这说明 15 年来武汉居民参与休闲活动时均以亲情或友情为感情基础,与朋友一起休闲一直是武汉居民的重心,但是这一重心在逐渐弱化,以家庭为主导的消费理念开始渗透到武汉居民的休闲观念之中。

---

① 姚伟钧,胡俊修.斥力与魅力: 小议武汉人文化品格[J].中南民族大学学报,2004(2): 121-123.

二、休闲活动倾向

2004 年、2014 年和 2019 年武汉居民休闲活动选择情况见表 3 - 4。

表 3 - 4　2004 年、2014 年和 2019 年武汉居民休闲活动选择（单位：％）

休闲活动	平　时			周　末			黄金周		
	2004	2014	2019	2004	2014	2019	2004	2014	2019
旅游度假	12.50	13.27	8.75	14.00	16.42	15.25	58.50	61.73	56.00
参观访问	4.00	7.13	7.50	5.50	14.95	15.00	6.50	17.04	14.50
上　网		66.83	45.75		39.46	26.50		25.93	23.50
看电视		57.99	42.50		30.64	24.50		18.27	21.25
看电影	75.50	37.59	37.25	43.00	37.50	47.00	31.00	16.79	31.25
看演唱会、音乐会等		3.44	3.25		11.76	10.00		6.17	9.25
逛街、购物、饮食、闲聊	46.00	23.83	19.50	48.50	45.10	44.25	22.00	39.51	37.25
吧式消费	7.50	5.41	5.00	12.00	8.82	10.00	2.50	7.65	7.50
养花草宠物	7.00	11.55	10.00	9.00	8.58	5.25	5.00	5.93	5.50
业余爱好、桌游、棋牌	14.50	20.39	5.75	16.00	29.66	4.25	6.50	27.9	6.25
阅　读	—	—	23.25	—	—	12.75	—	—	10.75
美容、家居装饰	2.50	—	—	3.00	—	—	3.00	—	—
体育健身	17.50	21.87	15.75	16.00	18.63	14.75	10.50	15.80	8.00
散　步	—	—	37.50	—	—	22.75	—	—	13.00
社会活动	4.00	5.65	4.25	16.50	12.01	8.75	19.50	12.59	6.50
休闲教育	3.00	2.46	2.00	6.00	3.19	0.75	6.00	5.43	3.25
其　他	0.00	1.47	0.50	1.00	1.96	0.75	1.00	5.19	1.25

注：百分比以响应者为基础。

（一）平时休闲活动选择

从总体上看，武汉居民平时（工作日）的休闲活动受到时间和空间的限制，休闲活动及方式都较为局限。具体体现在四个方面。第一，休闲活动方式相对集中，以"看电视、影视娱乐和上网"居多。2019 年、2014 年和 2004 年三次调查结果显示，武汉居民平时的休闲活动选择以看电视、影视娱乐和上网等娱乐活动为主。其中，2014 年的调查中，上网、看电视的比例分别高达 66.83％和 57.99％，2019 年的调查中两者的比例下降为 45.75％和 42.50％，但两者均是历次调查中排名最前的 2 位。但值得注意的是，2004 年市民的休闲方式以看电视为主，只有少部分市民接触网络。根据中国互联网络信息中心（CNNIC）发布的《中国互联网络发展状况统计报告》，截至 2004 年底，全国互联网用户的比例仅为 7％，而武汉市所在的湖北省的网民比例也仅为 7.1％。进入 2011 年后，随着移动网络通信基础设施的升级换代，移动互联网快速发展，网民数量进一步攀升，2014 年底全国互联网普及率已上升至 47.9％，截至 2019 年 6 月，全国互联网普及率达到 61.2％，较 2004 年上升了近 8 倍。① 短短 15 年间，互联网已经取代电视机成为市民日常休闲生活中的重要技术手段。

第二，以网络终端为工具的网络休闲对市民的休闲活动选择产生重要影响。从调查中可以发现，"逛街、购物、饮食、闲聊""业余爱好、桌游、棋牌"等消遣娱乐活动位居武汉居民平时休闲活动选择的第二梯队，前者在三次调查中的选择比例出现较大幅下滑，由 2004 年的 46.00％下降至 2014 年的 23.83％，再降至 2019 年的 19.50％，减少近三分之二。由于平时闲暇时间较少，传统人际交往中面对面的交流方式受到极大的限制，而互联网技术的发展，手机终端设备和社交 App 的盛行，克服了传统人际交往时间和空间的局限，且移动互联终端通过视频、语音、照片等多方位地将现实生活搬到虚拟平台，改变了人际互动的形式。因此，在互联网时代，网络休闲和聊天成为居民平时休闲的重要选择。

第三，电影消费和体育健身的常态化。一方面，2019 年、2014 年的数据显示，武汉居民在平时选择"看电影"的比例分别为 37.25％和 37.59％，仅次于"上网""看电视"。近几年，我国电影产业呈现持续快速增长的趋势，票房总数、影院数和银幕数都出现了大幅的增加，看电影逐渐成为市民日常休闲的重要方式，见图 3-1。

另一方面，"体育健身"的选择比例，特别是 2019 年调查中单列了"散步"选项后，两者加总合计在三次调查中皆有较大幅度的提升。2004 年体育健身的选

---

① CNNIC《中国互联网络发展状况统计报告》（第 15 次、第 35 次和第 44 次）。

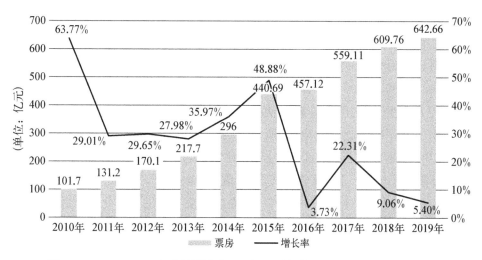

图 3-1　2010—2019 年中国票房收入及同比增长情况(票房收入单位:亿元)

择比例为 17.50%,2014 年为 21.87%,2019 年的调查中,尽管选择"体育健身"的比例下降至 15.75%,但"散步"的选择比例高达 37.50%,可见体育健身类活动已成为武汉居民日常休闲的主要方式之一。自 2008 年北京奥运会后,国内群众体育受到越来越高的重视,为满足广大群众强身健体的需求,国务院批准,从 2009 年起,每年 8 月 8 日为"全民健身日",逐步推广健康生活的理念。随着国务院2014 年印发《关于加快发展体育产业促进体育消费的若干意见》、2016 年印发《全民健身计划(2016—2020 年)》、2020 年印发《关于加强全民健身场地设施建设发展群众体育的意见》等,全民健身上升为国家战略,市民体育健身和体育消费的意识也将显著增强,这一比例预计也将进一步提升。

第四,市民平时休闲活动内容更加多元化。从 2019 年和 2014 年的调查可以发现,居民对于"参观访问""养花草宠物"等怡情和教育类休闲活动的选择均保持平稳水平,同时,可以看到 2019 年首次列入的选项——"阅读",其选择比例为 23.25%,在所有选项中位列第五位,成为日常工作之余最主要的休闲方式之一,显示了休闲活动选择的多元化、自主性和开放性。

(二)周末休闲活动选择

由于周末闲暇时间相对更多且较为集中,武汉居民的休闲活动也呈现出一些变化。第一,在跨期 15 年的三次调查中,"逛街、购物、饮食、闲聊"等消遣娱乐类休闲活动始终是武汉居民周末最常见的休闲方式。由于周末休闲时间相对较长,市民更愿意在周末走出家门,与家人和朋友外出聚餐、闲聊以增进感情。

第二,"上网""看电视"类消遣娱乐活动的比例出现大幅下降,位居周末休闲方式的第二梯队。与平时相比,2014 年的两个选项分别由平时的 66.83％和 57.99％下降为 39.46％和 30.64％,2019 年两选项由平时的 45.75％、42.50％下降为 26.50％和 24.50％,降幅接近一半。这表明随着周末休闲时间的增多,市民选择"宅在家里"的比例大幅减少,更愿意进行外出型的休闲娱乐活动。

第三,与平时相比,"看电影"所占比例在 2014 年的调研中基本持平,但在 2019 年的调研中上升近 10 个百分点,达到 47％,在备选的休闲活动中位居第三位。随着中国电影产业的蓬勃发展,进影院"看电影"俨然已成为武汉居民日常休闲生活中较为常态化的一种方式。随着电影院布局的网格化和社区化,市民电影消费将成为周末休闲的重要选择。

第四,市民外出型休闲活动更加多元化。与平时相比,武汉居民周末的休闲活动除"养花草宠物""业余爱好、桌游、棋牌""阅读""体育健身"和"散步"等比例有略微下降外,其他休闲活动项目均有不同程度的提升。尤其以"参观访问""看演唱会、音乐会等""社会活动"等文化型、外出型休闲活动的比例增长最快。

从三次调查结果可以发现,15 年间武汉居民在周末休闲活动的选择上呈现出一定的特征。第一,在 2019 年,"逛街、购物、饮食、闲聊""看电视、影视娱乐和上网"等消遣娱乐类休闲活动虽然仍旧是武汉居民周末休闲消费的常见方式,但是与 5 年前相比,此类休闲活动的选择比例均有所下降。第二,15 年间,"旅游度假""参观访问"的比例有一定程度的提升。15 年间社会经济水平快速提升,人们对于休闲消费的理念也发生相应改变,走出家门,进行文化型、教育型的休闲活动成为城市市民休闲的重要选择。

(三) 黄金周休闲活动选择

从表 3－4 中我们可以发现,在黄金周期间,市民拥有比平时和周末更多的闲暇时间,因此在休闲活动和场所的选择方面,表现出明显的"开放型"和"走出去"的趋势。

第一,耗时类休闲活动的被选择率明显提高。黄金周时间相对宽裕,因此"旅游度假"类活动占比具有明显优势。从 2019 年的调查中可以发现,"旅游度假"成为武汉居民黄金周休闲活动的最重要方式,这一比例由平时的 8.75％、周末的 15.25％迅速上升至黄金周的 56.00％。这表明,出游成为武汉居民黄金周休闲活动的首选,而出游的方式是多样化的,可能是长途的旅游度假,也可能是城市周边的短途旅游,呈现出较强的"外出型""度假型"特点。第二,与平时和周末相比,除"旅游度假""参观访问""社会活动"外,其他选项均出现了不同程度的下降。

这在一定程度上也反映了武汉居民在黄金周的耗时类休闲方式的集中化趋势。

黄金周休闲方式的变化同样也体现了社交型和外向型的休闲趋势。第一，三次调研中旅游度假类休闲活动的选择比例均在 60％ 左右，比较稳定，这与国内旅游市场的稳步发展密不可分。15 年来，国内旅游人数由 2004 年的 11.02 亿人次上升至 2014 年的 36.11 亿人次，再上升至 2019 年的 60.06 亿人次，增长近5 倍。但调查中黄金周旅游度假的增长幅度不明显，背后的原因值得深究。自2008 年实施"1＋2＋5＋43"新休假制度以来，国内旅游业持续快速发展，成为国民经济新的增长点。但是，在旅游业推动我国旅游大众化发展的同时，假日经济所引发的旅游市场供给失衡与旅游资源的配置不合理也极大地影响了旅游者的服务体验，越来越多的市民选择理性出游，避开黄金周的"井喷"阶段，选择带薪假期等旅游时段错峰出游。第二，"逛街、购物、饮食、闲聊"和"吧式消费"的选择比例由 2004 年的 22.00％ 和 2.50％ 上升至 2014 年的 39.51％ 和 7.65％，分别增长了近 1 倍和 2 倍。在 2019 年的调查中，两项活动占比为 37.25％ 和 7.50％，与2014 年的情况接近。武汉市民在黄金周期间除去外出旅游度假外，还会选择"逛街、购物、饮食、闲聊""吧式消费"等社交活动消磨时间，反映出市民开始摒弃传统的"宅在家里看电视"的消极休闲方式，选择更为外向型的休闲活动。因此，与 15 年前相比，在 2019 年选择"看电视""上网"的比例有一定程度的下降。

三、休闲场所选择

休闲场所是市民休闲活动方式实现的空间载体。在休闲时间、休闲方式和休闲动机互动的格局中，市民选择不同的休闲方式，其所依赖的场所会有所不同，即使是相同的休闲方式，也会因不同的时段而导致场所的变更。本研究对武汉居民休闲场所选择的调查同样分为平时、周末和黄金周三个时间情境，统计结果见表 3－5。

表 3－5　2004 年、2014 年和 2019 年武汉居民休闲场所选择（单位：％）

休闲场所	平　时			周　末			黄金周		
	2004	2014	2019	2004	2014	2019	2004	2014	2019
自己或者别人家里	60.30	31.46	43.45	17.59	14.85	18.40	18.09	13.50	18.37
景区、公园、绿地	5.53	19.49	6.86	17.59	19.51	17.20	37.69	17.63	17.54

休闲场所	平 时			周 末			黄金周		
	2004	2014	2019	2004	2014	2019	2004	2014	2019
社区、企业活动中心	7.54	8.25	10.71	6.03	5.01	4.50	4.02	7.25	4.70
文体娱乐场所	6.53	9.43	10.19	17.09	11.51	12.70	8.04	8.36	8.77
商场、广场、夜市	7.54	11.70	8.84	14.57	19.86	18.10	8.04	13.96	15.87
餐饮场所	4.02	6.07	5.72	8.54	10.46	9.40	4.52	10.28	12.32
网吧、酒吧、咖吧	2.01	4.71	3.01	6.53	4.83	4.90	2.51	4.96	4.49
培训机构	3.02	1.45	2.08	5.03	3.87	3.40	2.01	2.85	1.77
图书馆	3.52	3.26	3.85	3.52	4.48	4.20	7.54	4.41	4.70
博物馆、纪念馆等	0.00	1.72	1.77	1.51	2.28	3.90	2.51	9.09	5.01
宗教活动场所	0.00	0.36	0.42	1.01	0.97	0.70	1.01	1.47	0.73
其他	0.00	2.09	3.12	1.01	2.37	2.60	4.02	6.24	5.74

（一）平时休闲场所选择

从总体上来看，三次调研的结果均显示武汉居民喜爱在"自己或者别人家里"进行休闲活动，其中，2004 年这一选项的比例高达 60.30%，2014 年为 31.46%，2019 年为 43.45%，这与上网、看电视、阅读为武汉居民主要休闲方式的特征高度吻合。在 2019 年的调查中，"社区、企业活动中心""文体娱乐场所"和"商场、广场、夜市"以 10.71%、10.19% 和 8.84% 的比例位列第二、第三和第四位，这与武汉居民愿意在平时进行"散步""逛街、购物、饮食、闲聊""体育健身"等休闲活动紧密相关。这表明，武汉居民平时主要以家庭为中心开展休闲活动，同时辐射到社区及周边的公园绿地和商场、广场。

从平时休闲场所选择的变化来看，一方面，"自己或者别人家里"的选择率从 2004 年的 60.30% 下降到 2014 年的 31.46%，几乎下跌了一半，然而在 2019 年的调查中，又回升至 43.45%。另一方面，"社区、企业活动中心"和"文体娱乐场所"的选择率从 2004 年的 7.54% 和 6.53%，平稳上升到 2014 年的 8.25% 和 9.43%，再进一步上升至 2019 年的 10.71% 和 10.19%。这说明，15 年间，武汉居民平时休闲活动的场所由以家为中心逐渐辐射到家庭或居住地附近的休闲娱乐场所。

（二）周末休闲场所选择

从总体上来看，三次调研结果显示，武汉居民周末休闲场所的选择以"自己或者别人家里""商场、广场、夜市"和"景区、公园、绿地"的比例最高。与平时的休闲场所选择相比，除了"自己或者别人家里"的比例出现较大幅度下降外，"商场、广场、夜市"和"景区、公园、绿地"的比例明显提升。这些特征与武汉居民周末更愿意进行外向型、开放型的休闲活动的特征是相吻合的。三次调查都反映了武汉居民在周末休闲场所的选择时，呈现出由室内转向室外，由家庭型场所转向公共型场所，由单一和封闭趋向多元和开放的趋势。

从周末休闲场所选择的变化来看，第一，2004 年武汉居民更愿意在"家里"和"景区、公园、绿地"等进行休闲活动，2014 年武汉居民更愿意在家庭周边的"景区、公园、绿地"和"商场、广场和夜市"进行休闲活动，尽管 2019 年的调研中在家里休闲的比例略有回升，但武汉居民周末休闲场所的空间距离向外延展的趋势并没有改变。第二，选择去"网吧、酒吧、咖吧""文体娱乐场所"的比例都有不同程度的下降，而选择"图书馆""博物馆、纪念馆等"的比例虽有所上升，但是比例仍然较低。

（三）黄金周休闲场所选择

从总体上看，2019 年的调查结果显示，武汉居民节假日休闲活动场所选择比例最高的是"自己或者别人家里"，占总数的 18.37％。"景区、公园、绿地"和"商场、广场、夜市"的选择率以 17.54％和 15.87％位居第二和第三位，而其他如餐饮场所、文体娱乐场所的选择比例为 12.32％和 8.77％。与平时和周末相比，呈现出如下特征：第一，武汉居民的休闲场所选择更加自由和开放，居民对场所的选择比例基本接近，彼此间差异较小，体现了居民在黄金周休闲的自主性和开放性；第二，周末和黄金周出游的热情逐渐降低，居民更愿意进行商业性、娱乐性的休闲活动，再次印证了武汉居民避开黄金周出游的倾向；第三，武汉居民在闲暇活动中接受文化熏陶和进行自我教育机会的意识逐渐提升。从黄金周武汉居民选择图书馆、博物馆、纪念馆等场所的比例来看，文化教育性休闲场所的选择率都出现了不同程度的提升，展现了武汉居民对文化性休闲活动越来越大的偏好。

从黄金周场所选择的变化来看，第一，"景区、公园、绿地"的比例大大降低，由 2004 年的 37.69％下降到 2014 年的 17.63％，2019 年与 2014 年接近，为17.54％，说明黄金周出游不再是武汉居民的最爱，他们往往会选择避开高峰。第二，商业类、娱乐类休闲场所成为武汉居民黄金周休闲的"新宠儿"。市民在避开黄金周出游的同时,更多地选择家庭周边的商场、广场、餐饮场所,体现了居民休闲常态化的特征。

四、时间分配与休闲花费

(一)休闲时间分配

居民时间分配结构的不同可以反映出城市居民的生活状态和生活质量。本研究对武汉居民在平时、周末、黄金周三个不同时间情境下休闲时间的占有量进行研究。2004 年、2014 年和 2019 年武汉居民休闲时间占有情况见表 3-6。

表 3-6 2004 年、2014 年和 2019 年武汉居民休闲时间占有情况(单位:%)

休闲时间	平　时			休闲时间	周　末			休闲时间	黄金周		
	2004	2014	2019		2004	2014	2019		2004	2014	2019
1 小时以下	14.50	16.96	21.00	4 小时以下	11.50	18.86	27.25	1 天以下	6.00	10.00	12.25
1～3 小时	48.00	51.62	48.75	4～10 小时	44.00	50.12	43.75	1～3 天	29.00	50.00	46.50
3～5 小时	23.50	24.94	19.25	10～15 小时	25.00	19.60	17.00	3～5 天	33.00	27.00	24.25
5 小时以上	14.00	6.48	11.00	15 小时以上	19.50	11.41	11.75	5 天以上	32.00	13.00	17.00

从总体上看,跨期 15 年的三次调查结果基本相似。

从平时的情况看,2019 年、2014 年和 2004 年的调研中,每天 1～3 个小时是多数武汉市居民拥有的休闲时间,所占比例在 50% 左右。20% 左右的人群拥有每天 3～5 小时的休闲时间。

从周末的情况看,三次调研中,4～10 小时是多数武汉居民拥有的休闲时间,比例在 43%～51% 之间。2014 年,武汉居民周末拥有的休闲时间比例最高的为 4～10 小时,达到 50.12%,其次是 10～15 小时和 4 小时以下,占比皆在 20% 左右。

从黄金周的情况看,居民的休闲时间相比平时和周末有了大幅度增加,2014

年和 2019 年的调查结果显示,50％左右的居民拥有 1～3 天的休闲时间,25％左右的居民拥有 3～5 天的休闲时间,有 15％左右的居民拥有的休闲时间达到 5 天及以上。整体来看,武汉居民每天现有的闲暇时间与 1997 年的每天 5 小时58 分钟相比[1],总量上略有提升,与国内其他大城市居民平时 5 小时、周末 7 小时的闲暇时间拥有总量也较为相近。[2]

从休闲时间占有情况的变化来看:

第一,在平时,武汉居民的休闲时间结构呈现"两头涨,中间降"的情况。即在 1 小时以下和 5 小时以上的人群比例稳步增加,前者由 2004 年的 14.50％上升至 2014 年的 16.96％,再升至 2019 年的 21.00％,后者经历了 2014 年的骤降后,2019 年恢复至 11.00％。1～3 小时和 3～5 小时的选择比例呈现动态变化,略微下降。这组数据表明,武汉居民拥有的休闲时间总量普遍提升,但是部分居民的休闲时间总量却有所下滑。

第二,在周末,15 年间,武汉居民的休闲时间呈现动态调整的局面。4 小时以下的选择比例在三次调查中每次平均增加约 8 个百分点。10～15 小时的选择比例在三次调查中均明显下降,从 2004 年的 25.00％降至 2019 年的 17.00％,而 4～10 小时和 15 小时以上的选择比例在三次调查中呈现动态波动。说明武汉居民在周末的休闲时间总量呈现下降的趋势。

第三,黄金周的休闲时间也呈现出一定的下降趋势,主要表现为在 2014 年和 2019 年的调查中,5 天以内的选择比例均高于 2004 年,但 2019 年的选择比例略有下降,而 1 天以下的选择比例在三次调查中连续上涨。这表明,15 年来武汉居民休闲时间的占有量有一定的减少趋势。从三次抽样的调查可以发现,15 年间武汉居民的月收入出现了大幅的上升,随之带来的"用时间换薪水"的现象愈演愈烈,更多居民被迫用加班来换取更高的收入。

（二）休闲花费

本研究主要针对武汉居民在平时、周末、黄金周三个不同时间情境下休闲消费的支出量进行研究。

从总体上来看,在 2019 年武汉居民的休闲消费支出中,有 81.25％的被访者平时花费都在 100 元及以下,周末休闲消费支出在 300 元及以下的占 77.25％,

---

[1]　风笑天.当前我国城市居民的闲暇生活质量——对武汉市 1 008 户居民家庭的调查分析[J].社会科学研究,1997(5):5.

[2]　王雅林.城市休闲——上海、天津、哈尔滨城市居民时间分配的考察[M].北京:社会科学文献出版社,2003:44-45.

在黄金周,61.75％的居民休闲消费支出在1 000元及以下。这与武汉居民在三个时间段内的休闲方式选择是极为吻合的。2004年、2014年和2019年的武汉居民休闲消费支出情况见表3-7。

表3-7　2004年、2014年和2019年武汉居民休闲消费支出情况(单位:％)

休闲花费	平　时			休闲花费	周　末			休闲花费	黄金周		
	2004	2014	2019		2004	2014	2019		2004	2014	2019
50元及以下	44.50	48.04	41.50	100元及以下	32.50	21.13	30.50	500元及以下	34.00	21.32	31.75
51～100元	33.50	36.52	39.75	101～300元	41.50	54.05	46.75	501～1 000元	28.00	37.99	30.00
101～300元	17.50	13.73	14.25	301～500元	19.00	21.62	18.75	1 001～3 000元	25.50	31.13	28.75
300元以上	4.50	1.72	4.50	500元以上	7.00	3.19	4.00	3 000元以上	12.50	9.56	9.50

在平时,由于居民休闲方式和休闲场所的限制,多以"看电视、影视娱乐和上网"等消遣型休闲活动为主,因此,休闲消费支出较低,多在100元以内。2014年100元及以下的消费支出比例较2004年有所提升,2019年略有下降,但基本维持在70％以上,和大多数的武汉居民选择平时在家进行娱乐休闲活动吻合。另外101～300元和300元以上的休闲消费支出在三次调查中也存在先降后升的情况。

在周末,武汉居民的休闲消费支出在三次调查中存在动态调整的情况,即100元及以下和500元以上的选择比例在2014年的调查中出现下降,2019年又稳步增长,但达到程度未及2004年。相反,101～300元和301～500元的选择比例则出现2014年增长,2019年又下降的情况。总体而言,15年的跨期呈现动态平衡的局面。在黄金周,三次调查的情况和周末相似,动态调整之中,前后比较,变化不大。

五、休闲活动选择的性别差异

休闲活动选择的性别差异是国内外学者进行休闲行为研究的一个重要研究

课题。男性与女性的休闲活动选择是社会良性关系的一个标识，其变化往往能反映社会变化的很多信息，尤其是反映女性相对于男性的社会地位变化的情形。国内学者对于男女在休闲时间和休闲内容方面的差异进行了分析比较，较为典型的有王雅林等人对上海、天津、哈尔滨三市的城市市民时间分配的考察[1]，黄春晓等人对南京市民的抽样调查[2]，并且他们的研究均得出与国外文献相似的结论。由于男性和女性在体能、心理等方面的差异，其休闲活动选择也是不同的。本研究通过对比两次针对武汉居民的休闲调查中不同性别居民在休闲活动选择上的状况，从平时、周末、黄金周三个不同时间段探讨性别与休闲活动选择的关系及变化趋势。

（一）平时休闲活动选择

2019 年的调查显示，武汉的男性和女性群体平时在休闲活动的选择上基本相似，以"看电视、影视娱乐和上网""散步""阅读"和"逛街、购物、饮食、闲聊"为主，其中前两项休闲活动的选择比例均高于 30%，参与人群较多。但是，也可以发现，武汉男性群体更偏爱"上网"，女性则更偏爱"看电视、看电影"等休闲娱乐活动。此外，在"旅游度假""参观访问""吧式消费""散步"和"社会活动"等的选择上，男性群体均略高于女性，而"逛街、购物、饮食、闲聊""体育健身"方面女性表现得更加积极一些。武汉是我国中部地区的中心城市，凭借其便利的水利交通条件，历史上有"九省通衢"的美誉，码头文化造就了武汉人"热情友善""开放流动"的城市特性[3]，而"男主外、女主内"的传统使得男性更趋向于对外沟通和交流的休闲方式。2004 年、2014 年和 2019 年不同性别群体平时休闲活动的选择情况见表 3-8。

表 3-8　2004 年、2014 年和 2019 年不同性别群体平时休闲活动的选择（单位：%）

休闲活动	男　性			女　性		
	2004	2014	2019	2004	2014	2019
旅游度假	9.30	14.20	8.97	14.90	12.10	8.47
参观访问	2.30	9.60	7.62	5.30	4.80	7.34

---

[1]　王雅林.城市休闲——上海、天津、哈尔滨城市居民时间分配的考察[M].北京：社会科学文献出版社,2003：138-139.
[2]　黄春晓,何流.城市女性的日常休闲特征——以南京市为例[J].经济地理,2007(5)：796-799.
[3]　胡静,陈玲玲,谢双玉.武汉城市个性探讨[J].三峡大学学报(人文社会科学版),2010(2)：66-69.

休闲活动	男 性			女 性		
	2004	2014	2019	2004	2014	2019
上 网		66.50	54.26		67.10	35.03
看电视	80.30	51.80	39.91	71.90	64.30	45.76
看电影		36.50	34.98		38.20	40.11
看演唱会、音乐会等		4.10	3.14		2.90	3.39
逛街、购物、饮食、闲聊	61.60	17.30	19.28	34.20	29.50	19.77
吧式消费	8.10	8.10	5.38	7.00	2.90	4.52
养花草宠物	7.00	7.60	9.87	7.00	15.50	10.17
业余爱好、桌游、棋牌	14.00	22.90	4.93	14.90	18.30	6.78
阅 读	—	—	23.77	—	—	22.60
美容、家居装饰	4.70			0.90		—
体育健身	11.60	28.40	14.80	21.90	15.90	16.95
散 步	—	—	38.57	—	—	36.16
社会活动	2.30	5.60	4.48	5.30	5.80	3.95
休闲教育	2.30	2.50	1.79	3.50	2.40	2.26
其 他	0.00	1.00	0.90	0.00	1.90	0.00

注：百分比以响应者为基础。

2014 年的调查显示，男性与女性在平时休闲方式的选择上呈现出一定特征。第一，相似性。女性和男性群体在"旅游度假""上网""看电影""看演唱会、音乐会等""社会活动"等休闲活动上的选择基本相似，选择比例基本接近。由于此类活动多需要结伴出行，因此性别群体的差异性表现得不是特别明显。第二，差异性。一方面，女性群体更偏爱"看电视、影视娱乐和上网""逛街、购物、饮食、闲聊"等娱乐方式，且"看电视"和"逛街、购物、饮食、闲聊"的选择比例高于男性群体十几个百分点。在传统的家庭观念中,女性应该承担更多的家庭责任,然而随着社会性别意识的不断增强,女性的社会参与以及在家庭中的地位都在提升,女性在休闲活动中的决策权和参与度逐渐提升。另一方面,男性群体选择"吧式消费""体育健身""桌游棋牌"的比例要远高于女性群体。这三类活动符合男性喜欢对抗性强、能够强身健体的活动的休闲心理。

从 15 年的时间跨度比较看,武汉男性群体和女性群体休闲活动的选择变化也呈现了相似性和差异性并存的特点。第一,相似性。三次调查结果显示,"看电视、影视娱乐和上网""逛街、购物、饮食、闲聊"等休闲活动均是男女群体选择比例最高的项目,说明武汉居民家庭和社区型休闲生活动呈现一种常态性。第二,差异性。男性群体和女性群体在"逛街、购物、饮食、闲聊""体育健身"两项活动的选择上却呈现截然相反的变化。15 年来,女性群体对于"逛街、购物、饮食、闲聊"的选择比例逐渐下降,而同时男性群体的选择呈现动态变化,2019 年的选择比例相较于 2014 年的调查又有微幅提升。此外,在 2019 年的调查中,增设"散步"选项后,男性群体对于"体育健身"的选择明显降低,但女性群体的选择比例变化不大。

（二）周末休闲活动选择

2004 年的调查结果显示,武汉男性与女性在"看电视、影视娱乐和上网""旅游度假""吧式消费""业余爱好、桌游、棋牌""休闲教育"等休闲方式的选择上差异不明显。男性更偏好"逛街、购物、饮食、闲聊""养花草宠物",而女性更偏好"体育健身""社会活动"等活动。

2014 年的调查结果显示,武汉男性和女性在继续保持对"上网""看电影""旅游度假""看演唱会、音乐会等""吧式消费""业余爱好"等休闲方式选择的相似性。男性更偏好"体育健身""桌游、棋牌"等休闲方式,女性则更偏好"看电视""逛街、购物、饮食、闲聊"等休闲方式。

2019 年的调查结果显示,"看电影"和"逛街、购物、饮食、闲聊"是男女群体选择比例最高的休闲项目,达到 45% 左右,也就是说,有近一半的市民会选择在周末参与上述两项活动。参与率排在第二梯队的休闲活动是"上网""看电视"和"散步",男女群体情况非常相似,大约 23%～29% 的群体会选择。其中,男生选择上网的比例要明显高于女性,女性选择看电视和看电影的比例要高于男生。

从变化趋势看,第一,除了"看电影"外,其余男性和女性常做的休闲活动均出现明显的下降。如男性选择"上网"的比例从 2014 年的 41.10% 下降到 2019 年的 29.15%,女性选择"上网"的比例从 2014 年的 37.00% 下降到 2019 年的

23.16％。但对于"看电影"一项,男女群体在 2019 年的选择均比 2014 年高出约 10 个百分点,说明周末看电影已经成为武汉居民普遍的休闲方式。

第二,男性群体展现了比女性群体更多元化的趋势。2004 年,男性群体周末选择"逛街、购物、饮食、闲聊""上网""看电视""看电影""看演唱会、音乐会等"的集中度要远高于女性。男性群体的选择率超过 100％,占选择总频次的一半以上,而女性群体的选择率仅为 83.4％。在 2014 年,男性群体对于选择率较高的"上网""看电视""看电影""看演唱会、音乐会等"和"逛街、购物、饮食、闲聊"的选择集中度为 153.8％,而女性群体对于这些项目的选择集中度为 173.6％。在 2019 年的调查中,男性群体参与上述几项活动的集中度为 153.37％,与 2014 年接近,但女性群体参加这几项活动的集中度又下降至 150.84％。2004 年、2014 年和 2019 年不同性别群体周末休闲活动的选择情况见表 3-9。

表 3-9 2004 年、2014 年和 2019 年不同性别群体周末休闲活动的选择(单位：%)

休闲活动	男 性			女 性		
	2004	2014	2019	2004	2014	2019
旅游度假	12.80	18.80	15.70	14.90	14.40	14.69
参观访问	3.50	16.80	16.59	7.00	13.00	12.99
上 网	41.90	41.10	29.15	43.90	37.00	23.16
看电视		23.40	22.87		38.00	26.55
看电影		36.00	46.64		38.50	47.46
看演唱会、音乐会等		13.70	9.87		10.10	10.17
逛街、购物、饮食、闲聊	60.50	39.60	44.84	39.50	50.00	43.50
吧式消费	12.80	7.60	9.87	11.40	10.10	10.17
养花草宠物	15.10	8.60	3.59	4.40	8.70	7.34
业余爱好、桌游、棋牌	16.30	32.50	3.14	15.80	27.40	6.21
阅 读	—	—	13.00	—	—	12.43

休闲活动	男　性			女　性		
	2004	2014	2019	2004	2014	2019
美容、家居装饰	4.70	—	—	1.80	—	—
体育健身	10.50	25.90	16.14	20.20	12.00	12.99
散　步	—	—	23.32	—	—	22.03
社会活动	12.80	10.20	9.42	19.30	13.50	7.91
休闲教育	5.80	1.50	1.35	6.10	4.80	0.00
其　他	1.20	1.00	0.45	0.90	2.90	0.56

注：百分比以响应者为基础。

（三）黄金周休闲活动选择

2004 年，"旅游度假"是男性和女性居民黄金周休闲方式的首选，男性对"参观访问""看电视、影视娱乐和上网""逛街、购物、饮食、闲聊""吧式消费""业余爱好、桌游、棋牌""社会活动"更为偏好，女性则更偏好"旅游度假""养花草宠物""体育健身"等休闲活动。2014 年，武汉男性与女性居民在黄金周的休闲方式偏好与 2004 年相比没有明显差异。2019 年的调查显示，"旅游度假"依然是男女群体选择率最高的休闲活动，但在排位第二的休闲活动中，男女选择差异非常明显，男性更愿意在黄金周看电影，这一比例达到 40.36％，而女性这一选项的比例只有 19.77％。女性除了"旅游度假"外，更喜欢"逛街、购物、饮食、闲聊"，这项活动的选择比例高达 48.02％。2004 年、2014 年和 2019 年不同性别群体黄金周休闲活动的选择情况见表 3－10。

表 3－10　2004 年、2014 年和 2019 年不同性别群体
黄金周休闲活动的选择（单位：％）

休闲活动	男　性			女　性		
	2004	2014	2019	2004	2014	2019
旅游度假	55.80	61.00	57.85	60.50	61.80	53.67
参观访问	7.00	16.40	22.87	6.10	17.90	3.95

休闲活动	男　性			女　性		
	2004	2014	2019	2004	2014	2019
上　网		25.60	29.60		26.60	15.82
看电视	31.40	15.40	24.66	30.70	20.80	16.95
看电影		15.40	40.36		18.40	19.77
看演唱会、音乐会等		7.20	8.97		4.80	9.60
逛街、购物、饮食、闲聊	26.70	33.30	28.70	18.40	44.90	48.02
吧式消费	3.50	10.80	4.93	1.80	4.80	10.73
养花草宠物	4.70	4.10	5.83	5.30	7.70	5.08
业余爱好、桌游、棋牌	7.00	32.60	2.24	6.10	24.20	11.30
阅　读	—	—	5.83	—	—	16.38
美容、家居装饰	4.70	—	—	1.80	—	—
体育健身	5.80	22.60	4.48	14.00	9.70	12.43
散　步	—	—	8.97	—	—	18.08
社会活动	23.30	13.30	2.24	16.70	11.60	11.86
休闲教育	5.80	4.60	1.35	6.10	6.30	5.65
其　他	1.20	3.60	0.00	0.90	6.80	2.82

注：百分比以响应者为基础。

从变化趋势上看，三次调查中女性选择"逛街、购物、饮食、闲聊"的比例均出现明显增长，而男性则呈现动态变化。说明在休闲时间充裕的情况下，女性越来越倾向于开放性、交往性的休闲活动。此外，男性选择"参观访问""上网""看电视"的比例增多，女性则动态减少，说明在黄金周期间男性更注重文化性和室内性休闲活动。

六、休闲活动选择的收入群体差异

居民进行休闲活动的重要前提是拥有闲暇时间和可自由支配的收入,收入是构成社会经济地位的重要变量,也是人们选择和参与休闲活动时可利用的重要资源。[①] 2004 年和 2019 年的两次调查相隔 15 年,而这 15 年恰好是武汉社会经济快速发展的 15 年。对《湖北统计年鉴》相关数据整理发现,武汉居民的人均可支配收入由 2004 年的 9 564 元快速上升至 2014 年的 33 270 元,翻了近四倍,再上升至 2019 年的 51 706 元。而家庭收入的快速增长将会极大地影响市民休闲活动的选择。课题组在 2004 年和 2014 年的两次调研中,把家庭收入分为 1 000 元及以下、1 001~3 000 元、3 001~5 000 元、5 001~8 000 元和 8 000 元以上五个类别,在 2019 年的调研中,将个人收入分为 1 000 元及以下、1 001~3 000 元、3 001~5 000 元、5 001~8 000 元、8 001~10 000 元、10 001~15 000 元、15 001~20 000 元和 20 000 元以上十个类别,以此来分析不同收入群体在休闲方式选择上呈现的特征。武汉市 2000—2019 年城市居民人均可支配收入变化如图 3-2 所示。

图 3-2 武汉市 2000—2019 年城市居民人均可支配收入变化

(一)平时休闲活动选择

2004 年的调查结果显示,随着家庭收入的增加,武汉居民平时休闲活动的

---

① 孙海植,安永冕,曹明焕,等.休闲学[M].朴松爱,李仲光,译.大连:东北财经大学出版社,2005:66-67.

选择也呈现出明显的差异性。① 第一,随着家庭收入的增加,武汉居民在平时选择"旅游度假""参观访问"和"养花草宠物"等项目的选择率也呈现逐渐上升的趋势。第二,随着家庭收入的增加,武汉居民在选择"上网""看电视"等消遣类娱乐活动项目的选择是递减的。第三,中低等收入群体呈现更为明显的休闲多样化趋势,各项目的集中度相对较低,在调查中所有列举的项目均有突破。

2014 年的调查显示,家庭收入的变化同样影响着武汉居民平时休闲活动的选择。第一,家庭收入越低,休闲方式更倾向于"花费少"的活动。从调查中可知,家庭收入低于 1 000 元的市民选择"看电视""吧式消费""体育健身"的比例最高,而选择"逛街、购物、饮食、闲聊""看电影""看演唱会、音乐会等""养花草宠物"类活动的比例最低,其中"看演唱会、音乐会"的比例甚至为零。第二,家庭收入越低,市民对"休闲教育""业余爱好"等项目的选择比例越高,表明低收入群体更乐于通过休闲活动提升自我,增长知识。第三,中层收入群体成为休闲活动消费的中坚力量。在调查中可以发现,中等收入群体(特别是 1 001~5 000 元群体)在多项休闲活动的选择上是排名第一的,如"参观访问""逛街、购物、饮食、闲聊"和"看电影"等。2004 年和 2014 年不同家庭收入群体平时休闲活动的选择情况见表 3-11。

表 3-11   2004 年和 2014 年不同家庭收入群体
平时休闲活动的选择(单位: %)

休闲活动	1 000 元 及以下		1 001~ 3 000 元		3 001~ 5 000 元		5 001~ 8 000 元		8 000 元 以上	
	2004	2014	2004	2014	2004	2014	2004	2014	2004	2014
旅游度假	8.30	14.30	11.60	14.60	16.70	11.30	25.00	15.10	50.00	13.00
参观访问	2.80	7.14	3.50	8.18	6.70	7.04	12.50	6.98	0.00	6.50
上　网		64.30		68.20		67.60		67.40		63.00
看电视		64.30		58.20		59.20		59.30		50.00
看电影	80.60	14.30	77.90	38.20	63.30	40.10	75.00	34.90	25.00	39.10
看演唱会、音乐会等		0.00		1.82		4.23		4.65		4.30

① 由于 2004 年调查时武汉社会经济发展水平相对较低,抽样调查时家庭人均收入为 5 000 元以上的样本量相对较少。因此,本研究有关于 2004 年的分析主要针对月收入在 5 000 元及以下的群体。

续　表

休闲活动	1 000 元及以下		1 001～3 000 元		3 001～5 000 元		5 001～8 000 元		8 000 元以上	
	2004	2014	2004	2014	2004	2014	2004	2014	2004	2014
逛街、购物、饮食、闲聊	56.90	14.30	36.00	30.00	43.3	18.30	75.00	24.40	25.00	26.10
吧式消费	8.30	14.30	8.10	1.82	6.70	7.75	0.00	4.65	0.00	4.30
养花草宠物	1.40	0.00	9.30	9.09	16.70	16.90	0.00	9.30	0.00	8.70
业余爱好、桌游、棋牌	15.30	35.70	16.30	15.45	13.30	21.15	0.00	19.74	0.00	26.10
美容、家居装饰	4.20	—	0.00	—	3.30	—	12.50	—	0.00	—
体育健身	18.10	35.70	19.80	21.80	10.00	16.20	0.00	27.90	50.00	26.10
社会活动	4.20	7.14	0.00	6.36	13.30	3.52	12.50	2.33	0.00	15.20
休闲教育	4.20	7.14	2.30	3.64	3.30	1.41	0.00	2.33	0.00	2.20
其　他	0.00	7.14	0.00	1.82	0.00	1.41	0.00	1.16	0.00	0.00

注：百分比以响应者为基础。

　　2019 年的调查显示，不同收入水平的个人在休闲活动选择方面存在明显差异。第一，总体上看，收入水平低的个人更倾向于不花费或少花费的活动，如"看电视、影视娱乐和上网"等休闲活动尽管受到各个收入阶层的喜爱，但明显可以看到，此类活动在月收入 1 000 元及以下的人群中选择比例最高，相反，2 001 元以上收入群体对此选择最少。第二，高收入阶层对价格的敏感度低，时间限制性不强。从"旅游度假"的选择可以看到，月收入 10 001～15 000 元和 20 000 元以上的群体选择比例明显高于其他收入阶层，说明尽管是在平时，但这部分群体依旧拥有较大的自由和财力选择旅游活动。此外，从"逛街、购物、饮食、闲聊""养花草宠物"和"体育健身"的选择情况看，也明显存在收入水平高的人群参与率高的基本现象。相反，散步活动普遍受到各收入阶层的喜爱，但相对而言，低收入阶层的选择比例更高。2019 年不同个人收入群体平时休闲活动的选择情况见表 3 - 12。

表 3 - 12　2019 年不同个人收入群体平时休闲活动的选择(单位：%)

休闲活动	1 000 元及以下	1 000~3 000 元	3 001~5 000 元	5 001~8 000 元	8 001~10 000 元	10 001~15 000 元	15 001~20 000 元	20 000 元以上
旅游度假	6.00	7.14	12.50	3.39	8.57	11.43	0.00	26.67
参观访问	6.00	6.12	8.33	11.86	0.00	11.43	8.33	6.67
上　网	54.00	59.18	39.58	38.98	31.43	40.00	58.33	33.33
看电视	46.00	39.80	45.83	47.46	42.86	40.00	25.00	26.67
看电影	40.00	36.73	37.50	37.29	37.14	34.29	50.00	26.67
看演唱会、音乐会等	4.00	2.04	3.13	5.08	0.00	5.71	8.33	0.00
逛街、购物、饮食、闲聊	18.00	18.37	12.50	25.42	31.43	20.00	8.33	33.33
吧式消费	8.00	2.04	5.21	3.39	5.71	8.57	8.33	6.67
养花草宠物	10.00	10.20	10.42	6.78	14.29	5.71	8.33	20.00
体育健身	8.00	11.22	16.67	15.25	22.86	14.29	25.00	46.67
散　步	28.00	39.80	37.50	38.98	37.14	51.43	33.33	20.00
阅　读	10.00	24.49	25.00	32.20	17.14	22.86	25.00	26.67
社会活动	2.00	5.10	3.13	3.39	8.57	5.71	8.33	0.00
业余爱好、桌游、棋牌	8.00	7.14	8.33	3.39	2.86	0.00	8.33	0.00
休闲教育	2.00	2.04	2.08	1.69	2.86	0.00	8.33	0.00
其　他	0.00	0.00	1.04	1.69	0.00	0.00	0.00	0.00

注：百分比以响应者为基础。

（二）周末休闲活动选择

2004 年和 2014 年武汉不同家庭收入群体周末休闲活动的选择情况见表 3 - 13。

表3-13　2004年和2014年武汉不同家庭收入群体周末休闲活动的选择(单位：%)

休闲活动	1000元及以下		1001~3000元		3001~5000元		5001~8000元		8000元以上	
	2004	2014	2004	2014	2004	2014	2004	2014	2004	2014
旅游度假	13.90	28.57	14.00	10.91	10.00	13.38	12.50	20.90	50.00	26.09
参观访问	4.20	28.57	5.80	17.27	10.00	12.68	0.00	16.30	0.00	10.87
上　　网		57.14		40.91		43.66		36.10		23.91
看电视	50.00	35.71	43.00	30.00	36.70	38.73	0.00	20.90	50.00	23.91
看电影		28.57		38.18		39.44		31.40		34.78
看演唱会、音乐会等	—	7.14	—	11.82	—	10.56	—	15.10	—	10.87
逛街、购物、饮食、闲聊	56.90	42.86	46.50	54.55	43.30	38.73	37.50	45.40	0.00	41.30
吧式消费	18.10	7.14	8.10	7.27	10.00	8.45	12.50	5.81	0.00	19.57
养花草宠物	5.60	7.14	8.10	7.27	20.00	7.04	12.50	11.60	0.00	13.04
业余爱好、桌游、棋牌	16.70	28.57	14.00	27.28	23.30	27.46	12.50	36.11	0.00	34.78
美容、家居装饰	4.20	—	0.00	—	3.30	—	25.00	—	0.00	—
体育健身	12.50	21.43	19.80	11.82	6.70	18.31	25.00	24.40	50.00	26.09
社会活动	15.30	0.00	15.10	15.45	20.00	12.68	37.50	9.30	0.00	13.04
休闲教育	2.80	0.00	8.10	3.64	6.70	2.11	12.50	5.81	0.00	2.17
其　他	1.40	0.00	0.00	0.91	3.30	2.82	0.00	2.33	0.00	2.17

注：百分比以响应者为基础。

从2004年的调查数据可以看出，第一，家庭收入越低，武汉居民在周末的休闲活动越倾向于进行"看电视""上网""逛街、购物、饮食、闲聊""吧式消费"等消遣活动。第二，中等收入群体的市民更偏爱在周末进行怡情养性的休闲类活动，在"养花草宠物""业余爱好、桌游、棋牌""参观访问"等项目上的选择最高。同时，相较于低收入群体，中高收入群体的市民更倾向于在周末走出家门，外出进行休闲活动。

2014 年的调查发现，第一，低收入群体在周末的消费呈现集中的趋势。一方面，部分低收入群体继续"宅"在家中进行"上网""看电视""业余爱好、桌游、棋牌"等消遣娱乐类休闲活动；另一方面，部分低收入群体选择走出家门，进行"旅游度假""参观访问"类旅游观光活动，低收入群体对这两类休闲活动的选择比例均较高。第二，中高收入群体更倾向于进行怡情养性类休闲活动，他们更偏好进行"看电影""看演唱会、音乐会等""体育健身""养花草宠物"等活动。第三，中高收入群体的市民在周末的活动空间更为开放和多元。中高收入群体周末选择"上网、看电视"等居家型休闲活动的比例最低，说明了中高收入群体在周末有强烈的休闲需求。同时，从每项活动的选择来看，除休闲教育外，其他休闲活动的选择比例均超过 10%。

2019 年的调查结果显示，第一，相较于平时，周末时段武汉居民参与休闲活动的丰富性明显增加，如旅游度假，参观访问，看演唱会、音乐会等，吧式消费等的参与率普遍提高。说明时间是参加休闲活动的重要制约因素，一旦时间增多，武汉居民参与休闲活动的类型也同样增多。第二，不同收入群体在休闲活动的选择方面存在明显的差异性。从社会活动，看演唱会、音乐会等，体育健身的选择比例来看，高收入阶层的选择数量明显高于低收入阶层，主要是这些活动一方面具有较高的参与门槛，如职业、身份和地位，另一方面，类似演唱会或者部分体育健身类活动等需要大笔开销，相对而言，高收入群体的消费能力更强。第三，在周末时段，"看电视、影视娱乐和上网""逛街、购物、饮食、闲聊""散步"等活动在各收入阶层均有较高的选择率，但从具体选择情况来看，低收入阶层参与上述活动的比例普遍高于高收入群体。2019 年不同个人收入群体周末休闲活动的选择情况见表 3-14。

表 3-14　2019 年不同个人收入群体周末休闲活动的选择（单位：%）

休闲活动	1 000 元及以下	1 001～3 000 元	3 001～5 000 元	5 001～8 000 元	8 001～10 000 元	10 001～15 000 元	15 001～20 000 元	20 000元以上
旅游度假	10.00	22.45	12.50	11.86	17.14	11.43	16.67	20.00
参观访问	16.00	11.22	15.63	15.25	11.43	22.86	25.00	13.33
上　　网	32.00	28.57	20.83	33.90	11.43	31.43	33.33	20.00
看电视	26.00	19.39	26.04	30.51	25.71	34.29	0.00	13.33

续 表

休闲活动	1 000 元及以下	1 001～3 000 元	3 001～5 000 元	5 001～8 000 元	8 001～10 000 元	10 001～15 000 元	15 001～20 000 元	20 000元以上
看电影	42.00	52.04	46.88	52.54	51.43	40.00	16.67	40.00
看演唱会、音乐会等	2.00	8.16	10.42	6.78	8.57	14.29	25.00	40.00
逛街、购物、饮食、闲聊	44.00	45.92	48.96	44.07	51.43	37.14	25.00	20.00
吧式消费	12.00	9.18	12.50	5.08	8.57	14.29	8.33	6.67
养花草宠物	2.00	3.06	7.29	6.78	5.71	2.86	8.33	13.33
体育健身	12.00	12.24	13.54	15.25	14.29	11.43	33.33	40.00
散 步	30.00	26.53	19.79	32.20	25.71	5.71	0.00	6.67
阅 读	8.00	11.22	12.50	15.25	11.43	17.14	33.33	6.67
社会活动	4.00	7.14	9.38	3.39	11.43	14.29	16.67	26.67
业余爱好、桌游、棋牌	6.00	2.04	7.29	5.08	5.71	0.00	0.00	0.00
休闲教育	2.00	1.02	0.00	1.69	0.00	0.00	0.00	0.00
其 他	2.00	0.00	0.00	0.00	0.00	0.00	8.33	0.00

（三）黄金周休闲活动选择

2004 年和 2014 年不同家庭收入群体黄金周休闲活动的选择情况见表 3－15。

表 3－15　2004 年和 2014 年不同家庭收入群体黄金周
休闲活动的选择（单位：%）

休闲活动	1 000 元及以下		1 001～3 000 元		3 001～5 000 元		5 001～8 000 元		8 000 元以上	
	2004	2014	2004	2014	2004	2014	2004	2014	2004	2014
旅游度假	52.80	35.71	59.30	59.63	70.00	66.67	50.00	61.18	75.00	58.70
参观访问	5.60	14.29	7.00	19.27	6.70	12.06	12.50	20.00	0.00	23.91

休闲活动	1 000 元及以下		1 001~3 000 元		3 001~5 000 元		5 001~8 000 元		8 000 元以上	
	2004	2014	2004	2014	2004	2014	2004	2014	2004	2014
上　网	38.90	42.86	27.90	28.44	23.30	28.37	12.50	20.00	50.00	19.57
看电视		28.57		14.68		21.28		17.65		15.22
看电影		28.57		18.35		19.86		9.41		13.04
看演唱会、音乐会等		0.00		5.50		2.84		10.59		13.04
逛街、购物、饮食、闲聊	26.40	35.71	23.30	49.54	16.70	31.21	0.00	38.82	0.00	36.96
吧式消费	5.60	7.14	0.00	7.34	3.30	7.80	0.00	9.41	0.00	6.52
养花草宠物	0.00	7.14	7.00	6.42	13.30	6.38	0.00	5.88	0.00	4.35
业余爱好、桌游、棋牌	9.70	28.57	4.70	25.69	6.70	32.63	0.00	20.00	0.00	32.61
美容、家居装饰	4.20	—	2.30	—	3.30	—	0.00	—	0.00	—
体育健身	11.10	14.29	8.10	9.17	10.00	16.31	37.50	25.88	0.00	13.04
社会活动	19.40	14.29	24.40	13.76	6.70	9.93	25.00	15.29	0.00	15.22
休闲教育	5.60	7.14	2.30	4.59	10.00	2.13	37.50	9.41	0.00	10.87
其　他	0.00	7.14	1.20	3.67	3.30	4.96	0.00	5.88	0.00	8.70

注：百分比以响应者为基础。

　　2004 年的调查结果显示，第一，旅游度假作为黄金周的第一休闲方式，其选择比例和普及程度是与家庭收入成正相关的。第二，高收入群体选择在黄金周进行旅游观光类休闲活动的比例最高。家庭收入越高，居民在"旅游度假""参观访问"等项目上的选择比例越高。第三，低收入群体在黄金周除了选择"旅游度假"外，更偏爱"看电视、影视娱乐和上网""逛街、购物、饮食、闲聊"等活动，选择比例远高于高收入群体。

　　2014 年的调查结果显示，第一，旅游度假仍然为黄金周的第一休闲方式，但是高收入群体的选择比例却出现下降。究其原因，这与黄金周近年的弊端频发有关。随着国家带薪休假制度的健全和完善,高收入群体有提升旅游体验的需求和经济保证,一部分人会避开拥挤的黄金周进行出游活动。第二,随着家庭收入的增加,选择"上网""看电视""看电影"的比例也逐渐降低,而选择"看演唱会、音乐会等""休闲教育"等休闲活动的比例逐渐提升。

2019 年不同个人收入群体黄金周休闲活动的选择情况见表 3-16。

表 3-16　2019 年不同个人收入群体黄金周休闲活动的选择(单位:%)

休闲活动	1 000 元及以下	1 001~3 000 元	3 001~5 000 元	5 001~8 000 元	8 001~10 000 元	10 001~15 000 元	15 001~20 000 元	20 000元以上
旅游度假	46.00	55.10	58.33	57.63	54.29	54.29	66.67	73.33
参观访问	16.00	18.37	11.46	13.56	11.43	14.29	8.33	20.00
上　网	32.00	28.57	20.83	22.03	17.14	25.71	16.67	0.00
看电视	18.00	23.47	23.96	23.73	17.14	25.71	0.00	6.67
看电影	38.00	32.65	27.08	38.98	25.71	37.14	16.67	6.67
看演唱会、音乐会等	12.00	5.10	6.25	15.25	8.57	8.57	25.00	13.33
逛街、购物、饮食、闲聊	34.00	39.80	41.67	38.98	40.00	34.29	16.67	13.33
吧式消费	8.00	6.12	7.29	6.78	5.71	5.71	16.67	20.00
养花草宠物	2.00	1.02	8.33	3.39	8.57	0.00	16.67	33.33
体育健身	6.00	4.08	8.33	5.08	11.43	11.43	25.00	20.00
散　步	14.00	18.37	10.42	11.86	11.43	8.57	8.33	13.33
阅　读	6.00	7.14	8.33	13.56	14.29	14.29	25.00	20.00
社会活动	6.00	4.08	8.33	5.08	5.71	14.29	0.00	6.67
业余爱好、桌游、棋牌	6.00	10.20	6.25	3.39	5.71	5.71	0.00	0.00
休闲教育	2.00	1.02	2.08	3.39	2.86	8.57	25.00	0.00
其　他	2.00	0.00	2.08	1.69	2.86	0.00	0.00	0.00

2019 年的调查结果显示,不同收入群体在黄金周休闲活动选择方面存在明显差异。第一,高收入阶层参加看电视、影视娱乐和上网,逛街、购物、饮食、闲聊、业余爱好、桌游、棋牌等活动的人群数量明显少于低收入群体,在其中部分活动的参与率上,月收入为 1 000 元及以下的人群比 20 000 元以上的人群多出30％。相反,大部分高收入阶层在黄金周期间选择旅游度假,如月收入为 15 001元及以上的群体中,70％左右的人群选择外出旅游,比月收入在 1 000 元及以下或 1 001～3 000 元的人群高出近 20％。第二,文化性和康养性休闲活动受到更多高收入阶层的喜爱,如养花草宠物、体育健身、阅读、吧式消费和休闲教育等活动,随着收入的增加,选择比例更大。

七、休闲活动选择的文化程度群体比较

美国休闲心理学家纽林格指出,个人的教育水平决定其工作和休闲活动的性质。[①] 对于教育水平差异对休闲方式选择产生的影响问题,本研究根据文化程度将被访者划分为初中及以下,高中(中专、技校),本科及大专和硕士及以上四个层次对武汉居民休闲方式的选择进行深入探讨。

(一) 平时休闲活动选择

2004 年、2014 年和 2019 年不同文化程度群体平时休闲活动的选择情况见表 3 - 17。

表 3 - 17　2004 年、2014 年和 2019 年不同文化程度群体
平时休闲活动的选择(单位:％)

休闲活动	初中及以下			高中(中专、职校)			本科及大专			硕士及以上		
	2004	2014	2019	2004	2014	2019	2004	2014	2019	2004	2014	2019
旅游度假	0.00	7.69	8.82	10.71	13.00	10.45	14.29	15.09	9.01	13.51	6.82	6.06
参观访问	0.00	7.69	8.82	3.57	11.00	7.46	3.06	5.60	6.87	8.11	2.27	9.09
上　网		61.54	20.59		50.00	34.33		73.28	52.36		77.27	46.97
看电视		65.38	44.12		63.00	38.81		56.90	48.50		50.00	24.24
看电影	77.78	15.38	32.35	73.21	31.00	38.81	77.55	40.09	36.91	72.97	50.00	39.39
看演唱会、音乐会等		0.00	11.76		4.00	0.00		3.45	2.15		2.27	6.06

---

① 孙海植,安永冕,曹明焕,等.休闲学[M].朴松爱,李仲光,译.大连:东北财经大学出版社,2005:69.

续　表

休闲活动	初中及以下			高中(中专、职校)			本科及大专			硕士及以上		
	2004	2014	2019	2004	2014	2019	2004	2014	2019	2004	2014	2019
逛街、购物、饮食、闲聊	22.22	30.77	11.76	39.29	17.00	28.36	44.90	24.14	18.03	64.86	34.09	19.70
吧式消费	11.11	7.69	0.00	7.14	9.00	8.96	8.16	3.45	3.86	5.41	6.82	7.58
养花草宠物	0.00	7.69	2.94	12.50	16.00	10.45	6.12	10.78	11.59	2.70	6.82	7.58
业余爱好、桌游、棋牌	11.11	30.77	8.82	10.71	27.00	10.45	15.31	17.24	4.72	18.92	15.91	3.03
阅　读	—	—	14.71	—	—	19.40	—	—	24.03	—	—	28.79
美容、家居装饰	0.00	—	—	0.00	—	—	2.04	—	—	8.11	—	—
体育健身	0.00	19.23	14.71	12.50	20.00	13.43	17.35	21.98	15.45	29.73	29.55	19.70
散　步	—	—	29.41	—	—	43.28	—	—	35.62	—	—	42.42
社会活动	0.00	19.23	5.88	1.79	7.00	4.48	6.12	4.31	4.29	2.70	2.27	3.03
休闲教育	0.00	0.00	0.00	3.57	1.00	4.48	4.08	3.02	2.15	0.00	4.55	0.00
其　他	0.00	0.00	0.00	0.00	2.00	0.00	0.00	1.29	0.86	0.00	2.27	0.00

注：百分比以响应者为基础。

2004 年的调查结果展现了平时休闲活动选择的相似性，即不同文化程度群体的市民的日常休闲活动都以"看电视""上网"为主。但是，各群体也表现出各自的差异性。第一，文化程度低的居民在平时的休闲活动相对单一。从选择比例来看，文化程度为初中及以下的居民群体，平时花在"看电视""上网"上的时间最多，对于"吧式消费"的热情也是最高的，而旅游观光类、怡情养性类等多项休闲活动的选择率均为零。第二，文化程度越高，居民越注重自身健康，更注重外在的社交类活动。从调查结果来看，对于"逛街、购物、饮食、闲聊""体育健身""业余爱好、桌游、棋牌""美容、家居装饰"等项目的选择率最高的均是硕士及以上群体。第三，本科及大专层次的市民的偏好更为多样化。该群体对所列的休闲活动的选择均有所涉及,且大都位列前两位。

2014 年的调查结果显示,不同文化程度的居民在平时休闲方式的选择上呈现了较大的差异性。第一,看电视作为平时休闲活动的主要方式,不再是所有人的首选。从调查结果中可以发现,文化程度越低,在平时选择看电视来消磨时光的比例越高。而对文化程度高的群体,"上网"成为其日常休闲的首选,"看电视"位列第二位。第二,随着文化程度的提升,武汉居民在"看电影""体育健身""休闲教育"等活动上的选择是逐渐提升的。这一定程度上反映出,文化程度高的居民希望通过休闲娱乐提升自我、实现自我的需求。第三,高中、本科及大专层次的居民对"旅游度假""参观访问"等项目的选择比例要明显高于其他群体,而对于"逛街、购物、饮食、闲聊"等活动的选择比例低于其他两个群体。

2019 年与 2014 年的情况相似,同样存在不同文化程度的居民在平时休闲方式的选择上呈现一定的差异性。如初中及以下学历的人群中,看电视、看电影和散步三项活动的选择比例最高,在高中(中专、职校)学历的人群中,则是散步、看电视、看电影位列前三,本科及大专学历的人群中,上网、看电视、看电影位列前三,而硕士及以上学历人群中,上网、散步和看电影排在前三位。可见,学历较高的人群更喜欢上网,学历较低的人群则更喜欢看电视。第二,随着文化程度的提升,上网、体育健身和散步等活动的选择比例增加。一方面是因为高学历人群的工作时间更有规律,另一方面是因为他们对文化休闲、体育锻炼、健康理念更加认同和热爱。

从变化趋势来看,第一,高学历群体更愿意进行"体育健身"类休闲活动。由于高学历群体面临的工作压力较大、闲暇时间更少,导致部分高收入群体长期处于"亚健康"状态,也使得这部分人群更愿意在平时进行体育健身和锻炼活动来提升自我。第二,电脑逐渐取代电视成为高收入群体日常休闲的主要设备。在 2004 年,所有文化程度的群体都将看电视作为日常休闲的第一方式,而随着互联网的普及,文化程度高的市民快速接纳这一新技术,并逐渐改变日常的休闲生活方式。

(二)周末休闲活动选择

2004 年、2014 年和 2019 年不同文化程度群体周末休闲活动的选择情况见表 3-18。

表 3－18 2004 年、2014 年和 2019 年不同文化程度群体
周末休闲活动的选择（单位：%）

休闲活动	初中及以下			高中(中专、职校)			本科及大专			硕士及以上		
	2004	2014	2019	2004	2014	2019	2004	2014	2019	2004	2014	2019
旅游度假	11.11	0.00	11.76	10.71	6.93	16.42	16.33	21.98	15.88	13.51	20.45	13.64
参观访问	0.00	15.38	11.76	10.71	15.84	13.43	3.06	15.95	15.02	5.41	9.09	18.18
上 网		50.00	17.65		32.67	28.36		41.38	27.04		38.64	27.27
看电视		69.23	41.18		39.60	37.31		24.14	22.32		15.91	10.61
看电影	33.33	26.92	26.47	42.86	28.71	41.79	37.76	41.38	50.21	59.46	43.18	51.52
看演唱会、音乐会等		11.54	2.94		8.91	4.48		13.36	10.30		11.36	18.18
逛街、购物、饮食、闲聊	44.44	26.92	38.24	39.29	49.50	38.81	51.02	45.26	45.49	56.76	47.73	48.48
吧式消费	11.11	3.85	0.00	7.14	6.93	8.96	15.31	8.19	11.59	10.81	15.91	10.61
养花草宠物	33.33	7.69	5.88	5.36	8.91	5.97	6.12	9.05	5.15	16.22	4.55	4.55
业余爱好、桌游、棋牌	22.22	34.62	8.82	10.71	39.60	4.48	19.39	23.27	3.86	13.51	36.36	3.03
阅 读	—	—	11.76	—	—	17.91	—	—	12.02	—	—	10.61
美容、家居装饰	0.00	—	—	1.79	—	—	2.04	—	—	8.11	—	—
体育健身	0.00	7.69	14.71	16.07	14.85	11.94	15.31	19.83	13.30	21.62	27.27	22.73
散 步	—	—	29.41	—	—	25.37	—	—	24.46	—	—	10.61
社会活动	0.00	15.38	8.82	14.29	10.89	11.94	19.39	11.21	7.30	16.22	18.18	10.61
休闲教育	0.00	3.85	0.00	5.36	3.96	1.49	6.12	3.45	0.86	8.11	0.00	0.00
其 他	11.11	3.85	2.94	1.79	0.99	0.00	0.00	2.16	0.86	0.00	2.27	0.00

注：百分比以响应者为基础。

2004 年的调查结果显示，第一，随着文化程度的提升，武汉居民在周末选择
"看电视""上网"的比例呈现出上升的趋势。这与武汉居民平时休闲方式的变化

趋势是截然相反的。一方面,由于高学历群体在平时工作较为繁忙,闲暇时间相对较少,周末的时间他们更愿意进行不需要脑力和体力的休闲活动来调理身心。另一方面,高学历群体继续保持着外出"逛街、购物、饮食、闲聊"的高频率。这与高学历群体往往代表着更高的经济收入,有能力进行消费型休闲活动的特征相符。第二,低学历群体仍然保持着休闲活动的单一化,部分休闲活动项目的选择仍然为零。然而与平时相比,"旅游度假"和"养花草宠物"的选择比例已有所突破。

2014 年的调查结果显示,第一,文化程度越高的武汉居民选择"看电视""上网"的比例越低。这一现象与 2004 年的调查结果呈现出巨大的反差。随着社会经济的发展,各类休闲设施和场所的建设和完善,通过休闲活动达成修养身心、恢复体力的需求更加容易实现,在国民休闲的时代背景下,武汉居民的外出休闲需求也更加明显。第二,武汉居民的文化程度与"旅游度假""看电影""逛街、购物、饮食、闲聊""吧式消费""体育健身"的选择比例的变化趋势一致。这表明,文化程度越高,市民外出进行旅游观光类、社会交往类的休闲活动比例越高。第三,不同文化程度的群体在"参观访问""演唱会、音乐会等""养花草宠物""业余爱好""社会活动"等项目选择的差异性变小。

2019 年的调查结果显示,不同文化程度在休闲活动选择方面存在明显差异。第一,文化程度高的群体选择"上网""看电视""看电影""看演唱会、音乐会等""吧式消费""逛街、购物、饮食、闲聊"和"体育健身"等活动的比例高于低收入群体。受文化教育、职业和收入等综合因素影响,高收入群体重视文化休闲、社交、运动休闲等,因此他们更愿意在周末参加上述活动。第二,文化程度越低,对"看电视""业余爱好、桌游、棋牌"等休闲活动更加热衷,选择比例也高。第三,其他类型的休闲活动,不同文化群体之间的选择差异较小。

从变化趋势来看,第一,武汉居民休闲活动的大众化趋势日益凸显。从 2004 年的调查中可以发现,不同文化群体对于休闲活动的选择具有相对集中和明显的差异性。但是随着大众休闲时代的到来,这种差异性越来越小。第二,高学历群体在周末外出休闲消费的比例大幅提升。从 2004 年的调查结果可以发现,看电视和上网等是武汉高学历群体的首要选择,但是在 2014 年和 2019 年"看电视"却成为同类项目中选择率最低的几项之一,相反"看电影""逛街、购物、饮食、闲聊""体育健身"等项目的选择率均居于前列。

(三)黄金周休闲活动选择

2004 年、2014 年和 2019 年不同文化程度群体黄金周休闲活动的选择情况见表 3-19。

表 3-19 2004 年、2014 年和 2019 年不同文化程度群体
黄金周休闲活动的选择(单位:%)

休闲活动	初中及以下			高中(中专、职校)			本科及大专			硕士及以上		
	2004	2014	2019	2004	2014	2019	2004	2014	2019	2004	2014	2019
旅游度假	33.33	34.62	29.41	53.57	56.57	52.24	65.31	65.80	60.09	54.05	70.45	59.09
参观访问	0.00	15.38	8.82	5.36	15.15	8.96	6.12	14.72	16.31	10.81	36.36	16.67
上 网		26.92	20.59		23.23	22.39		26.84	24.89		25.00	21.21
看电视		38.46	32.35		23.23	23.88		16.02	21.03		4.55	13.64
看电影	22.22	3.85	41.18	30.36	16.16	38.81	29.59	18.18	27.90	37.84	18.18	30.30
看演唱会、音乐会等		3.85	2.94		3.03	11.94		6.06	9.87		15.91	7.58
逛街、购物、饮食、闲聊	11.11	19.23	29.51	26.79	45.45	31.34	20.41	40.26	41.63	21.62	31.82	31.82
吧式消费	0.00	7.69	5.88	7.14	7.07	2.99	1.02	7.36	9.01	0.00	9.09	7.58
养花草宠物	22.22	11.54	2.94	5.36	5.05	5.97	5.10	6.49	5.15	0.00	2.27	7.58
业余爱好、桌游、棋牌	0.00	50.00	8.82	5.36	36.36	8.96	6.12	15.58	5.15	10.81	18.18	6.06
阅 读	—	—	2.94	—	—	14.93	—	—	10.73	—	—	9.09
美容、家居装饰	0.00	—	—	3.57	—	—	2.04	—	—	5.41	—	—
体育健身	11.11	23.08	14.71	7.14	16.16	8.96	6.12	15.15	5.15	27.03	13.64	13.64
散 步	—	—	17.65	—	—	16.42	—	—	12.88	—	—	7.58
社会活动	11.11	3.85	5.88	16.07	8.08	11.94	20.41	15.15	6.01	24.32	15.91	3.03
休闲教育	0.00	3.85	2.94	1.79	6.06	0.00	8.16	6.49	3.86	8.11	0.00	4.55
其 他	11.11	11.54	2.94	1.79	3.03	1.49	0.00	4.76	0.86	0.00	9.09	1.52

注:百分比以响应者为基础。

　　2004 年的调查结果显示,第一,本科及大专学历层次的市民在黄金周进行"旅游度假"的活跃度最高,而学历层次最低的初中及以下群体外出度

假的概率最低。第二,硕士及以上群体对"旅游度假"的选择率低于本科及大专层次的市民,他们更偏爱在黄金周进行"看电视、影视娱乐和上网""体育健身""社会活动"等休闲项目。第三,中等学历层次的武汉居民在黄金周的休闲方式更加多样化,对调查中所列的 12 项休闲活动均有所涉及,而初中及以下、硕士及以上学历的居民在部分休闲项目上都出现了选择率为零的情况。

2014 年的调查数据显示,第一,外出旅游度假是中高学历群体黄金周的第一休闲方式。从调查数据来看,文化程度越高,居民选择"旅游度假"的比例越高,而低学历群体在黄金周更偏爱"看电视"等传统休闲方式。第二,除"旅游度假"外,中等文化水平的市民在黄金周还偏爱"逛街、购物、饮食、闲聊"等外出型休闲娱乐活动,而低学历群体的相关休闲活动的选择比例是较低的。第三,低收入群体在黄金周倾向于进行"桌游、棋牌"等休闲活动,这一方式的选择率要远高于其他文化层次的市民。

2019 年的调查结果显示,学历水平不同,休闲活动的选择存在明显差异。第一,"旅游度假"作为黄金周主流的休闲方式并没有在初中及以下学历群体中得到印证,仅有 29.41% 的群体选择,"看电影""逛街、购物、饮食、闲聊"是他们选择的排名第一、第二的休闲方式。但在高中及以上学历的群体中,黄金周选择"旅游度假"的比例均超过 50%,其中,本科及大专、硕士及以上两个群体的选择比例高达 60% 左右。同样,在高学历人群中,选择参观访问的人群也比低学历群体多。可见,黄金周期间,高学历群体更愿意走出家门,外出参与各类旅游、文化体验等活动。第二,选择"看电视""看电影""业余爱好、桌游、棋牌"等的情况和其他时段一样,低收入群体更倾向于选择此类休闲活动。不过,在黄金周期间,"上网"在不同学历群体中的选择比例比较接近,差异不大。第三,高中(中专、职专)和本科及大专学历层级的群体与其他两个群体相比,更多选择"看演唱会、音乐会等""逛街、购物、饮食、闲聊""阅读"和"社会活动"等活动。

从变化趋势来看,第一,"旅游度假"成为各文化层次群体黄金周休闲方式的第一选择。并且,随着大众旅游时代的到来,学历层次越高,外出旅游度假的可能性越高。第二,低收入群体的休闲选择更为多元,但休闲质量有待提升。2004年,初中及以下学历群体的消费者在五类活动的选择上为零,但到 2014 年均有所突破,2019 年继续保持所有休闲活动均有人参与。但可以发现,低收入群体的休闲活动仍主要集中在看电视、上网和业余爱好,桌游、棋牌等相对消极的休闲娱乐方式上。

第三节　居民休闲活动选择的影响因素

从社会发展背景来看,武汉人均国民生产总值已经由 2004 年的 3 000 美元上升至 2014 年的 10 000 美元以上,2019 年更是达到 2.21 万美元。按照国际发展惯例,武汉城市已经进入休闲城市建设的重要时期。在 15 年的发展过程中,武汉居民的休闲生活和休闲方式经历了重大调整,而影响城市居民休闲生活方式选择和休闲生活质量的因素也必然随之发生演变。及时、准确地把握城市居民休闲决策影响因素的类别和影响程度变化,对于提升居民休闲生活质量、完善城市休闲设施都将具有重要的现实指导意义。

一、影响因素的描述性统计

本书在休闲方式选择倾向分析的基础上进行拓展影响因素研究。休闲活动选择的影响因素是指影响城市居民休闲方式选择的主体性因素和客体性因素的总和。在参考相关文献①的基础上,排列出与城市居民休闲活动相关的 19 项具体因素作为分析对象,从程度大小的角度将影响因素分成完全无影响、影响比较小、影响比较大、影响非常大四个层次,并予以 1～4 的不同赋值。最后通过均值计算及排序,明确各因素对休闲决策的影响情况。

2004 年的调查结果显示,从整体上看,19 项因素的均值得分不高,全部因素均值为 2.65 分。其中只有 2 项超过 3 分,其余皆在 2～3 分之间,且只有 4 项低于 2.5 分,说明大部分因素对武汉居民休闲决策的影响比较适中,不强烈。具体来看,因素均值得分排名前五位的是兴趣爱好(3.11 分)、收入水平高低(3.05分)、心情(2.99 分)、家人朋友的支持(2.86 分)和休闲场所离居住地距离(2.79分),说明主观因素,即兴趣爱好和心情对居民休闲决策的影响最大,其次是客观因素,即收入水平、家人朋友支持以及休闲场所离居住地距离。概言之,居民在进行休闲决策时更注重自己的偏好,同时经济实力也是考虑的重点。因素均值得分排名末六位的是休闲产品宣传与推荐(2.21 分)、休闲方式知识性(2.30分)、休闲方式时尚性(2.32 分)、休闲方式参与性(2.43 分)、休闲场所管理水平(2.51 分)以及身体健康状况(2.51 分),可见营销宣传、知识含量、时尚特点和参与方式对居民休闲决策的影响程度不明显。详见表 3 - 20。

————————

　① 邱扶东,吴明证.旅游决策影响因素研究[J].心理科学,2004(5): 12 - 16.

表 3 - 20 2004 年武汉居民休闲决策影响因素的均值及排序一览

影 响 因 素	均值	排序	影 响 因 素	均值	排序
1. 休闲方式趣味性	2.67	9	11. 休闲场所离居住地距离	2.79	5
2. 休闲方式娱乐性	2.70	7	12. 周围人参与休闲活动多少	2.66	11
3. 休闲方式健身性	2.57	13	13. 身体健康状况	2.51	15
4. 休闲方式时尚性	2.32	17	14. 心情	2.99	3
5. 休闲方式知识性	2.30	18	15. 兴趣爱好	3.11	1
6. 休闲方式参与性	2.43	16	16. 收入水平高低	3.05	2
7. 休闲设施质量	2.60	12	17. 休闲花费多少	2.75	6
8. 休闲服务水平	2.66	10	18. 闲暇时间多少	2.69	8
9. 休闲产品宣传与推荐	2.21	19	19. 家人朋友的支持	2.86	4
10. 休闲场所管理水平	2.51	14	全部因素均值	2.65	

注: 按照李克特量表计算各因子的均值,1~4 表示受影响的程度,4 表示影响非常大,1 表示完全无影响。

从整体上看,在 2014 年的调查中,19 项因素的均值得分普遍不高,全部因素均值为 2.63 分,未有一项因素超过 3 分,所有因素的均值皆在 2~3 分之间。此外,有 6 项低于 2.5 分,说明大部分因素对武汉居民休闲决策的影响比较适中,不强烈。具体来看,因素均值得分排名前五位的是兴趣爱好(2.96 分)、收入水平高低(2.89 分)、家人朋友支持(2.82 分)、休闲花费多少(20.80 分)和休闲服务水平(2.79 分)。上述五项因素的均值得分差异小,说明武汉居民在休闲决策时重点考量因素更加多元化,除了考虑自己的休闲偏好、经济实力及开销外,也重视同伴支持度和休闲服务质量等。因素均值得分排名末五位的是休闲方式时尚性(2.26 分)、休闲产品宣传与推荐(2.39 分)、身体健康情况(2.40 分)、休闲方式知识性(2.40 分)、休闲方式健身性(2.42 分),可见休闲供给端的情况,如产品服务的时尚度、营销宣传、身体健康情况等对居民休闲决策的影响程度不明显。详见表 3 - 21。

表 3－21　2014 年武汉居民休闲决策影响因素的均值及排序一览

影 响 因 素	均值	排序	影 响 因 素	均值	排序
1. 休闲方式趣味性	2.58	12	11. 休闲场所离居住地距离	2.66	10
2. 休闲方式娱乐性	2.61	11	12. 周围人参与休闲活动多少	2.52	13
3. 休闲方式健身性	2.42	15	13. 身体健康状况	2.40	16
4. 休闲方式时尚性	2.26	19	14. 心情	2.75	7
5. 休闲方式知识性	2.40	16	15. 兴趣爱好	2.96	1
6. 休闲方式参与性	2.47	14	16. 收入水平高低	2.89	2
7. 休闲设施质量	2.76	6	17. 休闲花费多少	2.80	4
8. 休闲服务水平	2.78	5	18. 闲暇时间多少	2.71	9
9. 休闲产品宣传与推荐	2.39	18	19. 家人朋友支持	2.82	3
10. 休闲场所管理水平	2.73	8	全部因素均值	2.63	

注：按照李克特量表计算各因子的均值，1～4 表示受影响的程度，4 表示影响非常大，1 表示完全无影响。

2019 年的调查结果显示，19 项因素的平均值为 2.66 分，位于 1～4 分中的偏上段位。各因素均值得分皆在 2～3 分，且有 5 项因素均值得分低于 2.5 分，说明绝大部分因素对武汉居民休闲决策的影响较适中，不强烈。具体来看，因素均值得分排名前六位的是心情（2.96 分）、兴趣爱好（2.94 分）、身体健康状况（2.88 分）、休闲服务水平（2.87 分）、休闲设施质量（2.81 分）和闲暇时间多少（2.81 分）。可以看出，对武汉居民的休闲决策而言，个人自身情况的相关因素，如心情、休闲偏好和身体情况最为重要。其次，休闲供给端的服务水平和质量对居民休闲行为的选择也有较大影响。因素均值得分排名末五位的是休闲方式时尚性（2.26 分）、休闲方式健身性（2.28 分）、休闲方式知识性（2.32 分）、休闲产品宣传与推荐（2.39 分）、周围人参与休闲活动多少（2.46 分），可见居民对休闲方式特点、企业营销宣传力度等感受不强烈，因在决策时参考影响不明显。详见表3－22。

表 3－22　2019 年武汉居民休闲决策影响因素的均值及排序一览

影　响　因　素	均值	排序	影　响　因　素	均值	排序
1. 休闲方式趣味性	2.77	7	11. 休闲场所离居住地距离	2.76	8
2. 休闲方式娱乐性	2.69	11	12. 周围人参与休闲活动多少	2.46	15
3. 休闲方式健身性	2.28	18	13. 身体健康状况	2.88	3
4. 休闲方式时尚性	2.26	19	14. 心情	2.96	1
5. 休闲方式知识性	2.32	17	15. 兴趣爱好	2.94	2
6. 休闲方式参与性	2.62	12	16. 收入水平高低	2.71	10
7. 休闲设施质量	2.81	5	17. 休闲花费多少	2.72	9
8. 休闲服务水平	2.87	4	18. 闲暇时间多少	2.81	6
9. 休闲产品宣传与推荐	2.39	16	19. 家人朋友的支持	2.62	13
10. 休闲场所管理水平	2.61	14	全部因素均值	2.66	

注：按照李克特量表计算各因子的均值，1～4 表示受影响的程度，4 表示影响非常大，1 表示完全无影响。

二、影响因素的因子分析

为进一步对调查数据进行统计分析，本研究使用 SPSS19.0 对调查数据进行处理。首先采用探索性因子分析法进行降维处理并提取公因子。同时，检验量表及各因子的可信度（Cronbach's α），然后，尝试使用快速聚类分析法进行各种类别数聚合分析，再以方差统计监测结果确定合理的居民类型及数量。最后，结合因子分析和聚类分析结果，探讨 2004 年、2014 年和 2019 年武汉居民休闲活动决策影响因素的感知变化。

（一）数据有效性检验

1. 信度检验

信度是指采用同样的方法对同一对象重复测量时所得到结果的一致性程度。也就是说，信度考察的是项目之间是否具有较高的内在一致性。通过 SPSS 软件，采用 Alpha 信度系数法进行信度检验，信度系数值应该在 0 与 1 之间。经过测算,本次问卷调查数据的 Cronbach's α＝0.871,达到了 0.7 以上的良好水平,表明该问卷的内部一致性较为理想。

2. 数据效度检测

效度反映了待测量概念的真实性程度,包括内容效度和结构效度两个内容。对有效样本数据进行 Kaiser - Meyee - Olkin(KMO)样本测度和巴特利特(Bartlett)球形检验,所得数据显示,在 Bartlett 球形检验给出卡方值为 2 814.613 情况下,KMO 值为 0.803(sig＝0.000),表明该问卷的效度可以接受。

(二) 休闲活动选择影响因素分析

1. 因子分析

为降低数据分析的复杂性,本研究采用探索性因子分析法并进行方差最大正交旋转,将旋转后因子载荷小于 0.4 的题项剔除(Kaiser,1974),最终从 19 个题项中提取了 5 个特征值大于 1 的因子,可以解释 60％的变量差异情况,每个因子项包含 3 至 5 项不等的题项,各项的 Cronbach's α 系数范围在 0.65 与 0.80 之间,表明因子分析的结构是稳定且内部连贯的(Hair,et al.,1998)。

为进一步解释武汉居民休闲决策的影响因子,根据各因子聚合的题项所代表的含义对 5 个因子进行命名。武汉居民休闲活动选择影响因素的因子分析结果见表 3 - 23。

表 3 - 23　武汉居民休闲决策影响因素的因子分析

因　子	题　　项	因子载荷	题项均值	信度	因子均值	特征值	方差贡献率
F1 休闲消费的自我心理	12. 周围人参与休闲活动多少	0.795	2.460	0.673	2.700	2.040	10.736％
	11. 休闲场所离居住地距离	0.747	2.760				
	13. 身体健康状况	0.628	2.880				
F2 休闲活动的消遣功能	1. 休闲方式趣味性	0.800	2.770	0.803	2.796	2.759	14.523％
	2. 休闲方式娱乐性	0.762	2.690				
	15. 兴趣爱好	0.648	2.940				
	14. 心情	0.560	2.960				
	6. 休闲方式参与性	0.517	2.620				

因　子	题　　项	因子载荷	题项均值	信度	因子均值	特征值	方差贡献率
F3 休闲产品服务与管理	8. 休闲服务水平	0.715	2.870	0.747	2.670	2.384	12.545%
	10. 休闲场所管理水平	0.707	2.610				
	7. 休闲设施质量	0.651	2.810				
	9. 休闲产品宣传与推荐	0.614	2.390				
F4 休闲消费保障	17. 休闲花费多少	0.797	2.720	0.746	2.717 5	2.423	12.755%
	16. 收入水平高低	0.731	2.720				
	18. 闲暇时间多少	0.685	2.810				
	19. 家人朋友的支持	0.589	2.620				
F5 休闲活动的提升功能	4. 休闲方式时尚性	0.773	2.260	0.650	2.287	1.957	10.298%
	3. 休闲方式健身性	0.720	2.280				
	5. 休闲方式知识性	0.693	2.320				

注：按照李克特量表计算各因子的均值，1～4表示受影响的程度，4表示非常有影响，1表示完全无影响。

影响因子F1被命名为"休闲消费的自我心理"，包含3个影响因素：周围人参与休闲活动多少、休闲场所离居住地距离和身体健康状况。这3个影响因素主要与休闲者个人心理方面的因素有关。F1解释了10.736%的变异情况，因素特征值为2.040。

影响因子F2被命名为"休闲活动的消遣功能"。包含5个影响因素：休闲方式趣味性、休闲方式娱乐性、兴趣爱好、心情和休闲方式参与性。这5个影响因素主要与休闲活动的消遣娱乐功能方面有关。F2解释了14.523%的变异情况，因素特征值为2.759。

影响因子F3被命名为"休闲产品服务与管理"，解释了12.545%的变异情况，因素特征值为2.384。包含4个影响因素：休闲服务水平、休闲场所管理水平、休闲设施质量及休闲产品宣传与推荐。影响因子F3更多的是从休闲供给角度，考察休闲产品的服务及管理水平。

影响因子 F4 被命名为"休闲消费保障",主要包含 4 个影响因素：休闲花费多少、收入水平高低、闲暇时间多少和家人朋友的支持。这 4 个影响因素主要与闲暇时间和经济条件等休闲消费的基础条件有关。它解释了 12.755％的变异情况,因素特征值为 2.423。

影响因子 F5 被命名为"休闲活动的提升功能",包含休闲方式时尚性、休闲方式健身性和休闲方式知识性 3 项影响因素。主要考虑的是休闲者通过休闲活动所体现的自我提升的功能。它解释了 10.298％的变异情况,特征值为 1.957。

从整体上来看,武汉居民休闲决策影响因素从高到低依次为 F2、F4、F3、F1 和 F5,即市民进行休闲活动时受"休闲活动的消遣功能"的影响最大,而受"休闲活动提升功能"的影响最小。即多数居民在进行休闲活动决策时,将更多地考虑休闲方式趣味性、休闲方式娱乐性、自身的兴趣爱好、心情和休闲方式参与性,而对休闲活动所能带来的知识性、时尚性等自我提升等因素的考虑还相对较少。

2. 因子变化趋势分析

为进一步检验 2004 年、2014 年和 2019 年武汉居民休闲决策影响因素是否发生变化,采用独立样本 T 检验分析法,将前后两次获得的居民休闲决策影响因素的数据进行纵向比较,检验结果见表 3-24。

表 3-24 2004 年、2014 年和 2019 年武汉居民休闲决策影响因素变化 T 检验结果

因　　子	2004 年 (n＝200)	2014 年 (n＝407)	2019 年 (n＝400)	2004 与 2014 年 均值差异	2014 与 2019 年 均值差异	sig
F1 休闲消费的自我心理	2.85	2.69	2.70	−0.16	−0.01	0.003
F2 休闲活动的消遣功能	2.81	2.70	2.80	0.11	−0.10	0.051
F3 休闲产品服务与管理	2.50	2.66	2.67	0.16	−0.01	0.001
F4 休闲消费保障	2.76	2.76	2.72	0.00	0.04	0.845
F5 休闲活动的提升功能	2.40	2.36	2.29	0.04	0.07	0.513
总均值	2.66	2.63	2.63	0.03	0.00	0.482

由分析结果可以看出,第一,从总体上看,15 年间武汉居民的休闲决策的影响因素变化不是特别明显。前两次调查的样本总均值仅下降了 0.03(sig＝

0.482），后一次调查的样本均值与 2014 年一致。第二，2004 年武汉居民休闲决策影响因素中休闲消费的自我心理感知、休闲活动的消遣功能和休闲消费的保障三个维度的影响力均大于总均值 2.66，而休闲产品服务与管理与休闲活动的提升功能两个温度的影响力小于总均值 2.66。然而 2014 年的数据显示，休闲消费的自我心理、休闲活动的消遣功能、休闲产品服务与管理及休闲消费保障的均值均大于总均值 2.63，仅休闲活动的提升功能一项的均值低于总均值。2019 年的调查结果与 2014 年一致，仅休闲活动的提升功能一项的均值低于总均值 2.63，其余皆大于总均值。第三，从各因子的变化趋势来看，2004 年与 2014 年两次调查中"休闲消费的自我心理""休闲活动的消遣功能"及"休闲产品服务与管理"三个因子均有显著的变化。一方面，休闲消费的自我心理和消遣功能相比 2004 年均有所下降，这表明近十年武汉居民已经逐渐接受"休闲"概念，了解休闲本身的消遣娱乐功能，但在进行休闲活动的选择和决策时，不再刻意考虑休闲活动本身的消遣功能，真正做到了休闲活动的"常态化"发展。另一方面，武汉居民受"休闲产品服务与管理"的影响显著增强（d=0.16，sig=0.001），该项上升的幅度最大，且超过了 2014 年的总均值 2.63，表明大多数居民在进行休闲活动决策时更关注休闲产品服务与管理本身，一定程度上反映了居民对于休闲设施和产品服务的体验需求不断提升。而在 2019 年的调查中，仅有休闲活动的消遣功能和休闲活动的提升功能两个因子有明显变化，其中前者的均值比 2014 年的高，后者的均值比 2014 年的低，说明近年来，武汉居民在参与休闲活动时，更加看重休闲方式趣味性、休闲方式娱乐性、自身的兴趣爱好、心情和休闲方式参与性，对休闲活动时尚性、健身性和知识性考虑不多。

三、影响因素的比较分析

本研究在休闲方式选择倾向分析的基础上拓展研究影响因素。休闲活动选择的影响因素是指影响城市居民休闲方式选择的主体性因素和客体性因素的总和，在参考相关文献①的基础上，排列出了与城市居民休闲活动相关的 19 项具体因素作为分析的基础，从影响程度大小的角度将影响因素分成完全无影响、影响比较小、影响比较大、影响非常大四个层次。为保证研究的延续性，2004 年、2014 年和 2019 年均采用相同的量表进行调查，对武汉居民休闲决策影响因素调查的统计结果见表 3 - 25。

---

①　邱扶东，吴明证.旅游决策影响因素研究[J].心理科学,2004(5)：1216.

表 3‐25　2004 年、2014 年和 2019 年休闲决策影响因素的均值及排序一览

影 响 因 素	2004 年		2014 年		2014 年与 2004 年均值差异	排序	2019 年		2019 年与 2014 年均值差异
	均值	排序	均值	排序			均值	排序	
1. 休闲方式趣味性	2.67	9	2.58	12	−0.08	11	2.77	7	0.38
2. 休闲方式娱乐性	2.70	7	2.61	11	−0.09	12	2.69	11	0.33
3. 休闲方式健身性	2.57	13	2.42	15	−0.15	17	2.28	18	0.46
4. 休闲方式时尚性	2.32	17	2.26	19	−0.06	10	2.26	19	0.61
5. 休闲方式知识性	2.30	18	2.40	16	0.11	5	2.32	17	0.41
6. 休闲方式参与性	2.43	16	2.47	14	0.03	7	2.62	12	0.34
7. 休闲设施质量	2.60	12	2.76	6	0.16	3	2.81	5	0.01
8. 休闲服务水平	2.66	10	2.78	5	0.12	4	2.87	4	−0.02
9. 休闲产品宣传与推荐	2.21	19	2.39	18	0.17	2	2.39	16	0.33
10. 休闲场所管理水平	2.51	14	2.73	8	0.21	1	2.61	14	−0.02
11. 休闲场所离居住地距离	2.79	5	2.66	10	−0.14	14	2.76	8	0.03
12. 周围人参与休闲活动多少	2.66	10	2.52	13	−0.14	14	2.46	15	0.10
13. 身体健康状况	2.51	14	2.40	16	−0.10	13	2.88	3	0.22
14. 心情	2.99	3	2.75	7	−0.24	19	2.96	1	−0.14
15. 兴趣爱好	3.11	1	2.96	1	−0.14	14	2.94	2	−0.50
16. 收入水平高低	3.05	2	2.89	2	−0.16	18	2.71	10	−0.50
17. 休闲花费多少	2.75	6	2.80	4	0.06	6	2.72	9	−0.48
18. 闲暇时间多少	2.69	8	2.71	9	0.02	8	2.81	6	−0.43
19. 家人朋友的支持	2.86	4	2.82	3	−0.04	9	2.62	13	−0.56

注：按照李克特量表计算各因子的均值，1～4 表示受影响的程度，4 表示影响非常大，1 表示完全无影响。

总体来说，第一，根据居民休闲决策影响因素重要性程度高低可以发现，武汉居民进行休闲活动和休闲消费考虑的重点发生了一定的变化。2004 年的调

查结果显示,武汉居民进行休闲活动时更加关注心情、兴趣爱好和收入等自身的心理和生理因素,体现出城市居民从以往关注休闲物质产品的使用价值逐渐转移到注重休闲活动的精神内涵方面。然而从 2014 年的调查结果中可以发现,兴趣爱好和收入的重要性仍位列前两位,但是其影响力已经显著下降,而休闲服务水平和休闲设施质量的影响程度已经大幅度提升,表明城市居民的休闲消费心理日趋成熟。随着中部的快速崛起和大武汉都市圈建设进程的加快,居民休闲活动日益常态化,居民在进行休闲活动时,不仅关注休闲活动能够带来的自身心理愉悦和生理健康的结果[1],更注重产生这一结果的体验过程,对于休闲活动所依托的设施和产品有了更高的要求和期望。而在 2019 年的调查结果中可以看到,影响休闲决策的因素中,排前三位的分别是"心情""兴趣爱好"和"身体健康状况"。本次调查中排序第一的"心情"在前两次调查中排名分别为第三和第七,相对比较接近。但在前两次调查中,被认为是第二大影响因素的"收入水平高低",在 2019 年的调查中排名第十,影响程度下降明显,相反在之前被认为影响作用不强的"身体健康状况"却跃升至第三位。说明随着社会经济的快速发展和生活水平的改善,身心健康和内在价值需求越来越成为影响休闲决策的重要因素。

第二,从休闲决策影响因素重要性的变化趋势来看,一方面,休闲决策重要性程度提升最高的因素主要集中在休闲场所管理水平、休闲产品宣传与推荐、休闲设施质量、休闲服务水平等体现休闲产品及设施的服务管理方面,而这正印证了武汉居民在进行休闲决策时更加注重休闲设施和产品本身,体现出更高的服务需求。另一方面,重要性程度下降最显著的因素主要体现在心情、收入水平高低、休闲方式健身性等方面。随着国民休闲时代的到来,休闲成为日常生活的一部分。居民进行休闲活动时所受的个人心理和经济水平的影响已经开始弱化。

第四节　居民休闲满意度

一、休闲活动满意度

(一)武汉居民休闲活动满意度特征

本书参考比尔德以及拉吉卜休闲体验的六大层面内容[2]和邱扶东《心理学

---

①　楼嘉军.休闲新论[M].上海:立信会计出版社,2005:279.

②　Beard J G, & Ragheb M G. Measuring leisure satisfaction[J]. Journal of Leisure Research,1980
(1):20-33.

范式的旅游决策研究》①,将休闲活动满意度细分为情绪体验、审美体验、健康体验、认知体验、个人价值体验及群体关系体验这六个方面,设计了19个选项进行调查。经过调查统计,武汉居民休闲活动满意度情况见表3－26。

表3－26　2004年、2014年和2019年武汉居民休闲活动满意度情况

休闲生活满意度		选项均值			类别均值			2014年与2004年均值差异	2019年与2014年均值差异	sig
		2004年	2014年	2019年	2004年	2014年	2019年			
情绪体验	减轻或消除生活、工作压力	2.73	2.84	2.83	2.64	2.64	2.55	0.00	−0.09	0.888
	减轻或消除心理上的消极情绪	2.69	2.84	2.86						
	获得心灵平静	2.66	2.49	2.46						
	暂时远离烦嚣的都市,回归自然	2.55	2.53	2.32						
	暂时远离拥挤的人群,回归自我	2.59	2.59	2.30						
审美体验	放松心情,获得愉快的体验	2.87	3.03	2.96	2.71	2.79	2.77	0.06	−0.02	0.050
	丰富兴趣爱好	2.68	2.76	2.68						
	陶冶情操,满足审美需要	2.57	2.57	2.68						
健康体验	锻炼身体,保持健康	2.60	2.87	2.73	2.60	2.87	2.73	0.27	−0.14	0.000
认知体验	扩大视野,获得新知识、经验	2.75	2.69	2.64	2.68	2.67	2.62	−0.01	−0.05	0.902
	提高自己对社会的认识能力	2.61	2.66	2.60						

① 邱扶东.心理学范式的旅游决策研究[D].上海:华东师范大学,2004.

休闲生活满意度		选项均值			类别均值			2014 年与 2004 年均值差异	2019 年与 2014 年均值差异	sig
		2004 年	2014 年	2019 年	2004 年	2014 年	2019 年			
个人价值体验	加深对自己的了解	2.56	2.52	2.35	2.38	2.43	2.34	0.05	−0.09	0.211
	挖掘自己的潜能	2.42	2.37	2.26						
	实现自己的价值	2.38	2.40	2.30						
	因完成某些活动获得成就感	2.52	2.59	2.64						
	刺激单调生活，满足冒险需要	2.16	2.36	2.38						
	满足挑战自我、挑战自然的需要	2.21	2.33	2.13						
群体关系体验	调整与家人朋友的关系，增进亲情和友情	2.80	2.98	2.84	2.69	2.92	2.79	0.23	−0.13	0.000
	扩大交际范围，获得新的友谊或经历	2.57	2.86	2.73						
休闲活动满意度					2.62	2.72	2.63	—	—	0.000

第一，从总体上说，在跨期 15 年的三次调查中，武汉居民的休闲活动满意度出现先升后降的情况，即由 2004 年的 2.62 上升至 2014 年的 2.72，又下降至 2019 年的 2.63。前 10 年武汉居民对休闲活动所带来的情绪、审美、健康、个人价值及群体关系等多项体验的成效比较满意，说明武汉城市休闲产业的发展、居民休闲活动的丰富性以及休闲方式的多样性得到了大多数市民的认同。但最近 5 年，即 2014—2019 年，武汉居民对情绪体验、健康体验、个人价值体验及群体关系体验这 4 个方面的认可度明显降低。

第二，2014 年的调查中休闲活动的"健康体验"满意度提升，得到了武汉居民的认同，即该项活动的满意程度由 2004 年的 2.60 显著提升至 2014 年的 2.87。但 2014 年至 2019 年间，"健康体验"满意度在同比之下，出现最大幅度的下降，即降至 2.73，降幅为 0.14。这在一定程度上表明，武汉居民对于休闲体育较为重视,但随着经济和社会的发展,居民对此的要求也越来越高。这种重视和提升来源于两方面的动力:一是城市生活及工作压力让多数城市居民处于"亚健康"状态,深受困扰的居民希望能够通过休闲活动达到强身健体的目的;二是城市可供居民参与体育锻炼的设施设备日益完善。近年来,武汉市政府日益重视全民健身公共服务体系的建设,武汉市体育局统计数据显示,截至 2016 年底,武汉体育健身场地数量为 22 000 个,场地总面积达 1 460.24 万平方米,每万人拥有体育场地 18.80 个,人均体育场地面积(按常住人口计算)为 1.43 平方米。2020 年末,武汉共有专业体育场馆 158 个,体育场地面积为 2 349.81 万平方米,位居全国同类城市中游水平。尽管随着武汉城市体育设施空间布局的日益完善,休闲的健康体验功能将进一步凸显,但武汉居民对场地需求、设施水平和服务质量的要求越来越高,因此近 5 年的满意度有所下降。

第三,武汉居民对"群体关系体验"和"审美体验"的满意度在横向对比中最高,特别是居民对休闲活动能"调整与家人朋友的关系,增进亲情和友情""放松心情,获得愉快的体验"的感知较高。这与近 15 年来,武汉居民日益凸显的"外出型、社交型"的休闲方式的转变趋势相吻合。2004 年更多的居民选择待在家里看电视来消磨闲暇时间,而随着城市休闲设施的建设和完善,在 2014 年和 2019 年的调查中居民外出的倾向明显,这与群体价值的提升直接相关。

(二) 休闲活动满意度因子分析及变化趋势

1. 休闲活动满意度因子分析

为了将居民休闲活动满意度的现状归纳成更为简洁、更易于理解的条目,同时揭示出庞杂信息下隐含的结构内涵,本研究对休闲活动满意度进行了探索性因子分析,对问卷中影响休闲活动满意度的 19 个题项进行了方差极大旋转(Varimax Rotation)的主成分分析(Principal Component Analysis)。在因子分析过程中,变量间的相互关联矩阵分析结果显示绝大多数变量呈显著关联,且KMO 检验和 Bartlett 球形检验均反映变量数据适合进行因子分析,详见表 3 - 27。

表 3 - 27 休闲活动满意度因子分析 KMO 和 Bartlett 的检验

KMO 取样适切性量数		0.86
Bartlett 球形检验	近似卡方	3 487.561
	自由度	171
	显著度	0.000

　　在因子分析过程中,提取因子项的数目是通过计算变量的共同度以及检验因素特征值来控制的,对单个条目的特征值小于 0.4 的进行删除。总体变异解释信息以及因子载荷矩阵显示的 19 条具体的休闲满意度条目可以归结到 6 个因素项内,其累计解释变异为 70.135%。在研究过程中,对 6 个初步归纳出的因子项进行内在一致性检验可以发现,各因子都能显示出清晰的内在显示含义,见表 3 - 28。

表 3 - 28　休闲活动满意度的因子分析结果

因　子	题　　项	因子载荷	题项均值	信度	因子均值	特征值	方差贡献率
因子 1：休闲放松功能	1. 减轻或消除生活、工作压力	0.845	2.83	0.796	2.88	2.473	13.018
	2. 减轻或消除心理上的消极情绪	0.773	2.86				
	3. 放松心情,获得愉快的体验	0.824	2.96				
因子 2：休闲发展功能	6. 陶冶情操,满足审美需要	0.66	2.68	0.765	2.70	1.942	10.233
	7. 锻炼身体、保持健康	0.78	2.73				
	8. 丰富兴趣爱好	0.581	2.68				
因子 3：休闲心理调节功能	9. 提高自己对社会的认识能力	0.485	2.87	0.500	2.53	1.857	9.771
	10. 刺激单调生活,满足冒险需要	0.78	2.60				
	11. 满足挑战自我,挑战自然的需要	0.547	2.13				
因子 4：休闲情绪功能	12. 暂时远离烦嚣的都市,回归自然	0.825	2.32	0.730	2.36	3.300	17.366
	13. 暂时远离拥挤的人群,回归自我	0.866	2.30				
	14. 获得心灵平静	0.838	2.46				
	15. 加深对自己的了解	0.657	2.35				
因子 5：休闲自我实现功能	5. 扩大视野,获得新知识、经验	0.501	2.64	0.488	2.40	2.050	10.789
	16. 挖掘自己的潜能	0.718	2.26				
	17. 实现自己的价值	0.797	2.30				

续　表

因　子	题　　项	因子载荷	题项均值	信度	因子均值	特征值	方差贡献率
因子6：休闲群体社交功能	18. 调整与家人朋友的关系,增进亲情和友情	0.761	2.84	0.633	2.79	1.704	8.996
	19. 扩大交际范围,获得新的友谊或经历	0.808	2.73				

　　结合以往文献研究①及实践意义,本书从休闲功能角度对6个因子进行命名。因子1可概括为休闲放松功能,主要是指休闲活动能减轻或消除生活、工作压力,减轻或消除心理上的消极情绪,使人放松心情、获得愉快体验等,让人们从日常的工作中解脱出来;因子2可以概括为休闲发展功能,主要是指居民在进行休闲活动以后,能够陶冶情操,满足审美需要,锻炼身体、保持健康,丰富兴趣爱好等,往往是通过参与积极休闲活动后所带来的提升和发展;因子3可以概括为休闲心理调节功能,通过参与休闲活动,能提高自己对社会的认识能力,满足冒险及挑战自我的需求;因子4可以概括为休闲情绪功能,通过休闲活动实现自我情绪的平复和心灵平静;因子5可以概括为休闲自我实现功能,通过休闲活动,满足认识自我,实现自我价值,扩大视野,获得新知识、经验的高层次需求;因子6可以概括为休闲群体社交功能,通过休闲活动达到社会交往、群体情感加深的目的。

　　2. 休闲活动满意度变化趋势及分析

　　在2004—2019年的15年时间里,武汉居民休闲活动的满意度呈现先升后降的情况,即总体满意从2004年的2.55升至2014年的2.64,又回落至2019年的2.61,见表3-29。

表3-29　2004年、2014年和2019年休闲活动满意度变化趋势

因　子	2004年(n=248)	2014年(n=407)	2019年(n=400)	2014与2004年均值差异(d)	sig	2019与2014年均值差异(d)
因子1：休闲放松功能	2.76	2.90	2.88	0.14**	0.002	−0.02
因子2：休闲发展功能	2.62	2.69	2.7	0.07	0.087	0.01

----

①　楼嘉军.休闲新论[M].上海:立信会计出版社.2005:160-173.

因　子	2004 年 (n＝248)	2014 年 (n＝407)	2019 年 (n＝400)	2014 与 2004 年均 值差异(d)	sig	2019 与 2014 年均 值差异(d)
因子 3：休闲心理调节功能	2.19	2.35	2.53	0.16**	0.005	0.18
因子 4：休闲情绪功能	2.60	2.52	2.36	−0.08	0.129	−0.16
因子 5：休闲自我实现功能	2.45	2.43	2.4	−0.02	0.696	−0.03
因子 6：休闲群体社交功能	2.69	2.92	2.79	0.23**	0.000	−0.13
休闲活动满意度	2.55	2.64	2.61	0.08	0.153	−0.03

注：带＊＊值在 95％的置信区间单位内,均值差异显著。

其中,居民对休闲活动的发展功能和调节功能的满意度在三次调查中均明显提升,即武汉居民认可休闲活动带来的陶冶情操、锻炼身体、保持健康、丰富兴趣爱好、认识自我,实现自我价值、扩大视野、获得新知识与经验等价值。但居民对休闲情绪功能的满意度在三次调查中均有明显下降,说明武汉居民认为近年的休闲活动在回归自然、回归自我,平复情绪等方面还有所欠缺。

二、休闲环境满意度

休闲环境是指一个地区原有的自然环境和提供的服务环境,在本次调查中又将其细化为休闲方式多样性、休闲活动设施完善性、休闲活动时尚性、休闲气氛浓厚性、休闲产业发达性及休闲环境安全性六个指标进行分类探讨。武汉市休闲活动环境满意程度的最终统计数据见表 3-30。

表 3-30　2004 年、2014 年和 2019 年武汉居民休闲环境满意度

休闲环境评价	2004	2014	2019	2014 与 2004 年 均值差异	sig	2019 与 2014 年 均值差异
休闲方式丰富多样	2.62(1)	2.99(4)	2.96(2)	0.37	0.000	−0.03
休闲活动设施完善	2.35(3)	3.05(2)	2.90(4)	0.70	0.000	−0.15
休闲时尚走在全国前列	1.98(6)	3.08(1)	2.81(6)	1.10	0.000	−0.27

休闲环境评价	2004	2014	2019	2014 与 2004 年均值差异	sig	2019 与 2014 年均值差异
休闲气氛浓厚	2.34(4)	2.87(6)	2.86(5)	0.53	0.000	−0.01
休闲产业发达	2.13(5)	2.94(5)	2.94(3)	0.81	0.000	0.00
休闲环境安全性	2.46(2)	3.00(3)	2.98(1)	0.52	0.000	−0.02
休闲环境满意度	2.31	2.99	2.91	0.67	0.000	−0.08

注：均值旁括号内的数字为均值的排序名次。

第一，从休闲环境满意度总值来看，武汉居民对于现有的休闲环境的满意度呈现先升后降的情况。即对休闲环境的满意度指数由 2004 年的 2.31 迅速提升至 2014 年的 2.99，然后又回落至 2019 年的 2.91，但总体满意度依然较高。在所列举的六个指标中，居民对"休闲产业发达"这一项的满意度一直持正面看法，而对"休闲方式丰富多样""休闲环境安全性"的满意度最高。

第二，武汉休闲环境评价已发生颠覆性变革，各评价指标均有不同程度的提升。2004 年的调查显示，武汉居民对休闲方式多样性比较认同，而休闲时尚所获得的认同度最低，反映出当时武汉居民的休闲方式还主要停留在逛街、购物、饮食、闲聊和文体娱乐、餐饮聚会等传统休闲项目上，时尚性、新颖性不足，缺乏一定的时代气息。但是 2014 年的调查结果显示，武汉居民对休闲时尚性和休闲设施的完善性的认同度已经大幅提升，从侧面解释了近年武汉当地对休闲氛围的营造及配套设施的建设做出了重大调整，武汉居民崇尚创新、勇于开拓的地域品质已经在休闲方式的选择及对休闲生活质量的追求中得到了不断提升。在 2019 年的调查中，武汉居民对"休闲方式丰富多样"和"休闲环境安全"的评价稍有降低，而对"休闲时尚走在全国前列"的评价则前后出现巨大差异，即在 2004 年的调查中评价垫底（均值为 1.98），在 2014 年的调查中攀升至最高（均值为 3.08），但在 2019 年的调查中却又下滑至最后一名，满意度均值降至 2.81，说明武汉居民对此的认知比较模糊，缺乏有效、准确、稳定的判断依据，外部因素等波动对其判断的影响很大。

第四章　成都居民休闲方式、影响因素与满意度分析

第一节　研究背景

我国城市化进程从进入 21 世纪开始快速推进,信息技术的发展更是深刻地影响了人们的生产和生活,城市居民的休闲方式也随之发生转变。成都,一座以休闲文化著称的城市,近年来在最具活力休闲城市、中国十大休闲城市、中国品质休闲城市等排行榜中多次高居前列。2004 年以来,成都休闲产业不断发展和完善,休闲产业能力进一步提高。15 年来,成都第三产业占 GDP 的比重增长至53.2%;社会消费品零售总额从 880.76 亿元增长至 6 403.50 亿元;城市居民人均可支配收入从 10 394 元增长至 42 128 元。除此之外,城市居民家庭人均消费性支出也有很大增幅,表明成都居民生活水平和消费水平都有所提升,见表 4-1。

表 4-1　2004 年、2014 年和 2019 年成都第三产业与消费水平主要数据对比

年　份	第三产业占GDP 的比重/%	社会消费品零售总额/亿元	城市居民人均可支配收入/元	城市居民家庭人均消费性支出/元
2004 年	52.10	880.76	10 394	8 997
2014 年	51.60	4 468.88	32 810	21 711
2019 年	53.20	6 403.50	42 128	27 312

从 2004 年到 2019 年的 15 年期间,成都城市休闲化进程中经济与产业发展、休闲产品与服务、休闲空间与环境、休闲生活与消费里所包含的绝大多数三级指标都呈上升趋势。一方面,体现经济水平的国内生产总值与人均国内生产总值上升幅度较大,体现了我国经济快速发展、稳中向好的发展态势。另一方面,2019 年城市化水平产业发展的社会消费品零售总额、住宿和餐饮业零售总额均有较大幅度提升,城市居民家庭恩格尔系数有所下降,体现出成都居民对于

社会商品购买力的实现程度逐渐提升，人们的物质文化生活水平进一步提高。最后，2019 年入境旅游人数与民用航空旅客发送量较 2014 年有明显提升，体现出在成都近年来着力打造休闲城市、建设"三城三都"的背景下，当地的休闲化氛围更加浓厚，更能吸引外地游客驻足，且当地居民的消费结构也正从以物质产品为主导的消费需求转向以精神产品为主导的消费需求。具体见表 4－2。

表 4－2　2004 年、2014 年和 2019 年成都城市休闲化发展水平

一级指标	二级指标	三 级 指 标	2004 年	2014 年	2019 年
经济与产业发展	经济水平	国内生产总值(亿元)	2 031.07	10 056.59	13 889.39
		人均国内生产总值(元)	19 167	70 019	86 911
	城市化水平产业发展	城市化率(%)	42.80	70.30	75.00
		第三产业产值占 GDP 比重(%)	52.10	51.60	53.20
		第三产业就业人数占全部就业人数的比重(%)	35.20	48.70	51.50
		社会消费品零售总额(亿元)	880.76	4 468.88	6 403.50
		住宿和餐饮业零售总额(亿元)	157.22	329.25	615.40
		批发、零售、住宿和餐饮业从业人数(万人)	27.40	136.72	168.85
休闲产品与服务	文化设施	博物馆数量(个)	—	65	150
		图书馆数量(个)	21	22	23
		文化馆数量(个)	20	22	23
		星级饭店数量(个)	—	128	103
	游客接待规模	国内旅游人数(万人次)	—	18 423.00	20 703.80
		入境旅游人数(万人次)		197.80	301.34
		轨道交通客运量(万人次)	—	—	80 176.80
		公路运输客运量(亿人千米)	100.49	123.10	88.50
		铁路运输客运量(亿人千米)	290.92	—	72.10
		民用航空旅客发送量(亿人千米)	142.83	629.30	954.70

一级指标	二级指标	三　级　指　标	2004 年	2014 年	2019 年
休闲空间与环境	居住空间城市绿化	市区人均居住面积(m²)	20.30	37.87	43.45
		城市(建成区)绿化覆盖率(%)	36.10	35.90	43.20
		城市园林绿地面积(公顷)	12 751	6 310	7 892
		城市人均公园绿地面积(m²)	9.15	9.30	12.70
	城市环境	空气质量达到及好于二级的天数与全年天数占比(%)	—	61.00	70.30
		环境噪声达标指数(等级声数)	—	54.20	55.30
休闲生活与消费	居民消费	城市居民家庭恩格尔系数(%)	35.40	39.80	33.70
		城市居民人均可支配收入(元)	10 394	32 810	42 128
		城市居民家庭人均消费性支出(元)	8 997	21 711	27 312
		城市居民人均医疗保健消费支出(元)	583	685	1 006
		城市居民人均交通通信消费支出(元)	—	2 018	2 874
		城市居民人均教育文化娱乐服务消费支出(元)	1 073	1 687	2 386
	家庭休闲设备	每百户城市居民家庭年末彩色电视机拥有量(台)	147.10	123.75	127.65
		每百户城市居民家庭年末家用电脑拥有量(台)	42.10	59.96	69.78

第二节　人口统计学特征

一、调查样本的基本信息

成都城市居民休闲方式调研分别于 2004 年 7 月、2014 年 6 月和 2019 年

6月开展,三次调研采用了同一份问卷,结构一致,题项设置基本相同,少数具体问项根据社会经济变化有所调整;三次调研全部采用纸质问卷,通过人工发放回收,主要在公园、图书馆、博物馆、商场、景区等城市公共场所进行。2004年的调研共发放问卷250份,回收有效问卷237份;2014年的调研共发放问卷430份,回收有效问卷408份;2019年的调研共发放问卷450份,回收有效问卷441份。三次调研样本的人口统计学基本信息包括性别、年龄、婚姻状况、月收入、文化程度、职业,三次调研受访者的基本情况见表4-3。

表4-3　2004年、2014年和2019年人口统计学特征(单位:%)

类　　　别		2004年	2014年	2019年
性别	男	53.20	50.10	52.61
	女	46.80	49.90	47.39
年龄	18岁以下	1.70	12.90	0.00
	18~25岁	25.30	27.10	19.73
	26~35岁	40.90	16.50	22.45
	36~45岁	16.50	19.90	20.41
	46~60岁	13.10	16.00	17.91
	60岁以上	2.50	7.50	19.50
婚姻状况	未婚	42.60	38.50	34.24
	已婚	57.40	61.50	65.76
月收入	1 000元及以下	20.30	11.40	2.27
	1 001~3 000元	47.30	22.00	9.98
	3 001~5 000元	23.30	43.20	26.76
	5 001~8 000元	7.60	8.00	27.44
	8 001~10 000元	1.70	7.80	16.55
	10 001~15 000元		6.20	8.84

续　表

类　别		2004 年	2014 年	2019 年
月收入	15 001～20 000 元	1.70	0.80	4.54
	20 000 元以上		0.80	3.63
文化程度	初中及以下	7.60	11.10	13.83
	高中(中专、职校)	24.10	31.50	24.04
	本科及大专	61.20	55.80	45.12
	硕士及以上	7.20	1.60	17.01
职业	企、事业单位职工	27.00	30.00	15.19
	企、事业单位管理人员	29.50	20.90	17.91
	公务员	3.80	12.40	5.67
	私营企业主、个体经营户	2.10	1.40	15.65
	自由职业者	13.50	7.20	17.01
	学生	8.40	16.50	—
	离退休人员	—	3.40	15.87
	其他从业者	15.60	7.80	12.70

二、调查样本的人口学特征

(一) 性别

2004 年的调研样本中,53.20％为男性,46.80％为女性。2014 年的调研样本中,50.10％为男性,49.90％为女性。2019 年的调研样本中,52.61％为男性,47.39％为女性。三次调研样本的性别比例基本持平,可以客观反映出不同性别对休闲生活偏爱的基本特征。

(二) 年龄

2019 年的调研排除了 18 岁以下的不具备独立经济能力的未成年人。三次调研的核心受访者为 18～45 岁的中青年人,与其他年龄段的群体相比,他们对休闲活动的参与有较强的主观能动性,对休闲活动的实现具有较强的保障性。

（三）婚姻

2004 年的调研样本中，已婚人士的比例为 57.40％；2014 年的调研样本中，已婚人士的比例提升至 61.50％；2019 年的调研样本中，已婚人士的比例进一步提升至 65.76％。

（四）个人月收入

2004 年的调研样本中，月收入的调研区间为 1 000 元及以下、1 001～3 000 元、3 001～5 000 元、5 001～8 000 元、8 000 元以上，受访者比重分别为 20.30％、47.30％、23.30％、7.60％、1.70％。

2014 年的调研样本中，月收入的调研区间为 1 000 元及以下、1 001～3 000 元、3 001～5 000 元、5 001～8 000 元、8 001～10 000 元、10 001～15 000 元、15 001～20 000 元、20 000 元以上，受访者比重分别为 11.40％、22.00％、43.20％、8.00％、7.80％、6.20％、0.80％、0.80％。

2019 年的调研样本中，月收入的调研区间为 1 000 元及以下、1 001～3 000 元、3 001～5 000 元、5 001～8 000 元、8 001～10 000 元、10 001～15 000 元、15 001～20 000 元、20 000 元以上，受访者比重分别为 2.27％、9.98％、26.76％、27.44％、16.55％、8.84％、4.54％、3.63％。

从调研结果中可以看出，15 年来成都居民的收入明显提高，特别是中产阶级及高收入人群数量的激增可以更好地拉动城市休闲消费，推动居民休闲活动多样化发展。

（五）文化程度

2004 年的调研样本中，文化程度为初中及以下、高中（中专、职校）、本科及大专、硕士（包括双学位）及以上的人群占比分别为 7.60％、24.10％、61.20％、7.20％；2014 年的调研样本中，文化程度为初中及以下、高中（中专、职校）、本科及大专、硕士（包括双学位）及以上的人群占比分别为 11.10％、31.50％、55.80％、1.60％；2019 年的调研样本中，文化程度为初中及以下、高中（中专、职校）、本科及大专、硕士（包括双学位）及以上的人群占比分别为 13.83％、24.04％、45.12％、17.01％。从三次调研数据来看，2019 年硕士及以上学历的样本比例最高，一定程度上反映了城市居民文化程度的优化。

（六）职业

在职业方面，三次调研的样本有所不同，2004 年未将离退休人员纳入调研范围，2019 年的调研排除了在校大学生样本。在 2004 年的调研样本中，企、事业单位管理人员占比最高，达到了 29.50％，其次是企、事业单位职工，占比为 27.00％，其余样本占比排序依次是其他从业者、自由职业者、学生、公务员、私营企业主和个体经营户,占比分别为15.60%、13.50%、8.40%、3.80%、2.10%;2014年的调研样本中,企、事业单位职工,企、事业单位管理人员所占比例基本持平,分别为30.00%和20.90%,但是公务员人群占比有明显的上升,达到了12.40%,私营企业主和个体经营户、自由职业者、学生、离退休人员、其他从业者的占比分别为1.40%、7.20%、16.50%、3.40%、7.80%;2019年的调研样本中,企、事业单位职工,企、事业单位管理人员以及公务员的占比都有不同程度的降低,其占比分别为15.19%、17.91%和5.67%,但是私营企业主和个体经营户、自由职业者的占比有明显的增加,其占比分别为15.65%和17.01%,离退休人员和其他从业者的占比分别为15.87%和12.70%。这些数据在一定程度上反映了社会经济发展的多元化。

综上所述,三次受访者中已婚人士、中青年人、高学历背景人士占有较大比重,他们文化素质普遍较高,有稳定的收入,这样的统计结果有利于研究成都居民休闲活动的特点,也为研究的真实性和普遍性奠定了基础。

第三节　居民休闲方式

本节主要从休闲动机与休闲同伴选择、休闲活动倾向、休闲场所选择、时间分配与休闲花费等方面对成都城市居民的休闲方式进行较为全面的比较分析,从性别、收入和文化程度等不同群体视角进行了休闲方式选择的交叉分析,进一步对其发展趋势进行了研判。

一、休闲动机与休闲同伴选择

(一)休闲动机

第一,从总体来看,三次调研结果的数据显示,成都城市居民休闲动机呈现出以"放松身心"为主,其他休闲方式选择日趋丰富和时尚的趋势。究其原因可能是随着社会节奏的加快、工作压力的增大,放松身心始终是促使城市居民从事休闲活动的首要动力。同时,随着自我需求的提升,其他促使成都城市居民从事休闲活动的动力正日益丰富,并成为重要休闲动机。

第二,成都居民自我发展的休闲动机的侧重点基本稳定。2004年,成都居民选择"开阔眼界"的比例为17.16%,其次是"锻炼身体""怡情养性",占比分别为14.77%和14.63%;2014年选择"开阔眼界"的人数下降了14.66个百分点,但是选择"锻炼身体"和"怡情养性"休闲动机的人数均有提升,占比分别为16.88%和

17.14％;2019 年选择"开阔眼界"的人相对于 2014 年来说有所增加,占比为 7.03％,选择"锻炼身体""怡情养性"的人数基本稳定,占比分别为 14.06％和 15.57％。

第三,成都居民出于社交需求进行休闲活动的比例变化不规律。从 2004 年到 2019 年,成都居民选择"开阔眼界""扩大交际"的比例变化幅度较大,"商务需要"的选择比例则较为稳定,且三次都在 6％以下。随着社会经济的发展,城市商务沟通客观上明显增加,但仍未成为重要的休闲动机,可解读为成都市居民将"休闲"与"商务"区别对待。

第四,成都居民休闲动机多样化。在 2019 年的调研中,居民休闲动机增加了"自我实现"和"家人团聚"两个选项,最终的调研结果显示其占比分别为 7.33％和 10.28％。表明随着社会的发展,居民不再将休闲时间拘泥于固定的目的,而是希望通过休闲时间完成更多的目标。

2004 年、2014 年和 2019 年成都居民休闲动机选择的调研结果见表 4-4。

表 4-4　2004 年、2014 年和 2019 年成都居民休闲动机选择(单位: ％)

休闲动机	2004 年	2014 年	2019 年
放松身心	27.71	30.15	22.75
怡情养性	14.63	17.14	15.57
家人团聚	—	—	10.28
锻炼身体	14.77	16.88	14.06
扩大交际	13.50	17.23	7.33
开阔眼界	17.16	2.50	7.03
消磨时间	6.89	10.34	11.11
自我实现	—	—	7.33
商务需要	4.92	5.77	4.23
其　　他	0.42	0.00	0.30

(二) 休闲同伴选择

从休闲同伴的选择结果来看,三次调研总体上呈现出从人际关系核心圈到非核心圈再到核心圈的回归。选择家人的比例从 2004 年到 2014 年大幅下降，而从 2014 年到 2019 年则强势提高。选择朋友的比例从 2004 年到 2014 年有所增长，而从 2014 年到 2019 年则呈较大幅度下降，但选择比例仍然仅次于家人，因此亲朋好友一直都是成都居民最重要的休闲同伴。选择同事的比例从 2004 年到 2014 年大幅上升，从 2014 年到 2019 年则有所下降。选择单独出行的比例从 2004 年到 2014 年小幅增加，到 2019 年基本持平，一直保持高位。

2004 年、2014 年和 2019 年成都居民休闲同伴选择调研结果见表 4-5。

表 4-5　2004 年、2014 年和 2019 年成都居民休闲同伴选择（单位：%）

休闲同伴	2004 年	2014 年	2019 年
家　人	42.60	10.90	38.10
朋　友	41.80	55.00	37.41
同　事	7.20	22.50	14.06
单　独	6.30	9.60	9.52
其　他	2.10	2.10	0.91

（三）休闲动机与同伴选择结果分析

上述结果说明 15 年来成都居民参与休闲活动的动机和同伴选择重心发生了变化。

从休闲动机来看，成都城市居民的休闲动机以"放松身心""减轻压力"为主，居民休闲方式选择日趋丰富和时尚。站在当今人们的生活构成角度看，休闲已经成为工作、睡眠以及必要的社会活动之外的第四生活状态。所以对城市居民生活而言，休闲已经不可或缺了。就休闲本身而言，其最基本的功能是行动自由自在、精神无忧无虑、身体轻轻松松，所以成都城市居民的休闲动机以"放松身心""减轻压力"为主既是享受朴实生活的一种自然体现，也是精神价值诉求的必然流露。

从休闲同伴选择来看，第一，成都城市居民休闲同伴的主体由家人与朋友构成，两者覆盖了成都城市居民休闲生活的绝大部分时段和空间，所以家人和朋友是陪伴人们的两大群体。第二，城市化的加速发展让成都城市居民逐渐脱离了传统的家庭和单位两点一线的生活轨迹，因此日常休闲活动、行为以及交往关系已经从传统生活模式中分离出来形成新的模式。第三，各种娱乐场所如雨后春笋般涌现，尤其是成都的酒吧数量近年来均位居全国第一,为成都城市居民休闲活动提供了舒适的娱乐环境、宽敞的娱乐空间。第四,成都城市居民在休闲同伴选择上表现出接受外来文化、走向个人主义的发展趋势,但同时也保留着中国传统中集体主义的观念,凸显出成都城市居民在休闲活动中两种价值倾向的相对稳定性。

二、休闲活动倾向

(一)平时休闲活动选择

从总体上看,在平时,由于时间和空间的局限,成都居民主要选择在家中或者家附近进行娱乐消遣型休闲活动。从数据上看,居民在休闲活动选择上存在一定的失衡现象,表明在工作压力突增的现代社会环境中,成都居民平时休闲活动类型具有显著的单调性和趋同性,人们偏向于用最省力便捷的休闲活动让自己身心放松下来。从 2014 年到 2019 年,单纯上网的比例下降,看电视的比例反而上升,这与移动互联网、平板电脑和手机的使用频率增加有关。

通过比较发现,第一,居民选择"逛街、购物、饮食、闲聊"的比例大幅度下降,从 2004 年的 50.63% 到 2014 年的 21.71%,再降到 2019 年的 17.46%。究其原因主要是成都居民休闲时间有限,同时网络休闲正逐步改变居民的休闲活动选择。成都居民上网比例增加的同时,网络休闲活动逐渐多样化,居民在线购物、交流的需求得到满足,在一定程度上减少了对非网络休闲活动的依赖。

第二,成都居民选择参观访问的比例大幅度增加,选择比例从 2004 年的 4.22% 上升至 2014 年的 16.02%,虽然 2019 年相对于 2014 年来说下降了 1.73 个百分点,但变化幅度较小。一方面显示了居民在日常工作之余善于利用博物馆、科技馆等公共场所来扩充自己的知识储备;另一方面,成都在博物馆建设方面加大投入,使得成都博物馆数量从 2014 年的 33 个增长至 2019 年的 150 个,分布在各个区县,很好地满足了大部分成都居民了解成都文化、扩充知识、进行休闲放松的需要,但近年来平时比例的下降仍反映出休闲时间不足影响下的休闲选择。

第三,选择"体育健身"的人在 2004 年的占比为 29.11%,2014 年的占比为 12.92%,2019 年的占比为 12.93%,虽然占比有所下降,但是 2019 年有较多的人选择"散步",占比达到了 29.02%。同时,"业余爱好、桌游、棋牌"等娱乐消遣型活动的选择从 2004 年的 35.02% 降至 2019 年的 9.07%,变化幅度较大。以上结果表明,一方面,随着人们平时休闲时间的相对减少,人们更重视身体健康,开始逐步参与健身休闲运动;另一方面,由于成都近年来着力建设公园城市,并提升城市文化挖掘深度,偏向选择"散步""阅读"来提升自身素质的市民逐渐增多。

第四,选择"旅游度假"的人数大量增加,从 2004 年的 7.17% 到 2014 年的 17.31%,变化幅度较大,虽然 2019 年有所下降,但幅度较小。随着我国带薪休假体制的逐渐成熟,居民在休闲时间和休闲活动的选择上更加自由,且随着农家乐、度假村的建设,越来越多的居民愿意在平时抽出时间进行休闲旅游,放松身心。

2004 年、2014 年和 2019 年成都居民平时休闲活动选择的调研结果见表 4 - 6。

表 4 - 6 **2004 年、2014 年和 2019 年成都居民休闲活动选择**(单位:%)

休闲活动	平 时			周 末			黄金周		
	2004	2014	2019	2004	2014	2019	2004	2014	2019
旅游度假	7.17	17.31	15.65	19.83	13.18	12.24	72.57	58.91	55.56
参观访问	4.22	16.02	14.29	15.19	10.08	28.57	26.58	8.70	20.18
上 网		64.60	33.33		41.60	22.00		41.86	18.59
看电视		44.96	58.05		33.33	21.09		19.90	12.47
看电影	89.45	41.09	32.88	59.92	38.76	31.29	34.18	23.77	11.56
看演唱会、音乐会等		10.34	4.99		19.64	14.97		14.99	12.93
逛街、购物、饮食、闲聊	50.63	21.71	17.46	56.12	13.18	30.61	41.77	41.34	39.68
吧式消费	27.43	18.86	17.00	27.43	23.26	10.66	8.44	23.77	8.16
养花草宠物	14.35	3.36	25.40	6.75	4.13	24.03	3.80	4.91	11.56
体育健身	29.11	12.92	12.93	29.54	20.41	24.49	22.78	4.13	9.75
散 步	—	—	29.02	—	—	29.71	—	—	28.57
阅 读	—	—	21.09	—	—	20.86	—	—	18.37
社会活动	14.35	18.35	1.59	27.00	19.64	2.72	44.30	9.56	5.22
业余爱好、桌游、棋牌	35.02	23.51	9.07	31.22	42.9	19.27	20.68	7.24	28.57
休闲教育	7.17	1.81	7.03	5.91	5.94	6.58	6.33	0.52	17.01
其 他	0.42	0.78	0.23	1.69	0.78	0.91	1.27	0.78	1.81

（二）周末休闲活动选择

成都 2004 年、2014 年和 2019 年的居民周末休闲活动选择调研结果见表 4－6。

第一，从总体上看，由于周末的休闲时间比平时相对更多且休闲空间的选择余地较大，因此成都居民的休闲活动选择发生了一定的变化。虽然三次调研结果中，"看电视、影视娱乐和上网"依旧是最热门的休闲活动，但是相较于平时，各项选择的比例均有所下降，而其他外出型和社交型休闲活动比例则有所上升，因为相较于平时碎片化休闲时间来说，在周末，成都居民拥有更完整、更大段的休闲时间，所以会更多地选择外出，而非将休闲时间耗在家中或家附近。

第二，成都居民周末休闲活动的常态之一是看电影。2019 年成都拥有 209 家电影院，成都总票房突破 18 亿元，保持较快增长，排名继续稳居上海、北京、广州、深圳之后的第五名。电影成为成都居民周末最为喜爱的休闲活动之一，一方面是因为成都居民周末休闲时间相对减少，看电影可以使居民在较短的时间内接受新鲜事物的同时放松休息；另一方面，电影院是一个居民聚集的社交场所，在观影中可以找到趣味相投的伙伴，扩大人际交流。

第三，选择"养花草宠物"的人越来越多，2004 年和 2014 年的占比非常小，只有 6.75% 和 4.13%，甚至 2014 年相对于 2004 年来说有小幅度的下降，然而 2019 年突然增加至 24.03%。表明随着社会的发展，生活压力逐渐增大，越来越多的人选择"养花草宠物"，从而能够有一种精神寄托，掀起了一股年轻群体养育多肉植物、宠物的热潮。而周末休闲时间相对较多，所以人们愿意将更多的时间花费在养花草宠物上，以慰藉平时工作疲惫的身心。

第四，在三次调研中居民对"体育健身"的选择比例相较于平时有所增加，表明在时间充裕的前提下，居民更多地通过体育健身这种自我提升型休闲活动来代替传统的逛街购物，开始将自己的价值观念从"逛街、购物、饮食、闲聊"的物质满足转向"体育健身"所带来的精神满足，对健身休闲的诉求逐渐加强。根据国际经验，当人均 GDP 达到 8 000～10 000 元的水平时，居民在休闲活动的选择上会逐渐表现出满足精神需求的趋势。

（三）黄金周休闲活动选择

成都 2004 年、2014 年和 2019 年的居民黄金周休闲活动选择调研结果见表 4－6。

第一，从总体上看，2004 年黄金周期间，成都居民休闲活动偏好的前三名是"旅游度假""社会活动""逛街、购物、饮食、闲聊",占比分别为72.57％、44.30％、41.77％;2014年黄金周期间,成都居民休闲活动偏好的前三名是"旅游度假""上网""逛街、购物、饮食、闲聊",占比分别为58.91％、41.86％、41.34％;2019年黄金周期间,成都居民休闲活动偏好的前三名是"旅游度假""逛街、购物、饮食、闲聊""业余爱好、桌游、棋牌""散步"(并列第三),占比分别为55.56％、39.68％、28.57％、28.57％。从三次调研结果来看,在时间条件、经济能力和休闲动机的综合因素作用下,黄金周期间成都居民休闲活动选择呈现出较强的"外出型""度假型"的特点。

第二,居民在黄金周期间选择"旅游度假"的比例从2004年的72.57％大幅度下降到2019年的55.56％。究其原因主要是当下休假制度的改革使得成都居民在休闲时间和休闲活动的选择上更加自由,而黄金周期间旅游人数剧增、旅游资源配置不均衡、旅游价格急剧上升等因素极大地影响了居民休闲旅游的体验,因此部分居民会选择以带薪休假的方式来满足自身的旅游需求。2014年10月1日,九寨沟的旅游人数同比下降49％,峨眉山的旅游人数同比下降46％,2019年相关数据继续下降,这都反映出成都居民黄金周期间出游的趋势减弱。而周边动车短途旅行、自驾游也开始成为热点,2014年,成都市有农家乐4 200余家,全市乡村旅游共接待游客人数占全市旅游接待总人数的47.78％,2019年此数字继续上升,表现出错峰旅游、回归乡村的形式更能满足成都居民消除压力、陶冶情操的需求。

第三,选择"参观访问"的人数呈正向抛物线的趋势。2004年占比为26.58％,2014年突然降至8.70％,2019年又回升到20.18％。究其原因,一方面,成都在博物馆方面建设的投入,使得参观访问逐渐成为成都居民日常的休闲方式之一;另一方面,成都正在打造"世界旅游名城",热门景点如武侯祠、杜甫草堂等既是博物馆又是全国知名景点,本地居民参观游玩的热情始终不减。

第四,"逛街、购物、饮食、闲聊"依然是成都居民黄金周期间钟爱的休闲活动,三次调研结果中"逛街、购物、饮食、闲聊"均位列前三。与此同时,"吧式消费"的选择人数呈负向抛物线趋势,2014年的占比最高,2019年的占比甚至低于2004年。一方面,受世界经济下行的影响,购物中心、餐饮店、吧式消费场所比以往更难以吸引居民;另一方面,相较于平时或周末,在黄金周居民会拥有更多的休闲时间,居民从平时比较封闭的室内家庭型活动逐渐走向户外社会型活动,表现出成都居民热爱开放式活动和社会交流的特点。

（四）休闲活动倾向分析

综上所述，成都城市居民15年的休闲活动倾向有以下几点变化：

第一，互联网技术快速发展，手机终端设备和App设计逐渐发展成熟，克服了传统人际交往的时空局限，且移动互联技术将现实生活以视频、照片、语音等方式呈现在虚拟平台上，改变了传统的人际互动形式，因此，在互联网和大数据时代，网络休闲成为居民的一个重要选择。

第二，在周末和黄金周选择"旅游度假"的居民比例均有不同程度的下降，背后的原因值得深究。自2008年实施"1＋2＋5＋43"带薪休假制度以来，国内旅游业持续快速发展，也因此成为国民经济新的增长点。但是，假日旅游经济很快显露出弊端，旅游市场供给失衡，旅游资源配置不合理，导致旅游体验无法达到预期。所以，越来越多的居民选择理性面对，错峰出游，避开周末和黄金周的旅游"井喷"时期，以获得良好的旅游服务体验。

第三，随着成都城市居民休闲意识和能力的提高、休闲产品和服务供给结构的优化以及休闲消费政策的出台，成都城市居民的休闲需求愈发强烈，呈现出居民休闲活动内容更多元化的格局。从15年的调研结果对比分析可以得出，成都城市居民对"逛街、购物、饮食、闲聊""养花草宠物""参观访问"等娱乐、怡情和教育类休闲活动的选择比例均有所提升，凸显出成都城市居民休闲活动选择的自主性和开放性。除此之外，随着生活水平的提高和休闲时间的增加，"吧式消费""散步""阅读"等也成为成都城市居民的休闲消费热点。

三、休闲场所选择

（一）平时休闲场所选择

从总体来看，第一，2019年成都居民在平时偏向在家中进行休闲活动，占比为83.67%，表明工作了一天的成都居民更愿意进行一些便捷的家庭型休闲活动来放松身心，这也与成都居民平时喜爱进行看电视、影视娱乐和上网等休闲活动相吻合。第二，2019年有60.54%的成都居民会选择在附近的景区、公园和绿地进行休闲放松，表明随着成都配套休闲设施的完善以及公园免费化的转型，成都居民拥有了更多的公共休闲空间。第三，选择"社区、企业活动中心"和"文体娱乐场所"的比例相对较高，表明在平时休闲时间有限的情况下，成都居民更多地会选择一些就近的电影院、健身房和社区活动中心来进行休闲活动。第四，有24.04%的居民选择"商场、广场、夜市"，这也与成都居民爱吃小吃的生活习惯有关。具体见表4-7。

表 4-7　2004 年、2014 年和 2019 年成都居民休闲场所选择(单位: %)

休闲场所	平　时			周　末			黄金周		
	2004	2014	2019	2004	2014	2019	2004	2014	2019
自己或别人家里	85.60	82.17	83.67	63.20	42.12	39.23	49.60	49.61	32.20
景区、公园、绿地	20.40	64.08	60.54	39.60	20.41	58.73	74.00	50.39	56.69
社区、企业活动中心	29.20	30.49	46.49	9.60	28.42	34.69	10.00	10.59	34.92
文体娱乐场所	19.60	38.50	34.47	39.60	11.37	25.62	43.20	19.12	22.68
商场、广场、夜市	42.40	33.33	24.04	42.00	71.06	42.63	27.60	60.98	19.73
餐饮场所	29.20	3.10	11.79	28.40	40.83	24.49	25.60	28.42	31.29
网吧、酒吧、咖吧	20.80	19.64	18.59	23.60	39.28	15.65	7.60	10.34	14.74
培训机构	10.40	1.81	9.98	6.40	0.52	18.37	3.60	—	10.88
图书馆、书店	28.00	10.08	7.48	31.60	9.30	12.47	22.00	18.86	18.59
博物馆、纪念馆	4.80	1.29	7.48	5.60	0.52	15.19	13.20	29.97	24.49
宗教活动场所	2.40	—	7.03	3.60	—	9.52	4.40	—	12.02
其他	1.20	3.39	2.04	2.40	19.12	4.08	11.20	10.59	10.88

　　从变化趋势上看,2004 年、2014 年和 2019 年成都居民最常选择的休闲场所都是家中,这与成都居民日常休闲时间有限和日常休闲活动选择高度吻合,但在 2014 年和 2019 年选择"景区、公园、绿地"的比例相较于 2004 年上升幅度较大,分别上升了 43.68 个百分点和 40.14 个百分点,选择"社区、企业活动中心"的比例也在逐年上升,2004 年只有 29.20%,到 2019 年上升至 46.49%,选择"文体娱乐场所"的比例有起伏波动,但总体呈上升趋势,而选择"商场、广场、夜市""网吧、酒吧、咖吧""图书馆、书店"的比例都逐年下降,这样的变化趋势表明随着成都公共休闲场所建设投入的增加,成都居民平时休闲场所范围开始逐步从室内转向更开放的社区公共休闲空间,同时成都公园内大量设置茶馆、棋牌室等休闲设施,也为居民进行相关休闲活动提供了便利。

　　(二)周末休闲场所选择

　　在国家实行一周双休制以后,居民的周末休闲时间更加充足,两天的周末闲暇时间使居民的休闲场所选择与工作日的休闲场所选择有所不同。2004年,在周末成都居民休闲活动范围明显增大,"自己家或别人家里""社区、企业活动中心"的选择比例相比平时明显降低,而"景区、公园、绿地""文体娱乐场所"的选择比例相对提升,表明在有大量休闲时间的基础上,成都居民在休闲场所的选择上更具有开放性的特点。2014年的调研结果显示,选择在家进行休闲活动的比例相较于2004年下降了21.08%,选择"景区、公园、绿地"的比例相较于2004年下降了19.19%,选择"图书馆、书店"的比例相较于2004年下降了22.30%。与2004年不同的是,周末选择"商场、广场、夜市""餐饮场所""网吧、酒吧、咖吧"进行休闲活动的人数明显增加,选择"其他"休闲场所的比例也有所增加。2019年的数据表明,选择"自己或别人家里""商场、广场、夜市""餐饮场所""网吧、酒吧、咖吧"的比例相较于2014年分别下降2.89%、28.43%、16.34%、23.63%,选择"景区、公园、绿地"的比例相较于2014年上升幅度较大,上升了38.32个百分点,选择"社区、企业活动中心"的人数逐年增加,详见表4-7。

上述变化趋势表明,随着时代的发展和平时工作学习压力的增大,居民在周末更多地选择走出家门放松身心,选择"图书馆、书店"进行学习和看书的热度逐渐降低,休闲教育和休闲健身不再是成都居民休闲活动的主要选择。但2019年选择"景区、公园、绿地"的人占了一半以上,选择"文体娱乐场所"的比例也较高,表明成都居民在周末更倾向于选择消遣型休闲活动,因此去相关场所的人数有所增加。同时,选择其他休闲活动的人数有所增加,表明随着全民休闲时代的到来和全域旅游的发展,居民不再局限于在家附近进行休闲活动,会选择更多如农家乐、度假村、民俗休闲等新型的休闲活动,满足自身日益增长的休闲需求。

(三) 黄金周休闲场所选择

从总体上看,2019年成都居民在黄金周期间休闲场所的选择上分布更为均衡,这与成都居民在黄金周期间丰富的休闲活动选择保持一致;且与平时和周末的场所选择相比,黄金周期间成都居民活动空间分布更为广泛,体现了居民在黄金周休闲的多样性和开放性特点。成都居民黄金周休闲场所选择比例最高的是"景区、公园、绿地",占比56.69%,相对于平时,在黄金周期间选择该项的人数有所减少,表明成都居民具有避开黄金周出游的倾向,详见表4-7。

从黄金周休闲场所选择变化的角度来看,首先,"景区、公园、绿地"依旧是成都居民黄金周休闲的首要选择,这与成都建设"公园城市""世界旅游名城",加大对景区、公园、绿地的建设力度有关;其次,对"社区、企业活动中心""网吧、酒吧、咖吧""餐饮场所"的选择比例都有所提升,表明成都居民在黄金周期间对商业性、娱乐性休闲活动的热情变高,一方面与成都居民的人均可支配收入提高有关,另一方面如今社区、商业综合体等配套设施日趋完善、黄金周期间餐饮场所的折扣活动等因素,也推动了成都居民黄金周期间休闲活动选择的转型。

(四) 休闲场所选择倾向分析

休闲场所是休闲活动实现的载体,成都居民选择不同的休闲活动,作为载体的场所也会有所不同。从上述分析中可以得知,成都居民休闲活动的选择日趋丰富,因此承载休闲活动的休闲场所也相应发生了变化。从成都居民对休闲场所的选择倾向数据来看,可以得知以下几点:

第一,成都是一座具有三千年建成史的国家级历史文化名城,历史文化底蕴深厚,遗存积淀丰厚。所以近年来成都政府高度重视文化建设,对成都市城市文化设施建设予以强有力的政策支撑,并进行了科学引导,有力地推动了成都休闲文化场所的发展和建设。

第二,选择"景区、公园、绿地"的人数大幅提升,究其原因主要是在旅游接待和服务设施方面,成都的旅行社数量和国家 A 级景区数量处于快速上升阶段,从侧面反映出成都城市旅游资源吸引力和旅游接待力在不断提高,为成都居民旅游休闲提供了很好的场所。同时,成都坚定践行新发展理念,坚持以人为本、生态优先的原则,通过营建巨大的"公园城市",构建起全新的城市生产生活图景,实现"一轴两山三环七带"的天府绿道总规划,为成都城市居民提供了具有高生态价值的天府画卷。

第三,成都认识到城市旅游的重要性,采取相应的措施建设"中国旅游名城"。一方面,深挖成都悠久的历史文化,打造具有历史底蕴、文化特色的城市景观;另一方面,配套良好的商务环境、购物环境,不断建设便捷的交通设施,以完善和提升成都的休闲场所的旅游功能,共同推动成都城市休闲化的发展。

四、时间分配与休闲花费

(一) 休闲时间分配

2004 年,成都居民平时休闲时间主要集中在 1～3 小时,选择人数接近调研人数的一半;周末休闲时间主要集中在 4～10 小时和 10～15 小时;黄金周休闲时间主要集中于 3 天以上。2014 年,成都居民平时休闲时间主要集中在 1～3 小时,占比为 46.69%;周末休闲时间主要集中在 4～10 小时,占比为 50.03%;黄金周休闲时间主要集中在 1～3 天和 3～5 天,占比分别为 39.53% 和 30.83%。2019 年,39.00% 的成都居民平时休闲时间为 1～3 小时;在周末,46.03% 的成都居民拥有 4～10 小时的休闲时间；在黄金周，成都居民休闲时间主要集中在 1～3 天和 3～5 天，比例分别为 38.10％和 31.75％。具体见表 4-8。

表 4-8　2004 年、2014 年和 2019 年成都居民休闲时间利用情况(单位：%)

休闲时间	平　时			休闲时间	周　末			休闲时间	黄金周		
	2004	2014	2019		2004	2014	2019		2004	2014	2019
1 小时以下	17.30	12.02	26.08	4 小时以下	16.46	18.68	19.27	1 天以下	7.63	10.26	10.43
1～3 小时	42.19	46.69	39.00	4～10 小时	35.44	50.03	46.03	1～3 天	17.80	39.53	38.10
3～5 小时	24.05	20.78	22.22	10～15 小时	29.96	21.03	24.26	3～5 天	40.25	30.83	31.75
5 小时以上	16.46	20.52	12.70	15 小时以上	18.14	10.26	10.43	5 天以上	34.32	19.38	19.73

横向对比来看，由于从平时到周末再到黄金周，成都居民工作时间逐渐减少，因此可投入休闲活动的时间逐渐增多。而从纵向对比来看，在平时有 1 小时以下休闲时间的居民人数上升；在周末拥有 4 小时以下和 4～10 小时休闲时间的居民人数有所上升；在黄金周，成都居民较长时间参与休闲的比例有所下降，选择 3～5 天和 5 天以上的比例下降比较明显，选择 1～3 天参与休闲的人数增加较多。

（二）休闲时间分配原因分析

从上述结果来看，无论是纵向对比还是横向对比，成都居民休闲时间的分配 15 年来都发生了较大的变化，究其原因，主要有以下几点：

第一，此次调研的受访者核心群体是中青年群体，其中大部分人是大学生、企业员工、公务员，这个群体构成了社会的核心力量。随着社会的发展，同行间竞相付出更多努力以争夺有限资源，从而导致个体"收益努力比"下降的现象。对于中青年群体来说，恶性竞争、忽视休息、超时工作、超负荷上班已经成为该群体的常态，导致其休闲时间非常"碎片化"。

第二，移动互联技术迅速发展，引发了成都城市居民休闲的变革，对成都城市居民休闲时间分配产生了诸多影响。据相关数据统计，2014 年，我国使用手机上网的人数达到了 5.27 亿，首次超越了 PC 端规模，移动设备开始成为我国国民第一上网终端设备。移动互联网的发展能够为居民休闲行为提供丰富的内容材料,用户能通过移动互联网第一时间获取休闲资源,很好地利用"碎片化"时间。

第三,休假制度变化导致休闲时间分配变化。2008 年,"五一"黄金周取消,增加清明、端午、中秋等小长假,因此,出现了国庆黄金周客流"井喷"现象,长假期间旅游供给的常年稳定和旅游需求的矛盾越来越明显。所以,在国务院提出"落实带薪休假制度,鼓励错峰休假和弹性作息"政策的支持下,成都居民有 1~3 天时间进行休闲活动的人数大幅度增加,有 5 天以上时间进行休闲活动的人数占比明显降低。

(三) 休闲花费

2004 年,成都居民平时休闲花费主要集中在 100 元及以下,占比达到 75% 以上;周末休闲花费主要集中在 300 元及以下,占比达到 75% 以上;黄金周休闲花费在 500 元及以下、501~1 000 元和 1 001~3 000 元的占比均在 1/3 左右。2014 年,成都居民平时休闲花费仍主要集中在 100 元及以下,占比高达 90%;在周末,由于休闲时间的增多以及休闲空间的扩展,成都居民休闲花费数额也出现了一定的增长,休闲消费在 101~300 元的占 49.28%,301~500 元的占 26.20%;在黄金周期间,成都居民休闲花费总体上有所提高,有 30.39% 的居民消费支出在 501~1 000 元,3 000 元以上休闲花费的人群占比有一定增加。2019 年,成都居民平时休闲花费仍然集中在 100 元及以下,占比为 80.27%;在周末,选择 101~300 元的人数减少,均匀分布到其他消费结构区间;在黄金周,3 000 元以上的选择比例大幅度上升,为 20.18%。显然,时间和空间限制的接触,一定程度上有助于提升城市居民的休闲花费,具体见表 4-9。

表 4-9 2004 年、2014 年和 2019 年成都居民休闲花费情况(单位:%)

休闲花费	平　时			休闲花费	周　末			休闲花费	黄金周		
	2004	2014	2019		2004	2014	2019		2004	2014	2019
50 元及以下	44.30	49.35	38.55	100 元及以下	33.76	22.32	34.47	500 元及以下	33.90	30.26	18.37
51~100 元	31.22	40.65	41.72	101~300 元	42.19	49.28	35.37	501~1 000 元	26.69	30.39	31.29
101~300 元	18.14	7.36	16.78	301~500 元	18.14	26.20	23.13	1 001~3 000 元	32.20	28.68	30.16
300 元以上	6.33	2.64	2.95	500 元以上	5.91	2.20	7.03	3 000 元以上	7.20	10.67	20.18

从纵向对比的角度来看，在平时，休闲消费结构一直以 100 元及以下为主，且该比例 15 年来有所增加，反映出成都居民平时休闲花费水平不高，主要原因在于平时休闲时间的减少使更多的居民偏向在家进行看电视、影视娱乐和上网等消遣型休闲活动。美国劳工统计局"美国人时间安排调查"的报告中的数据显示，美国人有近一半的闲暇时间是在电视机前度过的。与美国等发达国家的居民一样，平时休闲方式的简单化、节约化已成为当下成都居民生活的常态。

在周末，相较于 2004 年和 2014 年，2019 年选择 301～500 元和 500 元以上休闲花费居民的数量增加。究其原因，一方面，随着成都休闲配套设施的完善，大众化休闲趋势加强，成都居民的人均可支配收入增加，促使居民周末总体休闲消费水平有所提升；另一方面，成都居民周末进行短期自助游的比例提升，同时在周末棋牌、麻将已成为居民社会交际的重要方式，而这两种休闲方式也在一定程度上拉动成都居民休闲消费。

在黄金周期间，相较于 2004 年和 2014 年，2019 年 3 000 元以上的高休闲消费人数有所增加，同时 500 元及以下休闲花费的比例大幅度下降，然而更多的城市居民休闲花费仍然集中于 501～1 000 元和 1 001～3 000 元。首先，旅游度假不再是黄金周休闲的唯一热点选择，购物、逛街成为成都居民黄金周休闲活动的重要选择，使得休闲花费总额不会有大幅度的增加。其次，虽然黄金周出游的人数相对减少，但是黄金周期间人均消费有所提升，整体表现出当下成都城市居民为获得更好的旅游体验而愿意进行更多的旅游消费，并且随着旅游业态的多样化发展，休闲度假市场也更能满足"有钱人群"和"有闲人群"的享受需求，从而拉动黄金周期间休闲经济的快速发展。

(四) 休闲花费趋势预测

改革开放以来，成都经济持续快速发展，综合经济实力明显提高。20 世纪 90 年代，成都进入产业结构快速调整期，至 2000 年，成都地区生产总值达到了 1 312 亿元，在全国 15 个副省级城市中居第 6 位；2006 年，地区生产总值增加到 2 750.0 亿元，人均地区生产总值则达到了 3 200 美元，首次突破 3 000 美元；2014 年，地区生产总值为 10 056.6 亿元，人均生产总值达到 11 314.54 美元。经济的高速发展必然伴随着产业结构的演变，2014 年成都第一、第二、第三产业的比例关系为 3.7∶45.3∶51.0。[①] 由此可见，第三产业已经成为成都的战略性支柱

---

① 中国统计信息网.成都市 2014 年国民经济和社会发展统计公报[EB/OL].http://www.tjcn.org/tjgb/201505/28339.html.2015－05－05.

产业。

在经济快速发展的带动下和产业结构调整的促动下，成都凭借深厚的历史文化底蕴、丰富的旅游资源、美好的自然环境以及其独特的区位优势，推动了城市休闲产业体系的形成与发展。同时，随着经济发展与生活水平的提高，成都城市居民人均可支配收入增加，居民生活理念、消费机构等发生了不同的变化，参与城市休闲活动逐渐成为成都城市居民生活的常态，其休闲花费比重增大，推动城市内部与休闲有关的各要素发展。

五、休闲活动选择的性别差异

从 20 世纪 80 年代开始，国内外对休闲性别差异的研究日益丰富，国外研究者多从女性主义和后现代主义视角对男女居民在休闲时间、休闲感受、休闲质量上的差异进行多角度的分析，试图解释男女不同的休闲特征[①]；国外研究者还就休闲机会的性别差异[②]、休闲空间的性别差异[③]等方面进行了深入探讨，从研究中可以观察出在时代的进步下男女居民休闲方式选择的差异。当下男性和女性对休闲的理解和休闲活动偏好也有所差异，过往研究表明，女性更乐意将时间用在社交活动上，而男性更倾向于将时间用在体育锻炼和上网活动中。[④] 因此本节将通过对比 2004 年、2014 年和 2019 年不同时间段男女休闲活动的选择状况，来探讨成都居民性别与休闲活动选择的关系。

(一) 不同性别群体平时休闲活动选择

2004 年的调研结果表明，第一，成都男性比成都女性更热衷于"看电视、影视娱乐和上网""体育健身""吧式消费"等休闲活动；第二，成都女性比成都男性更偏向于选择"逛街、购物、饮食、闲聊""养花草宠物"等休闲活动。这表明当时女性受传统的"贤妻良母"的社会期望的影响，仍在不断塑造着女性的家庭责任意识，时常扮演工作者和家庭女主人两种角色，因此在平时的休闲时间内需要承担比男性更多的家务和日常料理等工作，从而造成女性用更多的精力进行购物和养花草宠物，而男性则在平时休闲活动的选择中自由度更大。

---

① Culp R H. Adolescent girls and outdoor recreation: A case study examining constraint and effective programming[J]. Journal of Leisure Research,1998,30(3): 356 - 379.

② Yarnal C M, Chick G, Kerstetter D L. I Did Not Have Time to Play Growing Up ... So This Is My Play Time. It's the Best Thing I Have Ever Done for Myself: What Is Play to Older Women? [J]. Leisure Sciences, 2008, 30(3): 235 - 252.

③ Shaw S M. The meaning of leisure in everyday life[J]. Leisure Sciences, 1985, 7(1): 1 - 24.

④ 许晓霞,柴彦威.北京居民日常休闲行为的性别差异[J].人文地理,2012,01: 22 - 28.

2014 年的调研结果中,"看电视、影视娱乐和上网"仍然是男女群体主要选择的休闲活动。女性群体更偏向于"旅游度假""参观访问""逛街、购物、饮食、闲聊";男性群体更偏向于选择"吧式消费""社会活动""桌游、棋牌"等休闲活动,在其他休闲活动的选择比例上,男女群体基本持平。

2019 年的数据显示,"看电视""影视娱乐和上网"依旧是男女群体休闲活动的首要选择。横向比较之下,成都男性更偏向"参观访问""养花草宠物""体育健身""桌游、棋牌"等休闲活动,成都女性更偏向"逛街、购物、饮食、闲聊""吧式消费""散步""阅读"等休闲活动。随着社会的进步,女性被赋予更多的休闲选择权利,在休闲空间和休闲机会上受到的限制相较于 2004 年和 2014 年有所减少,而男性因为家庭、工作压力的增大,在休闲活动的选择中更多地向消遣型活动转变。

成都 2004 年、2014 年和 2019 年的不同性别群体平时休闲活动选择调研结果见表 4-10。

表 4-10 2004 年、2014 年和 2019 年不同性别群体
平时休闲活动选择(单位:%)

休闲活动	男 性			女 性		
	2004 年	2014 年	2019 年	2004 年	2014 年	2019 年
旅游度假	7.94	15.46	15.09	6.31	19.17	16.27
参观访问	4.76	11.86	17.67	3.60	20.21	10.53
上 网		61.86	30.60		67.36	36.36
看电视		45.36	56.03		44.56	60.29
看电影	91.27	41.75	34.05	87.39	40.41	31.58
看演唱会、音乐会等		8.76	6.03		11.92	3.83
逛街、购物、饮食、闲聊	36.51	21.13	15.52	66.67	22.28	19.62
吧式消费	38.10	22.16	14.22	15.32	15.54	20.10
养花草宠物	9.52	3.61	27.16	19.82	3.11	23.44
体育健身	34.92	12.37	16.38	22.52	13.47	9.09
散 步	—	—	27.59	—	—	30.62

休闲活动	男　性			女　性		
	2004 年	2014 年	2019 年	2004 年	2014 年	2019 年
阅　读	—	—	19.40	—	—	22.97
社会活动	15.87	22.16	2.16	12.61	14.51	0.96
业余爱好、桌游、棋牌	35.71	14.74	12.07	34.23	22.28	5.74
休闲教育	7.94	2.58	5.60	6.31	1.04	8.61
其　他	0.79	1.03	0.43	0.00	0.52	0.00

注：百分比以响应者为基础。

（二）不同性别群体周末休闲活动选择

在 2004 年的调研中，由于周末时间、空间限制的降低，男性和女性对"看电视、影视娱乐和上网"的选择比例相较于平时大幅度减少，从而参与到更多的外出型休闲活动中。其中男性比女性更偏向于选择"吧式消费""业余爱好、桌游、棋牌"等休闲活动，这符合成都男性一直以来生活有情调、不疾不徐的特点。成都女性比男性更偏向于选择"逛街、购物、饮食、闲聊""社会活动""旅游度假"等休闲活动，表现出成都女性在周末更倾向于与亲朋好友进行范围较广的外出型休闲活动。总体来看，在当时压力较小的社会环境中，成都男性、女性在周末休闲活动的选择上趋向于多元化发展。

2014 年，"看电视、影视娱乐和上网"依然是成都男性、女性最主要的周末休闲活动，但是相较于平时，其所占比例有所下降，表现出成都男性、女性在摆脱工作的羁绊后，休闲活动的选择更加自由。男性更偏向于选择"旅游度假""体育健身"等自我提升型休闲活动，而女性更偏向于选择"吧式消费""社会活动"等以交友为目的的休闲活动。

2019 年的结果表明，"看电视、影视娱乐和上网"依旧是成都男性、女性周末休闲活动的第一选择。女性相较于男性更偏向于选择"参观访问""逛街、购物、饮食、闲聊""吧式消费"等消遣型休闲活动，而男性相较于女性更偏向于选择"体育健身""业余爱好、桌游、棋牌"等休闲活动。其余休闲活动的比例基本持平。

成都 2004 年、2014 年和 2019 年不同性别群体周末休闲活动选择的调研结果见表 4 - 11。

表 4 - 11 2004 年、2014 年和 2019 年不同性别群体
周末休闲活动选择(单位:%)

休闲活动	男 性			女 性		
	2004 年	2014 年	2019 年	2004 年	2014 年	2019 年
旅游度假	18.25	17.53	11.64	21.62	8.81	12.92
参观访问	18.25	10.31	27.16	11.71	9.84	30.14
上 网		40.72	25.43		42.49	18.18
看电视		33.51	16.81		33.16	25.84
看电影	60.32	35.57	30.60	59.46	41.97	32.06
看演唱会、音乐会等		20.62	15.95		18.65	13.88
逛街、购物、饮食、闲聊	47.62	14.43	28.88	65.77	11.92	32.54
吧式消费	34.13	20.62	9.91	19.82	25.91	11.48
养花草宠物	7.14	2.58	22.41	6.31	5.70	25.84
体育健身	31.75	24.23	30.17	27.03	16.58	18.18
散 步	—	—	31.47	—	—	27.75
阅 读	—	—	18.97	—	—	22.97
社会活动	25.40	17.01	2.16	28.83	22.28	3.35
业余爱好、桌游、棋牌	38.86	43.81	22.84	22.52	41.97	15.31
休闲教育	4.76	5.15	5.17	7.21	6.74	8.13
其 他	1.59	1.03	0.43	1.80	0.52	1.44

注:百分比以响应者为基础。

(三)不同性别群体黄金周休闲活动选择

2004 年,"旅游度假"是男性和女性居民黄金周休闲活动的首选,分别占 70.63%和 74.77%。在其他休闲活动的选择中,男性更偏向于选择"社会活动""看电视、影视娱乐和上网""参观访问";而女性更偏向于选择"逛街、购物、饮食、闲聊""养花草宠物"。综合来看,由于当时"男主外、女主内"的家庭模式

的存在,女性在平时生活中的休闲时间被工作和家居生活大大压缩,因此在黄金周休闲时间充裕的情况下,女性休闲活动的选择更具有交往性和开放性的特点。

对比 2004 年和 2014 年的调研结果,可以发现:第一,2014 年,在黄金周期间成都男性、女性的休闲活动选择更加多样,居家休闲活动型休闲活动,如"看电视、影视娱乐和上网"的选择比例有所减少,而户外休闲活动的选择比例相对增加,表现出居民对享受多样化休闲的渴望;第二,成都男性、女性在黄金周期间选择"旅游度假"的人数相较 2004 年有所降低,并且表现出男性在黄金周更希望进行旅游度假的特点;第三,在黄金周期间成都男性对于"逛街、购物、饮食、闲聊"的选择相较 2004 年有所提升,而女性选择此项的比例有所下降,原因之一是黄金周期间商场、餐厅等消费场所会进行大量的促销活动,便于男性进行购物送礼、请客吃饭等来维持交际。

成都 2004 年、2014 年和 2019 年不同性别群体黄金周休闲活动选择的调研结果见表 4 - 12。

表 4 - 12　2004 年、2014 年和 2019 年不同性别群体黄金周
休闲活动选择(单位: %)

休闲活动	男　性			女　性		
	2004 年	2014 年	2019 年	2004 年	2014 年	2019 年
旅游度假	70.63	61.34	55.17	74.77	56.48	55.98
参观访问	30.95	8.25	18.53	21.62	9.33	22.01
上　网	35.71	43.81	23.28	32.43	39.90	13.40
看电视		16.49	12.50		23.32	12.44
看电影		24.23	10.78		23.32	12.44
看演唱会、音乐会等		12.37	12.50		17.62	13.40
逛街、购物、饮食、闲聊	30.95	43.30	37.50	54.05	39.38	42.11
吧式消费	9.52	20.10	10.34	7.21	27.46	5.74
养花草宠物	2.38	4.64	10.34	5.41	5.18	12.92

休闲活动	男　性			女　性		
	2004 年	2014 年	2019 年	2004 年	2014 年	2019 年
体育健身	26.19	5.15	8.62	18.92	3.11	11.00
散　步	—	—	33.19	—	—	23.44
阅　读	—	—	18.53	—	—	18.18
社会活动	49.21	13.40	5.60	38.74	5.70	4.78
业余爱好、桌游、棋牌	23.02	5.15	29.74	18.02	9.32	27.27
休闲教育	6.35	0.00	12.07	6.31	1.04	22.49
其　他	1.59	1.03	1.29	0.90	0.52	2.39

注：百分比以响应者为基础。

（四）不同性别群体休闲活动选择倾向分析

从不同性别群体休闲活动选择倾向的变化来看，可以得知如下三点。

第一，随着互联网规模的不断发展，相关数据显示，2018 年中国 PC 端网民人均单日上网次数为 18.2 次，中国移动网民人均单日上网次数为 27.8 次，极大地影响了国民日常休闲行为。主要体现为通过移动端 App 直接影响国民休闲行为的在线形式，丰富国民休闲行为的移动端内容；辅助国民线下休闲行为，改变国民休闲消费习惯，间接提高线下休闲行为的效率。

第二，从女性 15 年间休闲活动的选择倾向变化来看，呈现出丰富性、开放性的态势；从男性 15 年间休闲活动的选择倾向变化来看，则更趋向于消遣时光和提升自我。出现如此现象主要是因为当今社会不断进步，经济飞速发展，国民的价值观发生了翻天覆地的变化，女性开始为自己的尊严奋斗，地位得到了明显提升，国民"男尊女卑"的观念也向"男女平等"观念转变，所以如今女性经济独立，拥有选择更多休闲活动的权力。同时，因为女性地位的提高，男性要承担更多家庭责任，加之平时工作的压力，所以更偏向于选择"吧式消费""业余爱好、桌游、棋牌"等消遣娱乐型休闲活动以放松身心。

第三，成都男性、女性选择"参观访问"的人数增多，说明在快速发展的当今社会，成都男性、女性希望通过参观访问博物馆、名人故居等文旅场所，去探寻历史的足迹、追寻名人的脚步,以提升自我,实现自我价值。同时"养花草宠物"也逐渐成为成都男女休闲活动的热门选择,说明在工作压力大、工作超时、负荷工作等因素的影响下,掀起了一股养花草宠物的热潮,以转移精神寄托到花草宠物上,从而达到休闲目的。

六、休闲活动选择的收入群体差异

人们在参与休闲活动的时候,不仅需要花费时间,还需要经济条件支撑,更多时候还要依赖于一定的产品设施和服务[1],因此收入水平是影响居民休闲活动选择的重要因素之一。良好的经济收入有助于促进居民进行休闲消费、拓展休闲活动、提升休闲生活满意度。对于2004年的调研,本研究根据当时社会经济情况将家庭月收入分为1 000元及以下、1 001~3 000元、3 001~5 000元、5 001~8 000元、8 000元以上五个类别;在2014年,社会经济快速发展,人均收入大幅度提升,因此我们将收入类别再次细分,分为1 000元及以下、1 001~3 000元、3 001~5 000元、5 001~8 000元、8 001~10 000元、10 001~15 000元、15 001~20 000元、20 000元以上八个类别,以此分析不同时期收入不同的群体在休闲活动选择上呈现的特征及变化趋势。2019年沿袭了2014年的划分指标。[2]

(一) 不同收入群体平时休闲活动选择

2004年的数据显示,第一,各收入层次群体平时主要选择的休闲活动为"看电视、影视娱乐和上网",且随着收入水平的上升,选择比例逐渐下降,而"社会活动"的选择比例则随着收入的增加而提升,表现出可支配收入更高的群体更注意在日常休闲生活中通过社会活动维持和朋友之间的交际。第二,选择"旅游度假"的比例随着收入的提升有所增加,表明成都中高收入人群在平时时间条件允许的情况下,会选择旅游度假让自己得到放松。第三,"吧式消费"的选择情况则呈现低收入人群选择比例较高,高收入人群选择比例较低的特点。成都本就有浓厚的闲适氛围,低收入的人群愿意选择"酒吧、茶吧、咖吧"这样偏向市井的休闲场所来减轻日常工作带来的压力,详见表4-13。

---

① 宋瑞,沈向友.我国国民休闲制约:基于全国样本的实证分析[J].北京第二外国语学院学报,2014(1):1-15.

② 因样本数量少,对2004年8 000元以上收入群体及2014年15 000元以上收入群体的数据不予保留。2019年样本数量足够,因此保留所有数据。

表 4‑13　2004 年不同收入群体平时休闲活动选择(单位: %)

休闲活动	收 入 水 平			
	1 000 元及以下	1 001～3 000 元	3 001～5 000 元	5 001～8 000 元
旅游度假	6.25	6.25	9.09	11.11
参观访问	0.00	5.36	7.27	0.00
看电视、影视娱乐和上网	91.67	91.07	87.27	77.78
逛街、购物、饮食、闲聊	60.42	46.43	45.45	55.56
吧式消费	22.92	31.25	23.64	22.22
养花草宠物	10.42	14.29	14.55	22.22
业余爱好、桌游、棋牌	27.08	40.18	30.91	44.44
美容、家居装饰	8.33	4.46	3.64	5.56
休闲健身	37.50	21.43	40.00	22.22
社会活动	14.58	10.71	18.18	27.78
休闲教育	2.08	10.71	7.27	0.00
其　他	0.00	0.89	0.00	0.00

注: 百分比以响应者为基础。

2014 年的调研数据表明,第一,随着互联网和智能手机的普及,各收入水平群体在平时休闲活动的选择中还是以"看电视、影视娱乐和上网"为主,但是可以看到的是低收入群体(月收入在 3 000 元及以下的群体)更偏向于看电视、看电影,而中高收入群体更偏向于选择上网,这是因为低收入群体通常是一些退休老人和低保群体,接触网络的机会没有中高收入群体多,并且互联网已经改变中高收入群体的生活,他们更多地使用网络进行购物和社交。第二,各收入水平居民选择"参观访问"的比例相较于 2004 年都有所提升,表明居民在日常生活中都愿意通过参观访问来增长自己的见识,也反映出成都的博物馆、文化馆建设逐渐完善,为居民参观访问提供休闲空间。第三,中等收入群体(月收入在 3 001～8 000 元的群体)相较于低收入和高收入群体在平时会更注重参加社会活动和进行逛街购物来扩大自身的人际关系和满足物质需求。第四,2014 年成都各层次收入居民对于业余爱好的选择相较于 2004 年大幅降低,表明在工作压力增大、休闲时间减少的当下,居民很难用多余的时间和精力满足自身这一需求。第五,选择"养花草宠物"的比例虽然相较于 2004 年来说有所降低,但仍呈现高收入群体选择比例相对较高的特点,表明高收入群体可承担这方面的休闲开支,并通过这样的休闲活动达到怡情养性的效果,见表 4-14。

表 4-14 2014 年不同收入群体平时休闲活动选择(单位:%)

休闲活动	收 入 水 平					
	1 000 元及以下	1 001～3 000 元	3 001～5 000 元	5 001～8 000 元	8 001～10 000 元	10 001～15 000 元
旅游度假	0.00	18.82	23.95	6.45	16.67	12.50
参观访问	15.91	14.12	17.37	6.45	10.00	33.33
上　网	65.91	58.82	64.67	77.42	60.00	75.00
看电视	72.73	54.12	31.14	54.84	40.00	54.17
看电影	68.18	38.82	36.53	32.26	43.33	37.50
看演唱会、音乐会等	2.27	9.41	13.17	6.45	6.67	12.50
逛街、购物、饮食、闲聊	13.64	36.47	12.57	54.84	16.67	12.50
吧式消费	20.45	12.94	18.56	19.35	36.67	12.50
养花草宠物	0.00	1.18	3.59	3.23	10.00	8.33
业余爱好、桌游、棋牌	15.91	20.00	20.96	16.13	20.00	20.83
休闲健身	4.55	17.65	26.35	6.45	16.67	8.33
社会活动	6.82	11.75	26.35	12.90	6.67	8.33
休闲教育	2.27	3.53	0.60	0.00	6.67	0.00
其　他	2.27	1.18	0.00	0.00	3.33	0.00

注:百分比以响应者为基础。

2019 年的调研结果表明,第一,"看电视、影视娱乐和上网"仍旧是不同收入群体平时休闲活动的首要选择,但是比例相较于 2014 年有所下降,也从侧面反映出成都居民平时休闲活动选择的多元化趋势,而不是拘泥于某一项休闲活动。

第二,选择"吧式消费"的人群以中高收入群体为主,究其原因主要是随着茶吧、酒吧、咖吧的基础设施完善和环境氛围改善,吧式消费水平提高,低收入水平群体无法长期承担这种消费压力。第三,"散步""阅读"虽然是 2019 年新增的指标,但从数据结果来看占比并不低,并且以低收入水平群体为主,表明随着成都休闲设施的完善和公园的免费开放,很多低收入水平群体选择在平时休闲时间去家周边的公园、景区等休闲场所进行散步、阅读等休闲活动以消磨休闲时间。第四,成都居民选择"社会活动"的比例相较于 2014 年普遍大幅度下降,只有 20 000 元以上月收入群体选择的比例有所上升,同样选择"桌游、棋牌"的人群也以高收入群体为主,表明随着工作、生活压力的增大,低收入群体在平时的休闲时间里想要减少社会活动与业余爱好、桌游、棋牌等社交活动,以放松自己,而高收入群体需要通过参与社会活动、桌游、棋牌等社交活动以维持自己的人际关系,见表 4－15。

表 4－15　2019 年不同收入群体平时休闲活动选择(单位: %)

休闲活动	收　入　水　平							
	1 000 元及以下	1 001～3 000 元	3 001～5 000 元	5 001～8 000 元	8 001～10 000 元	10 001～15 000 元	15 001～20 000 元	20 000 元以上
旅游度假	0.00	15.91	9.32	21.49	13.70	23.08	10.00	25.00
参观访问	10.00	20.45	8.47	14.05	20.55	15.38	15.00	12.50
上　网	10.00	31.82	41.53	38.02	20.55	33.33	20.00	31.25
看电视	60.00	70.45	66.10	65.29	47.95	41.03	40.00	18.75
看电影	30.00	22.73	26.27	38.84	42.47	28.21	20.00	50.00
看演唱会、音乐会等	0.00	0.00	1.69	4.96	12.33	7.69	10.00	0.00
逛街、购物、饮食、闲聊	0.00	25.00	14.41	11.57	23.29	30.77	15.00	18.75
吧式消费	10.00	4.55	21.19	16.53	21.92	12.82	20.00	12.50
养花草宠物	50.00	29.55	27.12	19.83	23.29	23.08	40.00	25.00
体育健身	20.00	6.82	7.63	12.40	19.18	17.95	15.00	25.00
散　步	70.00	47.73	37.29	18.18	17.81	25.64	30.00	31.25

休闲活动	收　入　水　平							
	1 000 元及以下	1 001～3 000 元	3 001～5 000 元	5 001～8 000 元	8 001～10 000 元	10 001～15 000 元	15 001～20 000 元	20 000 元以上
阅　读	30.00	11.36	21.19	22.31	21.92	20.51	35.00	12.50
社会活动	0.00	0.00	0.85	0.83	4.11	2.56	0.00	6.25
业余爱好、桌游、棋牌	0.00	11.36	8.47	8.26	4.11	7.69	20.00	31.25
休闲教育	10.00	2.27	8.47	7.44	5.48	10.26	10.00	0.00
其　他	0.00	0.00	0.00	0.00	1.37	0.00	0.00	0.00

注：百分比以响应者为基础。

（二）不同收入群体周末休闲活动选择

2004 年的调研数据表明，第一，从总体来看，各层次收入群体休闲活动选择多样性明显增加，平时很多选择比例不高的休闲活动都在周末有所突破，其中选择"看电视、影视娱乐和上网"的比例大幅度减少。第二，随着家庭收入的增加，居民选择"看电视、影视娱乐和上网"的比例逐渐降低，而选择"旅游度假""逛街、购物、饮食、闲聊""美容、家居装饰""休闲健身"的比例不断增加，表明成都居民在有时间且具备可支配收入的基础上，乐于体验各类外出型休闲活动。第三，各收入水平人群对于"吧式消费"的选择都具有一定的比例，反映出吧式消费在成都的平民性和日常性，见表 4 - 16。

表 4 - 16　2004 年不同收入群体周末休闲活动选择（单位：%）

休闲活动	收　入　水　平			
	1 000 元及以下	1 001～3 000 元	3 001～5 000 元	5 001～8 000 元
旅游度假	12.50	15.18	29.09	38.89
参观访问	14.58	9.82	27.27	16.67
看电视、影视娱乐和上网	75.00	58.93	58.18	27.78
逛街、购物、饮食、闲聊	68.75	52.68	56.36	38.89

休闲活动	收　入　水　平			
	1 000 元 及以下	1 001～ 3 000 元	3 001～ 5 000 元	5 001～ 8 000 元
吧式消费	22.92	33.04	18.18	27.78
养花草宠物	2.08	9.82	5.45	5.56
业余爱好、桌游、棋牌	31.25	37.50	27.27	11.11
美容、家居装饰	8.33	8.93	10.91	27.78
休闲健身	18.75	32.14	34.55	33.33
社会活动	20.83	28.57	21.82	38.89
休闲教育	2.08	7.14	3.64	16.67
其　他	2.08	1.79	0.00	5.56

注：百分比以响应者为基础。

2014 年的调研数据表明，第一，从总体来看，在周末各收入水平的居民对于休闲活动的选择比例相较于 2004 年更为多样，表明十年来，成都为满足城市居民日益增长的休闲需要，逐渐完善休闲场所和配套休闲设施建设。第二，"看电视、影视娱乐和上网"成为成都居民最为主要的周末休闲活动，除 1 000 元及以下低水平收入居民以外，上网人群的比例随着收入的增加而增长。第三，选择"社会活动"的比例相较于 2004 年有一定程度的提升，且出现中等收入人群更偏向于周末参与社会活动、高收入人群很少参加周末社会活动的趋势，表明中等收入人群在周末依旧希望融入社会，建立丰富的社会关系，加强与亲人朋友的联系。第四，高收入人群由于日常工作繁忙，更偏向在周末进行"逛街、购物、饮食、闲聊"等消遣型娱乐活动，但是与 10 年前相比，选择此类休闲活动的总人数有所减少。第五，"休闲健身"的选择比例随着收入水平的增加而有所提升，除去以往的休闲健身活动外，现在健身房等高端休闲健身场所的兴起有利于促进高收入群体消费，也表明中高收入人群在周末愿意投入自我提升型休闲活动中。第六，由于农家乐、度假村等新型休闲活动的出现，在周末选择旅游度假的比例也随着收入的增加逐渐升高，表明高收入人群趋向于在周末体验与众不同的休闲活动来放松身心，但同时相较于 2004 年各收入水平人群选择旅游度假的比例都有所降低,表明虽然成都居民的收入有所增加,但是休闲时间相对减少,导致成都居民休闲范围受到限制,具体见表4-17。

表4-17 2014年不同收入群体周末休闲活动选择(单位:%)

休闲活动	收 入 水 平					
	1 000 元及以下	1 001~3 000 元	3 001~5 000 元	5 001~8 000 元	8 001~10 000 元	10 001~15 000 元
旅游度假	9.09	11.76	16.17	3.23	13.33	20.83
参观访问	9.09	10.59	8.38	19.35	13.33	4.17
上 网	56.82	36.47	39.52	45.16	33.33	58.33
看电视	29.55	37.65	35.93	38.17	33.33	20.83
看电影	50.00	42.35	34.73	38.17	36.67	33.33
看演唱会、音乐会等	15.91	16.47	19.76	9.98	10.00	62.50
逛街、购物、饮食、闲聊	9.09	12.94	10.78	16.13	20.00	29.17
吧式消费	13.64	24.71	22.16	12.90	60.00	4.17
养花草宠物	2.27	5.88	3.59	3.23	10.00	0.00
业余爱好、桌游、棋牌	52.52	40.00	29.94	12.90	10.00	8.33
休闲健身	13.64	11.76	22.16	19.35	33.33	20.83
社会活动	20.45	28.24	39.52	58.06	23.33	8.33
休闲教育	2.27	8.24	4.19	9.68	10.00	4.17
其 他	0.00	1.18	0.00	3.23	3.33	0.00

注:百分比以响应者为基础。

2019年的数据表明,第一,不同收入群体在周末选择"参观访问"的人数随着收入的增加而增长,表明随着近年来成都市大力发展博物馆、名人故居等,博物馆、名人故居的休闲设施不断完善,居民愿意花费周末休闲时间去提升自我,尤其是高收入水平群体更希望通过游览博物馆、名人故居来增加涵养。第二,在周末选择"逛街、购物、饮食、闲聊"的人群主要以高收入水平群体为主,表明在工作压力、家庭压力巨大的现代社会,平时处在高压状态的高收入群体,在周末希望通过逛街、购物、饮食、闲聊等消遣娱乐型休闲活动来放松自己。第三,在周末选择"养花草宠物"的人数比例相较于2014年来说大幅度提升,并逐渐成为除"看电视、影视娱乐和上网"之外成都居民周末休闲方式的第二选择,表明随着社会发展,人们薪酬水平提高,人均可支配收入增加,所以不论是低收入人群还是高收入人群都有能力承担这方面的休闲开支,并在周末通过这样的休闲活动达到怡情养性、放松身心的效果。第四,在周末选择"其他"的人群比例随着收入水平的增加而有所提升,一定程度上印证了随着收入水平的增加和休闲时间的增多,在周末,收入越高的人群对休闲活动的选择越多元、越开放,具体见表4－18。

表4－18　2019年不同收入群体周末休闲活动选择(单位:%)

休闲活动	收 入 水 平							
	1000元及以下	1001～3000元	3001～5000元	5001～8000元	8001～10000元	10001～15000元	15001～20000元	20000元以上
旅游度假	10.00	4.55	9.32	14.88	12.33	17.95	20.00	12.50
参观访问	10.00	15.91	24.58	31.40	27.40	41.03	40.00	43.75
上　　网	0.00	22.73	23.73	26.45	21.92	12.82	25.00	6.25
看电视	40.00	36.36	28.81	14.88	19.18	10.26	5.00	12.50
看电影	20.00	20.45	32.20	40.50	24.66	23.08	40.00	31.25
看演唱会、音乐会等	10.00	11.36	13.56	12.40	21.92	17.95	20.00	12.50
逛街、购物、饮食、闲聊	20.00	18.18	36.44	32.23	28.77	30.77	30.00	25.00
吧式消费	10.00	11.36	9.32	11.57	10.96	10.26	15.00	6.25
养花草宠物	30.00	34.09	22.03	22.31	20.55	20.51	20.00	50.00
体育健身	20.00	13.64	17.80	29.75	28.77	41.03	20.00	12.50
散　　步	40.00	50.00	33.90	20.66	35.62	20.51	15.00	18.75
阅　　读	40.00	22.73	19.49	21.49	21.92	10.26	15.00	37.50
社会活动	10.00	2.27	0.85	1.65	4.11	5.13	5.00	6.25
业余爱好、桌游、棋牌	40.00	29.55	16.95	17.36	13.70	25.64	20.00	18.75
休闲教育	0.00	6.82	11.02	1.65	6.85	10.26	10.00	0.00
其　　他	0.00	0.00	0.00	0.83	1.37	2.56	0.00	6.25

注:百分比以响应者为基础。

（三）不同收入群体黄金周休闲活动选择

2004 年的数据表明，第一，从总体来看，黄金周期间，"旅游度假"作为成都居民主要的休闲活动，其选择比例和家庭收入呈正相关。第二，随着黄金周期间休闲时间的增加，选择"看电视、影视娱乐和上网"的数量随着收入水平的增加而大幅度减少，而选择"社会活动""吧式消费"的比例则随着收入的增加而出现增长。这也体现在黄金周期间成都居民休闲活动的选择逐渐从家庭内部向户外延伸，且家庭收入越高的群体，在休闲活动的选择上更表现出开放性和社会性的特点，见表 4-19。

表 4-19　2004 年不同收入群体黄金周休闲活动选择（单位：%）

休闲活动	收 入 水 平			
	1 000 元及以下	1 001～3 000 元	3 001～5 000 元	5 001～8 000 元
旅游度假	54.17	76.79	78.18	72.22
参观访问	27.08	27.68	21.82	33.33
看电视、影视娱乐和上网	50.00	28.57	34.55	27.78
逛街、购物、饮食、闲聊	52.08	41.07	34.55	38.89
吧式消费	6.25	8.04	9.09	16.67
养花草宠物	2.08	5.36	1.82	5.56
业余爱好、桌游、棋牌	14.58	24.11	23.64	5.56
美容、家居装饰	4.17	5.36	3.64	5.56
休闲健身	27.08	24.11	18.18	22.22
社会活动	37.50	39.29	61.82	38.89
休闲教育	4.17	8.04	1.82	16.67
其　他	0.00	1.79	1.82	0.00

注：百分比以响应者为基础。

2014 年的数据表明，第一，从总体看，"旅游度假"的选择比例随着收入的增加而减少，与此同时选择"参观访问""吧式消费""看演唱会、音乐会等"的比例则随着收入的增加而有所提升，表现出低收入人群如老人在黄金周期间会通过选择跟团游等度假产品来休闲享乐，并且只有在黄金周期间子女才会有更多的时间陪伴自己一起旅行,而中高收入人群,则因为黄金周制度的改变和带薪休假制度的完善,为得到更好的游玩体验不愿在黄金周期间出游,而会选择相对新颖、高消费的休闲活动来放松身心。第二,随着休闲场所和休闲配套设施的逐步完善,相较于 2004 年,成都各收入水平的群体在休闲活动的选择上更加多元,加之购物广场、酒吧、茶吧等休闲场所的消费升级,选择"吧式消费""逛街、购物、饮食、闲聊"的人数也比 2004 年大幅度增加。第三,低收入人群对于"养花草宠物""业余爱好"这类怡情休闲类活动的选择比例相较于 2004 年有所增加,而高收入人群的选择比例有所减少,且呈现随着收入的增加,选择人数逐渐降低的现象,表明高收入人群在黄金周期间更愿意外出,尝试新的休闲活动,而低收入人群则会选择在收入水平范围内通过日常休闲活动来自得其乐,见表 4-20。

表 4-20　2014 年不同收入群体黄金周休闲活动选择(单位:%)

休闲活动	收 入 水 平					
	1 000 元及以下	1 001～3 000 元	3 001～5 000 元	5 001～8 000 元	8 001～10 000 元	10 001～15 000 元
旅游度假	77.27	58.82	56.29	61.29	60.00	41.67
参观访问	4.55	7.06	9.58	6.45	10.00	12.50
上　网	36.36	37.65	46.11	35.48	40.00	50.00
看电视	11.36	17.65	21.56	16.13	10.00	41.67
看电影	20.45	30.59	23.35	19.35	16.67	20.83
看演唱会、音乐会等	6.82	14.12	16.77	22.58	0.00	29.17
逛街、购物、饮食、闲聊	29.55	50.59	39.52	48.39	46.67	29.17
吧式消费	20.45	16.47	19.76	38.71	46.67	33.33
养花草宠物	13.64	4.71	3.59	3.23	0.00	8.33
业余爱好、桌游、棋牌	36.36	11.76	7.78	3.23	3.33	0.00
休闲健身	9.09	5.88	11.38	6.45	20.00	4.17
社会活动	0.00	1.18	0.00	0.00	0.00	8.33
休闲教育	0.00	0.00	0.00	3.23	0.00	4.17
其　他	0.00	0.00	1.20	0.00	0.00	4.17

注:百分比以响应者为基础。

2019 年的数据表明，第一，不同收入群体在黄金周期间选择"旅游度假"的比例相较于 2004 年和 2014 年直线上升，且以中高收入群体为主，表明虽然黄金周制度改变和带薪休假制度的改变曾经一度使中高收入群体在黄金周期间选择旅游度假的比例下降，但从 2014 年到 2019 年，为了让游客能有更好的旅游体验，旅游行业、景区采取了很多措施，例如黄金周期间景区分流、加大景区建设投入、完善景区基础接待设施等，因此 2019 年在黄金周期间选择旅游度假的比例直线上升；并且随着工作时间的隐形延长，很多中高收入群体只有在黄金周期间才有休闲时间陪伴家中老人，为了让老人开心，他们会选择陪伴老人外出旅游。第二，不同收入群体在黄金周期间选择"参观访问"的比例相较于平时和周末有所下降，主要是因为黄金周期间居民更愿意抽出时间陪伴家人、放松身心，而不是通过参观访问等休闲活动来提升自我。第三，不同收入群体在黄金周期间选择"看电视、影视娱乐和上网"的比例较往年直线下降，也较平时和周末有所下降，主要是随着电子产品的普及，人们平时工作时几乎离不开电子产品，因此在休闲时间对电子产品的使用率会减少，同时近年来随着乡村旅游、生态旅游的兴起，人们在休闲时间充足的情况下更愿意去接近大自然、呼吸新鲜空气，从而愉悦身心，具体见表 4－21。

表 4－21　2019 年不同收入群体黄金周休闲活动选择（单位：%）

休闲活动	收 入 水 平							
	1 000 元及以下	1 001～3 000 元	3 001～5 000 元	5 001～8 000 元	8 001～10 000 元	10 001～15 000 元	15 001～20 000 元	20 000 元以上
旅游度假	20.00	54.55	59.32	51.24	52.05	53.85	60.00	81.25
参观访问	10.00	15.91	22.03	25.62	9.59	23.08	20.00	25.00
上　网	0.00	25.00	14.41	23.97	19.18	15.38	10.00	18.75
看电视	30.00	18.18	18.64	9.92	6.85	5.13	15.00	0.00
看电影	0.00	9.09	11.86	10.74	16.44	10.26	15.00	6.25
看演唱会、音乐会等	0.00	4.55	8.47	14.88	17.81	17.95	15.00	25.00
逛街、购物、饮食、闲聊	10.00	36.36	46.61	41.32	34.25	38.46	40.00	31.25
吧式消费	10.00	2.27	10.17	5.79	9.59	7.69	20.00	6.25

休闲活动	收　入　水　平							
	1 000 元及以下	1 001~3 000 元	3 001~5 000 元	5 001~8 000 元	8 001~10 000 元	10 001~15 000 元	15 001~20 000 元	20 000 元以上
养花草宠物	20.00	15.91	16.95	8.26	8.22	5.13	15.00	6.25
体育健身	30.00	6.82	7.63	9.92	10.96	12.82	0.00	18.75
散　步	70.00	40.91	24.58	33.06	28.77	17.95	5.00	18.75
阅　读	30.00	13.64	18.64	16.53	15.07	17.95	40.00	25.00
社会活动	0.00	2.27	2.54	4.96	8.22	12.82	10.00	0.00
业余爱好、桌游、棋牌	20.00	40.91	28.81	26.45	34.25	25.64	15.00	12.50
休闲教育	10.00	13.64	8.47	16.53	26.03	28.21	20.00	25.00
其　他	10.00	0.00	0.85	0.83	2.74	7.69	0.00	0.00

注：百分比以响应者为基础。

（四）不同收入群体休闲活动选择倾向分析

从不同收入群体休闲活动选择倾向来看，可以得知：

第一，"吧式消费"成为不同收入群体休闲活动的潮流。历史文化是城市发展的内在驱动力，对城市产业类型具有一定影响。成都的茶文化历史悠久，其茶馆文化也延续到了现代社会；成都作为一座包容性极强的城市，其历史文化受到外来文化的影响，咖吧和酒吧作为舶来品受到了年轻人的追捧，并以时尚、自由、个性的特点成为成都的一种标志。历史文化具有一定的延展性，对休闲产业发展具有持续的影响力，茶吧、咖吧、酒吧文化相融合，共同塑造出成都独特的吧式文化。

第二，"旅游度假"在黄金周广受高收入群体的喜爱。党的十九大报告中提出"乡村振兴"战略，而乡村旅游则是乡村振兴的重要抓手之一。从 2015 年开始，"中央一号文件"中多次涉及乡村旅游相关内容。近年来，在经历了从农家乐向乡村度假转型的漫长阵痛期之后，成都的乡村旅游逐渐扭转局面，乡村旅游发展不断提速，乡村旅游市场不断繁荣，乡村旅游人才队伍不断壮大。所以，在成都这个新一线城市，不仅具有强烈的度假需求，而且高收入群体较高的消费能力也能作为支撑。

第三,不同收入群体选择"参观访问"的比例逐年增加。近年来,成都紧紧围绕发展天府文化建设世界文化名城的使命任务,深刻认识和把握推进成渝地区双城经济圈建设的重大意义,践行新发展理念,致力创新提能,坚持丰富供给与培育消费相互驱动,推进文旅融合和产业事业协调高质量发展,积极创建国家文化和旅游产业融合发展示范区、国家文化和旅游消费示范城市,为成都居民参观访问创造了良好的文旅环境。

七、休闲活动选择的文化程度群体差异

随着文化程度的增加,居民休闲活动选择的丰富程度也随之增加,高学历不仅意味着居民有机会获得更高的收入,而且受过良好教育的居民的思想比较前瞻和时尚,懂得用理性的思维去进行质量较高的休闲活动。[①] 因此本研究将受访人群分为初中及以下、高中(中专、职校)、本科及大专、硕士及以上四种不同文化程度的群体,通过比较他们之间休闲活动选择的差异来探讨文化程度对休闲活动的影响。

(一) 不同文化程度群体平时休闲活动选择

2004 年的调研结果显示,第一,从总体来看,"看电视、影视娱乐和上网"是各文化程度群体平时最主要的休闲活动,并且文化程度越高选择"看电视、影视娱乐和上网"的比例就越大,而选择"逛街、购物、饮食、闲聊"的比例则随着文化程度的增加而减少。第二,高文化程度人群对于"参观访问""体育健身"等富有文化含量的休闲活动的选择明显高于低文化程度的群体,表示文化程度越高,居民越注重自身健康和修养,更注重外在的社交类活动。

2014 年的调研结果显示,第一,"看电视、影视娱乐和上网"仍是各文化程度群体平时最主要的休闲活动,且在各群体之间所占比例大致相同;第二,选择"逛街、购物、饮食、闲聊""吧式消费"的比例随着文化程度的增加而增加,低文化程度人群在平时更偏向于"体育健身""旅游度假"等休闲活动;第三,在平时的休闲时间中,高文化程度人群偏向于选择"社会活动"等方式来增加与朋友、家人之间的沟通和交往。

2019 的调研结果显示,第一,从总体来看,"看电视、影视娱乐和上网"依旧

---

① 楼嘉军,徐爱萍,岳培宇.城市居民休闲活动满意度研究——上海、武汉和成都的比较分析[J].华东经济管理,2008(4):32-38.

是不同文化程度群体平时休闲活动的首要选择，且文化程度越低选择"看电视、影视娱乐和上网"的比例越高。第二，在平时休闲活动中，选择"旅游度假"的比例随着文化程度的增加而增加，低文化程度的人群更偏爱"养花草宠物"类怡情养性型和"业余爱好、桌游、棋牌"类消遣娱乐型的休闲活动。第三，不同文化程度群体对"休闲教育"的选择比例虽不算高，但仍呈现出选择比例与文化程度正相关的关系，即文化程度越高，对休闲教育的需求越多。

　　成都2004年、2014年和2019年不同文化群体平时休闲活动选择的调研结果见表4-22。

表4-22　2004年、2014年和2019年不同文化程度群体
平时休闲活动选择(单位：%)

休闲活动	初中及以下			高中(中专、职校)			本科及大专			硕士及以上		
	2004	2014	2019	2004	2014	2019	2004	2014	2019	2004	2014	2019
旅游度假	5.56	23.26	6.56	7.02	18.03	7.55	7.59	16.20	5.03	5.88	0.00	24.00
参观访问	0.00	18.60	9.84	10.53	6.56	13.21	2.76	20.83	3.52	0.00	16.67	13.33
上　网		65.12	21.31		63.11	34.91		65.74	9.05		50.00	29.33
看电视		55.81	73.77		46.72	72.64		42.13	9.05		33.33	26.67
看电影	83.30	32.56	11.48	92.99	53.28	23.58	88.28	35.19	13.07	94.12	66.67	34.67
看演唱会、音乐会等		6.98	1.64		2.46	2.83		15.28	6.03		16.67	4.00
逛街、购物、饮食、闲聊	55.56	9.30	16.39	52.63	27.87	16.98	51.72	20.37	6.03	29.41	33.33	28.00
吧式消费	16.67	11.63	6.56	26.32	18.85	19.81	30.34	19.91	6.53	17.65	33.33	24.00
养花草宠物	33.33	2.33	42.62	22.81	4.92	27.36	8.97	2.78	8.54	11.76	0.00	21.33
体育健身	22.22	34.88	11.48	22.81	13.93	11.32	30.34	7.87	6.53	47.06	16.67	12.00
散　步	—	—	52.46	—	—	31.13	—	—	13.57	—	—	25.33
阅　读	—	—	14.75	—	—	24.53	—	—	5.03	—	—	33.33
社会活动	33.33	2.33	1.64	5.25	19.67	0.00	14.48	21.30	0.50	23.53	0.00	4.00

休闲活动	初中及以下			高中(中专、职校)			本科及大专			硕士及以上		
	2004	2014	2019	2004	2014	2019	2004	2014	2019	2004	2014	2019
业余爱好、桌游、棋牌	16.67	32.56	24.59	22.81	18.03	7.55	40.00	25.00	3.02	52.94	16.67	9.33
休闲教育	11.11	2.33	4.92	5.25	1.64	5.66	6.90	1.85	4.52	11.76	0.00	10.67
其 他	0.00	0.00	0.00	1.75	0.82	0.94	0.00	0.93	0.00	0.00	0.00	0.00

注:百分比以响应者为基础。

(二) 不同文化程度群体周末休闲活动选择

2004 年的调研结果显示,第一,相较于平时,在周末各文化程度的居民对"看电视、影视娱乐和上网"的选择比例有所减少,且高文化程度群体更偏向于选择"旅游度假""逛街、购物、饮食、闲聊",表示高文化程度群体在休闲时间充裕的情况下,周末休闲活动选择的开放性增加。第二,高文化程度群体更偏向于选择平时无从估计的"体育健身""业余爱好、桌游、棋牌"来缓解工作的压力,丰富休闲生活;而低文化程度的群体则偏向于参与社会活动,抓住机会来扩大自己的人际关系,提升自身能力。

2014 年的调研结果显示,第一,各文化程度的群体对于"看电视、影视娱乐和上网"的选择比例相较于平时有所降低,且低文化程度群体对这种居家消遣型休闲活动更表现出依赖性。第二,吧式消费的场所环境的改善以及成都居民对业余爱好、桌游、棋牌爱好的提升,使得这两种休闲活动在各文化程度的居民中都占有一定的比重。第三,"体育健身"的选择比例随着文化程度的提升而降低,而选择"逛街、购物、饮食、闲聊"则在高文化程度群体中占有较大比重。

2019 年的数据表明,第一,各文化群体在周末对"旅游度假"的需求增加,且文化程度越高,对旅游度假的需求量越多。第二,在周末,文化程度越高的群体选择"参观访问""体育健身"的比例越高,而文化程度越低的群体选择"业余爱好、桌游、棋牌""养花草宠物""散步"的比例越高。第三,不同文化程度对"看电视、影视娱乐和上网"的需求几乎持平,但相较于平时比例有所下降。

成都 2004 年、2014 年和 2019 年不同文化群体周末休闲活动选择的调研结果见表 4 - 23。

表 4‑23　2004 年、2014 年和 2019 年不同文化程度群体
周末休闲活动选择（单位：％）

休闲活动	初中及以下			高中(中专、职校)			本科及大专			硕士及以上		
	2004	2014	2019	2004	2014	2019	2004	2014	2019	2004	2014	2019
旅游度假	11.11	13.95	6.56	22.81	18.85	8.49	20.00	9.72	15.08	17.65	69.77	14.67
参观访问	11.11	16.28	11.48	15.79	6.56	25.47	13.10	10.65	29.15	35.29	13.95	45.33
上　网	61.11	39.53	14.75	63.16	54.92	23.58	57.93	34.72	26.13	64.17	41.86	14.67
看电视		53.49	47.54		26.23	27.36		32.87	12.06		30.23	14.67
看电影		41.86	14.75		49.18	33.96		31.94	35.18		11.63	30.67
看演唱会、音乐会等		9.30	6.56		4.10	10.38		30.56	18.09		11.63	20.00
逛街、购物、饮食、闲聊	55.56	6.98	19.67	64.91	13.11	33.96	57.24	14.81	32.66	17.65	32.56	29.33
吧式消费	16.67	25.58	8.20	24.56	12.30	7.55	31.03	28.70	13.57	17.65	37.21	9.33
养花草宠物	16.67	6.98	34.43	10.53	4.10	23.58	4.83	3.24	21.11	0.00	2.33	24.00
体育健身	27.78	25.58	8.20	31.58	23.77	23.58	28.28	18.06	29.15	35.29	4.65	26.67
散　步	—	—	50.82	—	—	34.91	—	—	24.12	—	—	20.00
阅　读	—	—	22.95	—	—	22.64	—	—	21.11	—	—	16.00
社会活动	38.33	6.98	3.28	17.54	12.30	0.94	29.66	26.85	2.51	29.41	2.33	5.33
业余爱好、桌游、棋牌	16.67	46.51	39.34	24.56	57.38	18.87	31.72	44.26	13.07	64.71	9.30	20.00
休闲教育	5.56	2.33	11.48	5.56	4.92	4.72	6.90	6.94	6.53	0.00	0.00	5.33
其　他	5.56	0.00	0.00	0.00	0.82	0.00	2.07	0.93	0.50	0.00	0.00	4.00

注：百分比以响应者为基础。

（三）不同文化程度群体黄金周休闲活动选择

2004 年的调研结果显示，第一，各文化程度群体最为主要的休闲活动是旅游度假，且选择"旅游度假"的比例随着文化程度的增加而上升，而选择"看电视、影视娱乐和上网"等简单休闲活动的比例则随着文化程度的增加而减少，表现出高文化群体由于日常的繁忙和工作的压力，在黄金周期间迫切需要回归自然，通

过休闲度假来放松身心。第二,选择"逛街、购物、饮食、闲聊"的比例随着文化程度的提升而减少,而选择"吧式消费"的比例则随着文化程度的提升而增加。第三,高中(中专、职校)、本科及大专的居民群体,在黄金周期间会用一部分时间来满足自身的业余爱好,而初中及以下文化程度群体的居民在活动选择上较为单调。

2014 年的调研结果显示,第一,从总体上看除了少量硕士及以上学历群体外,随着文化程度的提升,选择"旅游度假"的比例降低。第二,中等学历层次的成都居民在黄金周的休闲方式更加的多样化,并且更偏向于选择"逛街、购物、饮食、闲聊"。第三,随着黄金周期间音乐节等节庆活动的增多,高文化程度群体在黄金周期间选择"看音乐会、演唱会等"的比例随着文化程度的提升而增加,通过这样新兴的休闲活动来满足娱乐需求。

2019 年的数据表明,第一,从总体上看,在黄金周期间,"看电视、影视娱乐和上网"不再是成都居民的首要选择,因为黄金周期间休闲时间充足,居民的休闲方式更具开放性、多元性。第二,在黄金周期间,不同文化程度群体对"旅游需求"的选择比例相较于 2014 年都有所下降,且基本持平。第三,高文化程度群体在黄金周期间偏向于选择"看演唱会、音乐会等""参观访问""逛街、购物、饮食、闲聊"等休闲活动,而低文化程度群体在黄金周期间更偏向于选择"养花草宠物""散步""业余爱好、桌游、棋牌"等休闲方式。

成都 2004 年、2014 年和 2019 年的不同文化群体黄金周休闲活动选择调研结果见表 4-24。

表 4-24　2004 年、2014 年和 2019 年不同文化程度群体
黄金周休闲活动选择(单位:%)

休闲活动	初中及以下			高中(中专、职校)			本科及大专			硕士及以上		
	2004	2014	2019	2004	2014	2019	2004	2014	2019	2004	2014	2019
旅游度假	44.44	69.77	44.26	73.68	64.75	61.32	73.79	53.24	52.26	88.24	66.67	65.33
参观访问	38.89	13.95	13.11	26.32	3.28	22.64	23.45	10.65	20.60	41.18	16.67	21.33
上网	55.56	41.86	8.20	29.82	38.52	21.70	34.48	44.44	20.10	23.53	16.67	18.67
看电视		30.23	31.15		16.39	17.92		18.98	5.53		50.00	8.00
看电影		11.63	8.20		29.51	5.66		23.61	16.08		0.00	10.67
看演唱会、音乐会等		11.63	0.00		6.56	4.72		19.91	20.10		33.33	16.00

续　表

休闲活动	初中及以下			高中(中专、职校)			本科及大专			硕士及以上		
	2004	2014	2019	2004	2014	2019	2004	2014	2019	2004	2014	2019
逛街、购物、饮食、闲聊	50.00	32.56	27.87	42.11	45.08	45.28	41.38	41.20	42.21	35.29	33.33	34.67
吧式消费	5.56	37.21	3.28	7.02	16.39	7.55	8.97	25.00	9.55	11.76	33.33	9.33
养花草宠物	22.22	2.33	26.23	1.75	7.38	9.43	2.76	3.70	9.55	0.00	16.67	8.00
体育健身	22.22	4.65	9.84	26.32	5.74	7.55	21.38	3.24	10.55	23.53	0.00	10.67
散步	—	—	54.10	—	—	27.36	—	—	28.64	—	—	9.33
阅读	—	—	21.31	—	—	16.98	—	—	16.08	—	—	24.00
社会活动	44.44	2.33	1.64	38.60	9.02	6.60	46.21	11.57	5.03	47.06	0.00	6.67
业余爱好、桌游、棋牌	0.00	9.30	40.98	19.30	14.75	31.13	24.14	2.77	26.13	17.65	0.00	21.33
休闲教育	0.00	0.00	9.84	7.02	0.00	14.15	7.59	0.93	16.08	0.00	0.00	29.33
其　他	0.00	0.00	0.00	1.75	0.00	0.00	1.38	1.93	1.51	0.00	0.00	6.67

注：百分比以响应者为基础。

（四）不同文化程度群体休闲活动选择倾向分析

从变化趋势来看，可以得出：

第一，不同文化程度群体平时选择"旅游度假"的比例增加，周末或者黄金周选择"旅游度假"的比例下降，该现象在高文化程度群体中尤为明显。这与我国带薪休假制度的完善有关。1995年休假制度改革，《中华人民共和国劳动法》中规定："国家实行带薪年休假制度，劳动者连续工作一年以上的，享受带薪年休假。"2008年，《职工带薪年休假条例》规定："职工累计工作已满1年不满10年的，年休假5天；已满10年不满20年的，年休假10天；已满20年的，年休假15天。"但随着节假日制度的完善、带薪休假制度的落实和节假日消费的扩大，出现了节假日休闲的"井喷"现象，所以高文化程度群体更多选择理性出行、错峰出游、平时出游，以获得更好的旅游体验。

第二，在三次调研结果中，数据变化最大的是不同文化程度群体对"社会活动"

的选择比例大幅度下降,甚至有部分文化程度群体在某些时间段内对"社会活动"的需求为零,究其主要原因,还是现代社会工作、家庭压力大。"向内演化、或绕圈圈"的社会内卷,看似大家都按照制度安排、为了自身利益按部就班、埋头苦干、配合体制,但其实只在有限的内部范围施展,不向外扩张,其工作方向是向内收敛的,而非向外发散的。所以对社会和国民来说,社会内卷不利于社会资源的高效利用,同时削弱了对外的竞争力,导致无数人才被困在内卷化的环境里无法自拔,造成工作压力大、工作超时、工作超负荷等现象。许多人在工作的同时还需要兼顾家庭,买房、买车、子女教育等家庭压力也在随着社会发展不断地增大。

第三,"逛街、购物、饮食、闲聊"在 2004 年更受低文化程度群体的欢迎,在 2019 年更受高文化程度群体的欢迎。这种变化与移动互联网的发展密不可分。随着移动互联网的快速发展,移动设备逐渐成为国民购物休闲的必备工具,掀起了一股移动购物的浪潮。据尼尔森的相关研究,在中国,2017 年 84% 的消费者使用手机购物,而这一比例在 2013 年仅为 53%。这一变化得益于支付宝、微信钱包等第三方支付平台被广泛接纳和使用,人们普遍认为"无现金"的生活更便捷、更高效。移动互联网进一步催生社交电商和粉丝经济,社交平台集社交与购物功能于一体,并通过大数据算法进行个性化、有针对性的消息推送,大大降低了人们在购物上的搜寻、比价、交通等精力和时间消耗,提高了国民休闲购物行为的效率和质量。[①] 所以"逛街、购物、饮食、闲聊"更受高文化群体程度的欢迎,既能利用工作的碎片化时间完成购物,也能舒缓工作的压力,同时经济上也能够负担得起。

第四,从不同文化程度群体休闲活动选择倾向 15 年的总体变化趋势来看,在平时,低文化程度群体偏向于选择"桌游、棋牌""养花草宠物""散步"等,高文化程度群体偏向于选择"旅游度假""参观访问""体育健身"等,说明低文化程度群体大多做的是劳力工作,所以在休闲时间希望远离工作,通过消遣娱乐的方式释放压力;高文化程度群体因为工作需要,所以通过参观访问来提升自身涵养,通过体育健身提高身体素质。在周末和黄金周,低学历群体休闲活动的选择更多元化,具体表现为热衷于休闲消费并且更倾向于个人兴趣,以满足自我需求、实现自我价值;高学历群体的休闲活动比较集中,主要以娱乐消遣型活动为主,以缓解平时高强度工作的压力。

---

① 宋瑞,金准,李为人,等.2018—2019 年中国休闲发展报告[M].北京:社会科学文献出版社,2019:197-220.

第四节　居民休闲活动选择的影响因素

休闲活动选择影响因素是指城市居民根据自身休闲动机进行休闲活动选择的主观性和客观性因素的总和。通过对比成都居民 19 项影响因素偏好程度的选择结果，可以找出影响成都居民休闲活动选择的主要因素，从而能够引导其休闲活动，为调整和改善他们的休闲生活提供依据和参考。

一、影响因素的描述性统计

根据影响程度的大小，将影响因素分成完全无影响、影响比较小、影响比较大、影响非常大四个层次，其中 1 代表完全无影响、2 代表影响比较小、3 代表影响比较大、4 代表影响非常大。通过调查和数据整理，2004 年、2014 年和 2019 年成都居民休闲活动选择影响因素均值及排序情况如表 4 - 25 所示。

表 4 - 25　2004 年、2014 年和 2019 年成都居民休闲活动
选择影响因素均值及排序情况

类　　别	2004 年		2014 年		2019 年	
	均值	排序	均值	排序	均值	排序
休闲方式趣味性	1.68	10	2.71	9	2.70	11
休闲方式娱乐性	1.55	14	2.83	7	2.72	10
休闲方式健身性	1.51	15	3.10	2	2.65	14
休闲方式时尚性	1.03	19	2.29	17	2.46	19
休闲方式知识性	1.61	12	2.46	15	2.57	18
休闲方式参与性	1.57	13	2.54	13	2.79	9
休闲设施质量	1.84	7	2.63	10	2.97	5
休闲服务水平	1.88	5	2.83	7	3.05	2
休闲产品宣传与推荐	1.30	17	2.22	18	2.59	16
休闲场所管理水平	1.79	8	2.41	16	2.93	6

类　　别	2004 年		2014 年		2019 年	
	均值	排序	均值	排序	均值	排序
休闲场所离居住地距离	1.61	11	2.53	14	2.69	12
周围人参与休闲活动多少	1.19	18	2.21	19	2.61	15
身体健康状况	1.76	9	2.85	4	3.05	2
心情	1.97	2	3.12	1	3.09	1
兴趣爱好	2.06	1	3.10	3	2.99	4
收入水平高低	1.97	3	2.85	5	2.58	17
休闲花费多少	1.91	4	2.85	5	2.68	13
闲暇时间多少	1.85	6	2.58	12	2.80	8
家人朋友的支持	1.51	16	2.63	10	2.87	7

从表 4 - 25 可以看出,2004 年成都居民休闲活动选择影响因素呈现如下特征。第一,居民休闲活动选择影响因素的影响程度普遍偏低,除了"兴趣爱好"对其影响程度在 2.00 以上水平之外,其他因素均显示影响程度较小。第二,从各影响因素均值排序可知,排名前五位的是"兴趣爱好""心情""收入水平高低""休闲花费多少"和"休闲服务水平",而排名后五位的是"休闲方式健身性""家人朋友的支持""休闲产品宣传与推荐""周围人参与休闲活动多少"和"休闲方式时尚性"。分析认为,2004 年成都居民休闲活动选择主要基于自身的兴趣爱好和心情,具有自发性、自由性和随意性的特点,同时也受到经济条件的诸多限制。

2014 年成都居民休闲活动选择影响因素的均值及排序显示,影响因素的均值均在 2.00 水平以上,其中有 3 项超过 3.00,表明居民的休闲参与受到各因素的影响程度在加大。这在一定程度上可以说明,随着成都居民休闲参与广度和深度的增加,居民对休闲活动选择影响因素的认知和重视程度也在不断增大。从各影响因素均值排序可以看出,排名前五位的是"心情""休闲方式健身性""兴趣爱好""身体健康状况"和"收入水平高低"与"休闲花费多少"(并列),而排名后五位的是"休闲方式知识性""休闲场所管理水平""休闲方式时尚性""休闲产品宣传与推荐"和"周围人参与休闲活动多少"。可以认为,2014年成都居民休闲活动选择的主要影响因素有自身心理诉求和经济条件以及休闲活动的特定属性。

2019年成都居民休闲活动选择影响因素的均值及排序显示,影响因素的均值均在2.00水平以上,其中绝大多数在2.50以上,有3项超过3.00,表明居民的休闲参与受到各因素的影响程度仍然较大。这在一定程度上可以说明,随着成都居民休闲参与广度和深度的增加,居民对休闲活动选择影响因素的认知和重视程度也在不断增大。从各影响因素的均值排序可以看出,排名前五位的是"心情""身体健康状况""休闲服务水平""兴趣爱好"和"休闲设施质量",排名后五位的是"周围人参与休闲活动多少""休闲产品宣传与推荐""收入水平高低""休闲方式知识性"和"休闲方式时尚性"。可以认为,2019年成都居民休闲活动选择的主要影响因素为自身心理诉求、身体健康状况以及休闲服务的水平高低。

二、影响因素的因子分析

为进一步对调查数据进行统计分析,本研究运用SPSS26.0对2004年和2019年的调查数据进行因子分析,探究成都居民休闲活动选择影响因素之间的内部依赖关系。由于2014年数据有部分缺失,因此并未对2014年的数据进行因子分析。首先,通过信度检验问卷量表题项内部的一致性,然后采用探索性因子分析法进行降维处理并提取公因子。

(一) 信度检验

本研究采用克隆巴赫系数为信度检验标准。对于克隆巴赫系数,学术界比较认可的说法是0.7是标准阈值,当系数值≥0.7时,说明量表信度可接受,且越接近1表明信度越高,能进行下一步效度检验;而当系数值<0.7时,说明量表可信度不太好,需要进行一定程度的调整。

经过测算,2004年成都居民休闲活动选择影响因素的19项题项的克隆巴赫系数为0.809,说明该量表的内部一致性较高,可以进行下一步的效度检验。

经过测算,2019年成都居民休闲活动选择影响因素的19项题项的克隆巴赫系数为0.810,说明该量表的内部一致性较高,可以进行下一步的效度检验。

(二) KMO 和 Bartlett 检验

效度检验是对问卷测试结果有效性的衡量,测量结果与考察内容越贴切则调研问卷效度越高,反之亦然。目前学术界比较公认的问卷效度检验方法是对数据进行 KMO 和 Bartlett 检验,0.6 是 KMO 的标准阈值,KMO 值小于 0.6 时说明问卷测试结果不佳,KMO 值大于 0.6 时说明问卷测试结果有效,且越接近 1 表明有效性越好。当 Bartlett 球形度检验的显著度小于 0.05 时,问卷才适合继续进行下一步因子分析。

经过测算,2004 年成都居民休闲活动选择影响因素 KMO 值为 0.750,Bartlett 球形检验的显著度为 0.000,均符合参数阈值,表明该问卷测试结果有效性较高,且适合继续进行因子分析,详见表 4 - 26。

表 4 - 26　2004 年成都居民休闲活动选择影响因素 KMO 和 Bartlett 检验

KMO 取样适切性量数		0.750
Bartlett 球形检验	近似卡方	1 139.597
	自由度	171
	显著度	0.000

经过测算,2019 年成都居民休闲活动选择影响因素 KMO 值为 0.803,Bartlett 球形检验的显著度为 0.000,均符合参数阈值,表明该问卷测试结果有效性较高,且适合继续进行因子分析。见表 4 - 27。

表 4 - 27　2019 年成都居民休闲活动选择影响因素 KMO 和 Bartlett 检验

KMO 取样适切性量数		0.803
Bartlett 球形检验	近似卡方	1 760.989
	自由度	171
	显著度	0.000

(三) 总方差解释及碎石图

本研究采用探索性因子分析法。2004 年成都居民休闲活动选择影响因素总方差解释中,前六个公因子解释的累积方差为 60.833%,故提取 6 个公因子能够较好地解释原有变量包含的信息,详见表 4 - 28。

表 4 - 28　2004 年成都居民休闲活动选择影响因素因子分析总方差解释

	初始特征值			提取载荷平方和			旋转载荷平方和		
	总计	方差占比/%	累积方差占比/%	总计	方差占比/%	累积方差占比/%	总计	方差占比/%	累积方差占比/%
1	4.487	23.617	23.617	4.487	23.617	23.617	2.289	12.050	12.050
2	1.803	9.490	33.107	1.803	9.490	33.107	2.166	11.401	23.451
3	1.562	8.223	41.330	1.562	8.223	41.330	2.153	11.330	34.781
4	1.337	7.039	48.368	1.337	7.039	48.368	1.935	10.185	44.965
5	1.192	6.276	54.644	1.192	6.276	54.644	1.512	7.960	52.925
6	1.176	6.189	60.833	1.176	6.189	60.833	1.503	7.908	60.833
7	0.974	5.127	65.960						
8	0.902	4.750	70.710						
9	0.791	4.161	74.871						
10	0.681	3.583	78.454						
11	0.658	3.465	81.919						
12	0.580	3.052	84.970						
13	0.546	2.872	87.842						
14	0.515	2.711	90.553						
15	0.471	2.476	93.029						
16	0.399	2.102	95.131						
17	0.357	1.877	97.008						
18	0.315	1.660	98.668						
19	0.253	1.332	100.000						

提取方法：主成分分析法。

2019 年成都居民休闲活动选择影响因素总方差解释中，前五个公因子解释的累积方差为 52.465%，故提取 5 个公因子能够较好地解释原有变量包含的信息，见表 4 - 29。

表4-29　2019年成都居民休闲活动选择影响因素因子分析总方差解释

	初始特征值			提取载荷平方和			旋转载荷平方和		
	总计	方差占比/%	累积方差占比/%	总计	方差占比/%	累积方差占比/%	总计	方差占比/%	累积方差占比/%
1	4.422	23.272	23.272	4.422	23.272	23.272	2.480	13.055	13.055
2	1.725	9.077	32.349	1.725	9.077	32.349	2.253	11.858	24.912
3	1.390	7.317	39.666	1.390	7.317	39.666	1.810	9.527	34.439
4	1.297	6.827	46.493	1.297	6.827	46.493	1.766	9.296	43.736
5	1.135	5.972	52.465	1.135	5.972	52.465	1.658	8.729	52.465
6	0.962	5.062	57.527						
7	0.935	4.922	62.449						
8	0.911	4.795	67.243						
9	0.798	4.198	71.441						
10	0.764	4.021	75.462						
11	0.693	3.650	79.112						
12	0.636	3.349	82.461						
13	0.607	3.194	85.655						
14	0.546	2.874	88.529						
15	0.509	2.678	91.207						
16	0.491	2.582	93.790						
17	0.438	2.308	96.097						
18	0.389	2.046	98.143						
19	0.353	1.857	100.000						

提取方法：主成分分析法。

2004年成都居民休闲活动选择影响因素因子分析特征值的碎石图如图4-1所示。通过观察可以发现，第六个公因子之后的特征值变化趋缓，即在横坐标"6"之后折线变得较为平坦,表明选取 6 个公因子是比较恰当的。

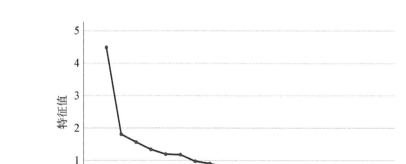

图 4-1　2004 年成都居民休闲活动选择影响
因素因子分析特征值的碎石图

2019 年成都居民休闲活动选择影响因素因子分析特征值的碎石图如图 4-2 所示。通过观察可以发现,第五个公因子之后的特征值变化趋缓,即在横坐标"5"之后折线变得较为平坦,表明选取 5 个公因子是比较恰当的。

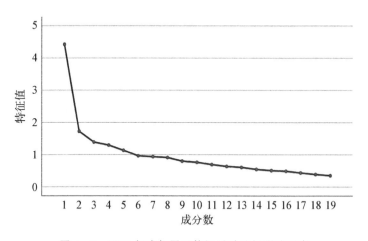

图 4-2　2019 年成都居民休闲活动选择影响因素
因子分析特征值的碎石图

(四) 旋转成分矩阵

对 2004 年成都居民休闲活动选择影响因素进行因子分析旋转成分分析,得到六个公因子,见表 4-30。

表 4 - 30　2004 年成都居民休闲活动选择影响因素因子分析旋转成分矩阵

公因子	类　别	成　分					
		1	2	3	4	5	6
休闲支持因子	休闲花费多少	0.818					
	个人收入水平高低	0.763					
	个人闲暇时间多少	0.679					
消遣功能因子	休闲方式趣味性		0.705				
	休闲方式娱乐性		0.692				
	心情		0.688				
	兴趣爱好		0.622				
休闲保障因子	休闲场所管理水平			0.793			
	休闲服务水平			0.777			
	休闲设施质量			0.728			
外部环境因子	休闲方式时尚性				0.673		
	休闲产品宣传与推荐				0.645		
	周围人参与休闲活动多少				0.637		
自我身心因子	身体健康状况					0.651	
	休闲场所离居住地距离					0.638	
提升功能因子	休闲方式健身性						0.784
	休闲方式知识性						0.657

提取方法：主成分分析法。

旋转方法：凯撒正态化最大方差法；旋转在 11 次迭代后已收敛。

研究发现,2004 年成都居民休闲活动选择影响因素因子旋转后每个公因子的载荷分批更加清晰,各因子的意义更易解析。第一公因子更能代表"休闲花费多少""个人收入水平高低""个人闲暇时间多少",将其命名为休闲支持因子;第二公因子更能代表"休闲方式趣味性""休闲方式娱乐性""心情""兴趣爱好",将其命名为消遣功能因子;第三公因子更能代表"休闲场所管理水平""休闲服务水平""休闲设施质量",将其命名为休闲保障因子;第四公因子更能代表"休闲方式时尚性""休闲产品宣传与推荐""周围人参与休闲活动多少",将其命名为外部环境因子;第五公因子更能代表"身体健康状况""休闲场所离居住地距离",将其命名为自我身心因子;第六公因子更能代表"休闲方式健身性""休闲方式知识性",将其命名为提升功能因子。"家人朋友的支持""休闲方式参与性"两项因子荷载小于0.5,故删除这两项。

对2019年成都居民休闲活动选择影响因素进行因子分析旋转成分分析,得到五个公因子,见表4-31。

表4-31 2019年成都居民休闲活动选择影响因素因子分析旋转成分矩阵

公因子	类 别	成 分				
		1	2	3	4	5
休闲 保障因子	14. 心情	0.743				
	13. 身体健康状况	0.606				
	8. 休闲服务水平	0.599				
	10. 休闲场所管理水平	0.559				
	7. 休闲设施质量	0.548				
	15. 兴趣爱好	0.533				
休闲 支持因子	16. 收入水平高低		0.776			
	17. 休闲花费多少		0.757			
	18. 闲暇时间多少		0.524			
消遣 功能因子	2. 休闲方式娱乐性			0.811		
	1. 休闲方式趣味性			0.756		
外部 环境因子	12. 周围人参与休闲活动多少				0.629	
	11. 休闲场所离居住地距离				0.546	
	19. 家人朋友的支持				0.541	

公因子	类 别	成 分				
		1	2	3	4	5
提升功能因子	5. 休闲方式知识性					0.778
	4. 休闲方式时尚性					0.701
	3. 休闲方式健身性					0.523

提取方法：主成分分析法。

旋转方法：凯撒正态化最大方差法；旋转在 13 次迭代后已收敛。

通过研究可以得出以下结论。

第一公因子更能代表"心情""身体健康状况""休闲服务水平""休闲场所管理水平""休闲设施质量""兴趣爱好"，将其命名为休闲保障因子；第二公因子更能代表"收入水平高低""休闲花费多少""闲暇时间多少"，将其命名为休闲支持因子；第三公因子更能代表"休闲方式娱乐性""休闲方式趣味性"，将其命名为消遣功能因子；第四公因子更能代表"周围人参与休闲活动多少""休闲场所离居住地距离""家人朋友的支持"，将其命名为外部环境因子；第五公因子更能代表"休闲方式知识性""休闲方式时尚性""休闲方式健身性"，将其命名为提升功能因子。"休闲产品宣传与推荐""休闲方式参与性"两项因子荷载小于 0.5，故删除这两项。

通过对 2004 年和 2019 年休闲活动选择影响因素因子分析结果的对比，可以发现影响成都居民休闲活动选择的因素主要有 6 个方面，见表 4 - 32。

表 4 - 32　2004 年和 2019 年成都居民休闲活动选择影响因素公因子比较

休闲保障因子	2004 年	休闲场所管理水平	休闲服务水平	休闲设施质量			
	2019 年	休闲场所管理水平	休闲服务水平	休闲设施质量	心情	身体健康状况	兴趣爱好
休闲支持因子	2004 年	休闲花费多少	个人收入水平高低	个人闲暇时间多少			
	2019 年	休闲花费多少	个人收入水平高低	个人闲暇时间多少			

续　表

消遣功能因子	2004 年	休闲方式趣味性	休闲方式娱乐性	心情	兴趣爱好	
	2019 年	休闲方式趣味性	休闲方式娱乐性			
外部环境因子	2004 年	休闲方式时尚性	休闲产品宣传与推荐	周围人参与休闲活动多少		
	2019 年	家人朋友的支持	休闲场所离居住地距离	周围人参与休闲活动多少		
提升功能因子	2004 年	休闲方式健身性	休闲方式知识性			
	2019 年	休闲方式健身性	休闲方式知识性	休闲方式时尚性		
自我身心因子	2004 年	身体健康状况	休闲场所离居住地距离			

第一,休闲保障因子。2004 年的休闲保障因子包括"休闲场所管理水平""休闲服务水平""休闲设施质量"。2019 年在上述三者的基础上增加了"心情""身体健康状况""兴趣爱好"。这说明,除了场所、服务、设施等最基础的保障居民进行休闲活动的条件外,成都居民逐渐更加注重自身的心情、身体健康和兴趣爱好是否能够对休闲活动有保障作用。

第二,休闲支持因子。2004 年的休闲支持因子包括"休闲花费多少""收入水平高低""闲暇时间多少"。2019 年的休闲支持因子与 2004 年的保持一致。这说明时间和金钱是支撑成都市民进行休闲活动的最基本条件。

第三,消遣功能因子。2004 年的消遣功能因子包括"休闲方式趣味性""休闲方式娱乐性""心情""兴趣爱好"。而 2019 年只包括"休闲方式趣味性"和"休闲方式娱乐性","心情"和"兴趣爱好"被分到休闲保障因子中。这说明成都居民逐渐注重心情、兴趣爱好对休闲活动的保障功能,而非消遣功能。

第四,外部环境因子。2004 年的外部环境因子包括"休闲方式时尚性""休闲产品宣传与推荐""周围人参与休闲活动多少"。2019 年为"家人朋友的支持""休闲场所离居住地距离""周围人参与休闲活动多少"。这说明外部环境对成都居民选择休闲活动的影响是多元化的。

第五，提升功能因子。2004年的提升功能因子包括"休闲方式健身性""休闲方式知识性"。2019年在2004年的基础上增加了"休闲方式时尚性"。这说明成都居民对休闲活动的提升功能需求越来越全面。

第六，自我身心因子。该公因子主要代表"身体健康状况""休闲场所离居住地距离"等。自我身心因子反映了自我对休闲活动的态度和判断等是影响成都居民是否选择该休闲活动的主要因素。

三、影响因素的比较分析

（一）纵向比较

从调研结果总体来看，2004年居民休闲活动选择影响因素的影响程度普遍偏低（均值普遍低于2），成都居民休闲活动选择主要基于自身的兴趣爱好和心情，具有自发性、自由性和随意性的特点，同时也受到经济条件的诸多限制；2014年居民休闲活动选择影响因素的影响程度有所提高，居民自身因素（心情、兴趣、收入和花费）仍然是主要影响因素；2019年成都居民休闲活动选择的主要影响因素为自身心理诉求、身体健康状况以及休闲服务的水平高低，收入和花费排名降到17和13，休闲服务水平和设施质量上升到2和5，休闲活动的属性、休闲参与的环境和外在条件对居民的休闲活动选择影响逐步上升，体现出居民对休闲活动的质量重视程度提高。

纵向比较来看，一方面，均值计算显示出各因素的影响程度得以普遍提高，休闲日益成为成都居民生活中的重要组成部分；另一方面，均值排序结果显示，在2004年和2014年，影响成都居民休闲参与的主要因素是自身对于休闲活动的期待以及自身的休闲条件的完备情况，而休闲活动的属性、休闲参与的环境和外在条件对居民的休闲活动选择影响相对较小；到了2019年，在成都居民休闲活动选择的影响因素中，除了居民自身条件，休闲方式本身的特定属性也成为重要影响因素之一。同时，居民休闲活动选择不仅受到经济条件和心理状态的影响，身体健康状况对其休闲参与的影响也日益凸显，居民对于休闲活动参与的深度体验需求愈发增强。

（二）横向比较

2013年开始，中国社会科学院旅游研究中心第一次联合相关机构，开展了全国性国民休闲状况调查，通过科学抽样、入户调查等方式，详细了解了城乡居民的休闲时间、休闲活动、休闲消费、休闲态度、休闲满意度等，以期形成覆盖全民、内容全面、横向可与国际对接、纵向可做历史比较的系列调查。之后的调查结果显示：受访者工作日的休闲时间明显增加；更多人转变休闲观念，认为休闲是幸福优质生活的重要组成部分；在线休闲快速发展，丰富了国民休闲活动；逛公园和本地景点是最主流的休闲活动；年龄对休闲活动选择的影响较大；等等。

目前，我国正开启全面建设社会主义现代化国家的新征程，向第二个百年奋斗目标进军，我国正进入新发展阶段。在此阶段，人们休闲观念转变，休闲需求更加丰富，休闲活动更加多元，对休闲的期待更加强烈，因此需要把满足人们休闲需求放在更重要的位置，从休闲时间、休闲场所、休闲氛围、休闲设施、休闲服务、休闲环境等方面给予保障，使更多的人通过休闲活动获得幸福感。

第五节　居民休闲满意度

休闲满意度是指休闲活动满足参与者需求的程度或休闲参与者从休闲活动中获得的积极感受，反映的是休闲参与者对休闲活动的整体评价，因此也称为休闲活动满意度。参考比尔德和拉吉卜休闲体验的六个层面和邱扶东的相关研究成果，将休闲活动满意度划分为情绪体验、审美体验、健康体验、认知体验、个人价值体验以及群体关系体验6个方面，分别对应问卷中的19项指标。

一、休闲活动满意度

（一）描述性统计

根据收获大小，将满意度划分为完全无收获、收获比较小、收获比较大、收获非常大4个层次，其中1代表完全无收获、2代表收获比较小、3代表收获比较大、4代表收获非常大。通过2004年、2014年和2019年调查数据的描述和对比，进而考察成都居民休闲满意度的状况和变化。2004年、2014年和2019年成都居民休闲满意度均值及排序情况见表4-33。

表4-33　2004年、2014年和2019年成都居民休闲满意度均值及排序情况

类　　别	2004年		2014年		2019年	
	均值	排序	均值	排序	均值	排序
减轻或消除生活、工作压力	1.82	4	2.61	11	2.68	11
减轻或消除心理上的消极情绪	1.77	5	2.71	9	2.78	7

类　　别	2004 年		2014 年		2019 年	
	均值	排序	均值	排序	均值	排序
放松心情,获得愉快的体验	2.01	1	3.17	1	2.87	3
因完成某些活动获得成就感	1.63	12	2.29	19	2.65	13
扩大视野,获得新知识、经验	1.70	9	2.98	3	2.70	10
陶冶情操,满足审美需要	1.54	14	2.89	4	2.68	11
锻炼身体,保持健康	1.77	6	3.00	2	2.85	4
丰富兴趣爱好	1.75	7	2.88	5	2.98	1
提高自己对社会的认识能力	1.57	13	2.49	12	2.74	8
刺激单调生活,满足冒险需要	1.18	19	2.40	15	2.38	18
满足挑战自我、挑战自然的需要	1.21	18	2.30	18	2.12	19
暂时远离烦嚣的都市,回归自然	1.66	10	2.71	7	2.45	16
暂时远离拥挤的人群,回归自我	1.65	11	2.39	16	2.55	14
获得心灵平静	1.70	8	2.49	12	2.80	6
加深对自己的了解	1.49	15	2.48	14	2.72	9
挖掘自己的潜能	1.44	16	2.31	17	2.41	17
实现自己的价值	1.41	17	2.71	7	2.51	15
调整与家人朋友的关系,增进亲情和友情	2.00	2	2.82	6	2.81	5
扩大交际范围,获得新的友谊或经历	1.93	3	2.61	10	2.88	2

从表 4－33 可以看出,在 2004 年,成都居民休闲活动满意度均值显示,"放松心情,获得愉快的体验"与"调整与家人朋友的关系,增进亲情和友情"的满意度水平在 2.00 及以上,其余各项满意度水平普遍偏低。从满意度均值排序情况来看,排名前五位的是"放松心情,获得愉快的体验""调整与家人朋友的关系,增进亲情和友情""扩大交际范围,获得新的友谊或经历""减轻或消除生活、工作压力"和"减轻或消除心理上的消极情绪",排名后五位的分别是"加深对自己的了

解""挖掘自己的潜能""实现自己的价值""满足挑战自我、挑战自然的需要"和"刺激单调生活，满足冒险需要"。可以发现，2004年成都居民对休闲活动满意程度较高的多为满足自身生理、心理和社会交往层面的需求，而对于高层次需要的满足程度相对较小。

在2014年，成都居民休闲活动满意度均值显示，"放松心情，获得愉快的体验"与"锻炼身体，保持健康"的满意度水平在3.00及以上，其余各项满意度水平在2.00以上，从满意度均值排序情况来看，排名前五位的分别是"放松心情，获得愉快的体验""锻炼身体，保持健康""扩大视野，获得新知识、经验""陶冶情操，满足审美需要"和"丰富兴趣爱好"，排名后五位的分别是"刺激单调生活，满足冒险需要""暂时远离拥挤的人群，回归自我""挖掘自己的潜能""满足挑战自我、挑战自然的需要"和"因完成某些活动获得成就感"。通过分析可以看出，2014年成都居民对休闲活动满意程度较高的方面，除了与自身生理、心理有关，还涉及审美、自我能力提升等需要的满足，但更高层面的满足程度仍显不足。

在2019年，成都居民休闲活动满意度均值显示，排名前五位的是"丰富兴趣爱好""扩大交际范围，获得新的友谊或经历""放松心情，获得愉快的体验""锻炼身体，保持健康"和"调整与家人朋友的关系，增进亲情和友情"，排名后五位的是"实现自己的价值""暂时远离烦嚣的都市，回归自然""挖掘自己的潜能""刺激单调生活，满足冒险需要""满足挑战自我、挑战自然的需要"。我们可以发现，2019年成都居民满意程度较高的休闲活动依旧聚焦于自身生理、心理、审美、自我能力提升等需要的满足，更高层面的满足程度有所提高，但仍显不足。

（二）纵向比较

从满意度排名前五位来看，2004年为"放松心情，获得愉快的体验""调整与家人朋友的关系，增进亲情和友情""扩大交际范围，获得新的友谊或经历""减轻或消除生活、工作压力""减轻或消除心理上的消极情绪"；2014年为"放松心情，获得愉快的体验""锻炼身体，保持健康""扩大视野，获得新知识、经验""陶冶情操，满足审美需要""丰富兴趣爱好"；2019年为"丰富兴趣爱好""扩大交际范围，获得新的友谊或经历""放松心情，获得愉快的体验""锻炼身体，保持健康""调整与家人朋友的关系，增进亲情和友情"。从排名后三位来看，2004年为"实现自己的价值""满足挑战自我、挑战自然的需要""刺激单调生活，满足冒险需要"；2014年为"挖掘自己的潜能""满足挑战自我、挑战自然的需要""因完成某些活动获得成就感"；2019年为"挖掘自己的潜能""刺激单调生活，满足冒险需要""满足挑战自我、挑战自然的需要"。对比上述结果可以发现，一方面，各调查问项代表的休闲活动满意程度有所提高,说明成都居民的休闲活动参与效果趋好,居民的休闲生活质量得到了一定程度的改善。另一方面,均值排序结果显示,在2004年,成都居民休闲活动满意度较高的主要为满足自身生理、心理和社会交往层面;在2014年,居民对于审美、自我能力提升等方面也得到了较高程度的满足;在2019年,成都居民对休闲活动更高层面的满足程度有所提高。需要指出的是,2019年休闲活动的参与对于成都居民个人发展、价值实现等高层次需求的满足能力虽然有不同程度的提高,但总体来说仍显有限。当然,实现这一休闲功能目标的达成并非易事,需要休闲者本人、社会休闲供给、休闲文化引领等方面的共同努力,详见表4-33。

(三) 横向比较

习近平总书记强调,让群众满意是我们党做好一切工作的价值取向和根本标准,因此,衡量城市居民休闲生活质量也需要将城市居民对休闲活动的满意程度作为指标。城市居民是休闲城市的主体,通过考量城市居民休闲生活现在以及满意度等主观指标可以反映城市居民对城市休闲建设和发展的满意程度以及休闲城市的发展质量。比尔德和拉吉卜提出了休闲满意度的经典定义,并设计了"休闲满意度量表",包括心理、教育、社交、放松、生理和美学6个维度,共51项子问题。[①] 宋子千等人选用比尔德和拉吉卜设计的6个维度24项子问题的简易量表,发现休闲技能和休闲参与频率对休闲活动满意度有正向影响。[②] 闪媛媛从城市休闲主体、城市休闲客体、城市休闲介体三个方面构建了休闲城市评价指标体系,并发现休闲满意度对城市休闲程度的影响比较大。[③]

从上述研究结果中可以得知,为提高成都城市居民休闲活动满意度,要提高居民休闲参与度、提升居民休闲技能、增加居民休闲时间,不能单靠其中某一项。因此,在休闲发展到一定阶段后,要提高休闲发展质量特别是居民从休闲中获得的效用,加强休闲技能教育,促进休闲产业化的发展。

(四) 休闲活动满意度因子分析

为进一步对成都居民休闲活动满意度调查数据进行统计分析,本研究运用SPSS26.0对2004年和2019年的调查数据进行因子分析,探究成都居民休闲活动满意度的内部依赖关系。由于2014年数据有部分缺失,因此并未对2014年

---

① Brugh M, Beard C W. Collection and processing of blood samples dried on paper for microassay of Newcastle disease virus and avian influenza virus antibodies.[J]. American Journal of Veterinary Research, 1980, 41(9): 1495-1498.

② 宋子千,蒋艳.城市居民休闲生活满意度及其影响机制:以杭州为例[J].人文地理,2014,29(2): 53-60+112.

③ 闪媛媛.休闲城市评价指标体系研究[J].昆明大学学报,2008,19(4): 52-55.

的数据进行因子分析。

1. 信度检验

经过测算,2004 年成都居民休闲活动满意度的 19 项题项的克隆巴赫系数为 0.836,且各题项删除后的克隆巴赫系数均有不同程度的降低,说明该量表的内部一致性较高,可以进行下一步的效度检验。

经过测算,2019 年成都居民休闲活动满意度的 19 项题项的克隆巴赫系数为 0.827,且各题项删除后的克隆巴赫系数均有不同程度的降低,说明该量表的内部一致性较高,可以进行下一步的效度检验。

2. KMO 和 Bartlett 检验

对 2004 年问卷结果中 19 项成都居民休闲活动满意度调研数据进行相关性检测,结果如表 4 - 34 所示。KMO 值为 0.800,Bartlett 球形检验的显著度为 0.000,均符合参数阈值。因此,可以认定 2004 年问卷中成都居民休闲活动满意度变量之间存在显著的相关性,适合进行因子分析。

表 4 - 34　2004 年成都居民休闲活动满意度 KMO 和 Bartlett 检验

KMO 取样适切性量数		0.800
Bartlett 球形检验	近似卡方	1 069.176
	自由度	171
	显著度	0.000

对 2019 年问卷结果中 19 项成都居民休闲活动满意度调研数据进行相关性检测,结果如表 4 - 35 所示。KMO 值为 0.811,Bartlett 球形检验的显著度为 0.000,均符合参数阈值。因此,可以认定 2019 年问卷中成都居民休闲活动满意度变量之间存在显著的相关性,适合进行因子分析。

表 4 - 35　2019 年成都居民休闲活动满意度 KMO 和 Bartlett 检验

KMO 取样适切性量数		0.811
Bartlett 球形检验	近似卡方	1 924.538
	自由度	171
	显著度	0.000

3. 总方差解释及碎石图

表 4-36 显示出 2004 年成都居民休闲活动满意度因子分析每个公因子所解释的方差及其累积和。观察"初始特征值"一栏的"累积方差占比",前五个公因子解释的累积方差值为 56.303%,因此,提取 5 个公因子能较好地表达 2004年问卷调查中成都居民休闲活动满意度原有变量中所包含的信息。

表 4-36　2004 年成都居民休闲活动满意度因子分析总方差解释

	初始特征值			提取载荷平方和			旋转载荷平方和		
	总计	方差占比/%	累积方差占比/%	总计	方差占比/%	累积方差占比/%	总计	方差占比/%	累积方差占比/%
1	4.951	26.058	26.058	4.951	26.058	26.058	2.693	14.176	14.176
2	1.747	9.194	35.252	1.747	9.194	35.252	2.399	12.626	26.802
3	1.566	8.240	43.492	1.566	8.240	43.492	2.155	11.342	38.144
4	1.340	7.051	50.543	1.340	7.051	50.543	1.985	10.445	48.589
5	1.094	5.760	56.303	1.094	5.760	56.303	1.466	7.714	56.303
6	0.957	5.036	61.339						
7	0.849	4.468	65.806						
8	0.813	4.281	70.087						
9	0.735	3.867	73.954						
10	0.722	3.800	77.754						
11	0.663	3.488	81.242						
12	0.576	3.030	84.272						
13	0.569	2.993	87.265						
14	0.523	2.751	90.016						
15	0.452	2.377	92.392						
16	0.444	2.339	94.731						
17	0.400	2.107	96.838						
18	0.352	1.853	98.691						
19	0.249	1.309	100.000						

提取方法:主成分分析法。

　　表 4 - 37 显示出 2019 年成都居民休闲活动满意度因子分析每个公因子所解释的方差及其累积和。观察"初始特征值"一栏的"累积方差占比",前五个公因子解释的累积方差值为 53.915%,因此,提取 5 个公因子能较好地表达 2019 年问卷调查中成都居民休闲活动满意度原有变量中所包含的信息。

表 4 - 37　2019 年成都居民休闲活动满意度因子分析总方差解释

	初始特征值			提取载荷平方和			旋转载荷平方和		
	总计	方差占比/%	累积方差占比/%	总计	方差占比/%	累积方差占比/%	总计	方差占比/%	累积方差占比/%
1	4.736	24.927	24.927	4.736	24.927	24.927	2.558	13.463	13.463
2	1.657	8.722	33.648	1.657	8.722	33.648	2.242	11.798	25.261
3	1.458	7.674	41.322	1.458	7.674	41.322	2.003	10.544	35.805
4	1.335	7.025	48.347	1.335	7.025	48.347	1.835	9.660	45.465
5	1.058	5.568	53.915	1.058	5.568	53.915	1.605	8.450	53.915
6	0.964	5.073	58.988						
7	0.917	4.825	63.814						
8	0.820	4.317	68.131						
9	0.764	4.023	72.154						
10	0.685	3.607	75.762						
11	0.667	3.513	79.274						
12	0.622	3.271	82.546						
13	0.613	3.226	85.772						
14	0.577	3.039	88.811						
15	0.511	2.691	91.501						
16	0.467	2.457	93.958						
17	0.445	2.343	96.301						
18	0.384	2.019	98.319						
19	0.319	1.681	100.000						

　　提取方法:主成分分析法。

2004 年成都居民休闲活动满意度因子分析特征值的碎石图如图 4 - 3 所示。通过观察可以发现,第五个公因子之后的特征值变化趋缓,即在横坐标"5"之后折线变得较为平坦,表明选取 5 个公因子是比较恰当的。

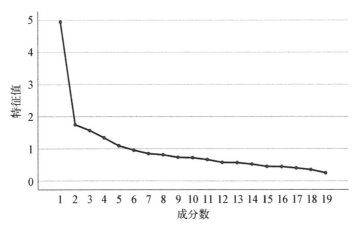

图 4 - 3　2004 年成都居民休闲活动满意度因子分析特征值的碎石图

2019 年成都居民休闲活动满意度因子分析特征值的碎石图如图 4 - 4 所示。通过观察可以发现,第五个公因子之后的特征值变化趋缓,即在横坐标"5"之后折线变得较为平坦,表明选取 5 个公因子是比较恰当的。

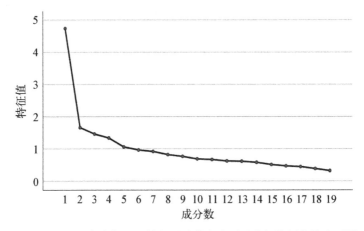

图 4 - 4　2019 年成都居民休闲活动满意度因子分析特征值的碎石图

4. 旋转成分矩阵

对 2004 年成都居民休闲活动满意度进行因子分析旋转成分分析,得到五个公因子,见表 4 - 38。

表 4-38　2004 年成都居民休闲活动满意度因子分析旋转成分矩阵

公因子	类　　别	成　　分				
		1	2	3	4	5
寻求改变因子	刺激单调生活，满足冒险需要	0.748				
	满足挑战自我、挑战自然的需要	0.719				
	提高自己对社会的认识能力	0.581				
	实现自己的价值	0.511				
自我实现因子	加深对自己的了解		0.681			
	锻炼身体，保持健康		0.617			
	丰富兴趣爱好		0.612			
自我提高因子	减轻或消除心理上的消极情绪			0.744		
	减轻或消除生活、工作压力			0.732		
	放松心情，获得愉快的体验			0.625		
短暂逃避因子	暂时远离烦器的都市，回归自然				0.854	
	暂时远离拥挤的人群，回归自我				0.808	
	获得心灵平静				0.595	
释放压力因子	调整与家人朋友的关系，增进亲情和友情					0.841
	扩大交际范围，获得新的友谊或经历					0.789

提取方法：主成分分析法。
旋转方法：凯撒正态化最大方差法；旋转在 8 次迭代后已收敛。

研究发现，2004 年成都居民休闲活动满意度因子旋转后每个公因子的载荷分批更加清晰，各因子的意义更易解析。第一公因子更能代表"刺激单调生活，满足冒险需要""满足挑战自我、挑战自然的需要""提高自己对社会的认识能力""实现自己的价值"，并将其命名为寻求改变因子；第二公因子更能代表"加深对自己的了解""锻炼身体，保持健康""丰富兴趣爱好"，并将其命名为自我实现因子；第三公因子更能代表"减轻或消除心理上的消极情绪""减轻或消

除生活、工作压力""放松心情",并将其命名为自我提高因子;第四公因子更能
代表"暂时远离烦嚣的都市,回归自然""暂时远离拥挤的人群,回归自我""获
得心灵平静",并将其命名为短暂逃避因子;第五公因子更能代表"调整与家人
朋友的关系,增进亲情和友情""扩大交际范围,获得新的友谊或经历",并将其
命名为释放压力因子。"因完成某些活动获得成就感""扩大视野,获得新知
识、经验""挖掘自己的潜能""陶冶情操,满足审美需要"四项因子荷载小于0.5,
故删除这四项。

　　对2019年成都居民休闲活动满意度进行因子分析旋转成分分析,得到五个
公因子,见表4-39。

表4-39　2019年成都居民休闲活动满意度因子分析旋转成分矩阵

公因子	类　　别	成　　分				
		1	2	3	4	5
自我实现因子	8. 丰富兴趣爱好	0.769				
	6. 陶冶情操,满足审美需要	0.689				
	7. 锻炼身体,保持健康	0.611				
	4. 因完成某些活动获得成就感	0.588				
	5. 扩大视野,获得新知识、经验	0.543				
寻求改变因子	10. 刺激单调生活,满足冒险需要		0.697			
	16. 挖掘自己的潜能		0.643			
	11. 满足挑战自我、挑战自然的需要		0.563			
	15. 加深对自己的了解		0.558			
短暂逃避因子	13. 暂时远离拥挤的人群,回归自我			0.801		
	12. 暂时远离烦嚣的都市,回归自然			0.790		
	14. 获得心灵平静			0.584		
自我提高因子	1. 减轻或消除生活、工作压力				0.816	
	2. 减轻或消除心理上的消极情绪				0.737	
	3. 放松心情,获得愉快的体验				0.589	

公因子	类　别	成　分				
		1	2	3	4	5
释放压力因子	18. 调整与家人朋友的关系,增进亲情和友情					0.722
	19. 扩大交际范围,获得新的友谊或经历					0.546

提取方法:主成分分析法。
旋转方法:凯撒正态化最大方差法;旋转在 11 次迭代后已收敛。

通过研究可以得出以下结论:

第一公因子更能代表"丰富兴趣爱好""陶冶情操,满足审美需要""锻炼身体,保持健康""因完成某些活动获得成就感""扩大视野,获得新知识、经验",将其命名为自我实现因子;第二公因子更能代表"刺激单调生活,满足冒险需要""挖掘自己的潜能""满足挑战自我,挑战自然需要""加深对自己的了解",将其命名为寻求改变因子;第三公因子更能代表"暂时远离拥挤的人群,回归自我""暂时远离烦嚣的都市,回归自然""获得心灵平静",将其命名为短暂逃避因子;第四公因子更能代表"减轻或消除生活、工作压力""减轻或消除心理上的消极情绪""放松心情,获得愉快的体验",将其命名为自我提高因子;第五公因子更能代表"调整与家人朋友的关系,增进亲情和友情""扩大交际范围,获得新的友谊或经历",将其命名为释放压力因子。"提高自己对社会的认识能力""实现自己的价值"两项因子荷载小于 0.5,故删除这两项。

通过对比 2004 年和 2019 年的休闲活动满意度公因子,可以发现影响成都居民休闲活动满意度主要体现在以下 5 个方面,见表 4-40。

表 4-40　2004 年和 2019 年成都居民休闲活动满意度公因子比较表

自我实现因子		寻求改变因子		自我提高因子		短暂逃避因子		释放压力因子	
2004年	2019年	2004年	2019年	2004年	2019年	2004年	2019年	2004年	2019年
锻炼身体,保持健康	锻炼身体,保持健康	刺激单调生活,满足冒险需要	刺激单调生活,满足冒险需要	减轻或消除心理上的消极情绪	减轻或消除心理上的消极情绪	暂时远离烦嚣的都市,回归自然	暂时远离烦嚣的都市,回归自然	调整与家人朋友的关系,增进亲情和友情	调整与家人朋友的关系,增进亲情和友情

续　表

自我实现因子		寻求改变因子		自我提高因子		短暂逃避因子		释放压力因子	
2004年	2019年	2004年	2019年	2004年	2019年	2004年	2019年	2004年	2019年
丰富兴趣爱好	丰富兴趣爱好	满足挑战自我、挑战自然的需要	满足挑战自我、挑战自然的需要	减轻或消除生活、工作压力	减轻或消除生活、工作压力	暂时远离拥挤的人群，回归自我	暂时远离拥挤的人群，回归自我	扩大交际范围，获得新的友谊或经历	扩大交际范围，获得新的友谊或经历
加深对自己的了解	陶冶情操，满足审美需要	提高自己对社会的认识能力	挖掘自己的潜能	放松心情，获得愉快的体验	放松心情，获得愉快的体验	获得心灵平静	获得心灵平静		
	因完成某些活动获得成就感	实现自己的价值	加深对自己的了解						
	扩大视野，获得新知识、经验								

通过对比分析可以得出以下主要结论。

第一，自我实现因子。2004年的自我实现因子中包括"锻炼身体，保持健康""丰富兴趣爱好""加深对自己的了解"。2019年为"锻炼身体，保持健康""丰富兴趣爱好""陶冶情操，满足审美需要""因完成某些活动获得成就感""扩大视野，获得新知识、经验"。在两次调查中，这一公因子的内容逐渐丰富，涵盖更全面。

第二，寻求改变因子。2004年的寻求改变因子中包括"刺激单调生活，满足冒险需要""满足挑战自我、挑战自然的需要""提高自己对社会的认识能力""实现自己的价值"。2019年为"刺激单调生活，满足冒险需要""满足挑战自我、挑战自然的需要""挖掘自己的潜能""加深对自己的了解"。这一公因子包含的内容有相同之处，同时也存在一定的变化。

第三，自我提高因子。2004年和2019年的自我提高因子包含的内容不变，包括"减轻或消除心理上的消极情绪""减轻或消除生活、工作压力""放松心情，获得愉快的体验"。

第四，短暂逃避因子。2004 年和 2019 年的短暂逃避因子包含的内容相同，均为"暂时远离烦嚣的都市，回归自然""暂时远离拥挤的人群，回归自我""获得心灵平静"。

第五，释放压力因子。2004 年和 2019 年的释放压力因子包含的内容一致，主要有"调整与家人朋友的关系，增进亲情和友情""扩大交际范围，获得新的友谊或经历"。

二、休闲环境满意度

（一）描述性统计

本研究对成都居民的城市休闲环境满意度进行了调查研究，主要基于休闲活动的多样性、休闲活动设施的完善、休闲活动的时尚性、休闲气氛的浓厚性、休闲产业的发达程度以及休闲环境的安全性等方面进行了考察，以此反映成都居民对城市休闲状况的总体满意程度。根据同意程度划分四个等级，"1"代表完全不同意、"2"代表不太同意、"3"代表基本同意、"4"代表完全同意。2004 年、2014 年和 2019 年成都居民城市休闲环境满意度调查结果见表 4 - 41。

表 4 - 41　2004 年、2014 年和 2019 年成都居民休闲环境满意度

类　　别	2004 年		2014 年		2019 年	
	均值	排序	均值	排序	均值	排序
休闲方式丰富多样	1.82	5	2.90	4	2.87	6
休闲活动设施完善	1.78	6	2.90	5	2.93	5
休闲时尚走在全国前列	1.90	3	3.00	3	2.83	7
休闲气氛浓厚	2.26	1	3.32	1	2.95	2
休闲产业发达	1.83	4	3.22	2	2.95	2
休闲环境安全	2.15	2	2.80	6	3.09	1
休闲场所布局	—	—	—	—	2.94	4
休闲消费价格	—	—	—	—	2.78	8

从表 4-41 可以看出,一方面,成都居民城市休闲环境满意度均值显示,在 2004 年,打分均在 2.50 以下,且仅有"休闲气氛浓厚"和"休闲环境安全"打分在 2.00 以上;在 2014 年,仅有"休闲气氛浓厚""休闲产业发达"和"休闲时尚走在全国前列"打分在 3.00 以上;在 2019 年,"休闲气氛浓厚""休闲产业发达"仍处在高位,接近 3.00 的水平,而"休闲环境安全"超过 3.00 水平。这表明成都居民对于城市休闲环境安全的总体重视度明显提高。另一方面,从城市休闲环境满意度的均值排序情况来看,"休闲气氛浓厚"在三年的调研结果中均处在前两位,"休闲产业发达"从 2004 年的第四位上升到 2014 年和 2019 年的第二位,说明成都休闲需求和供给的差距正在逐步缩小。

(二) 纵向比较

从满意度排名前三位来看,2004 年为"休闲气氛浓厚""休闲环境安全""休闲时尚走在全国前列",2014 年为"休闲气氛浓厚""休闲产业发达""休闲时尚走在全国前列",2019 年为"休闲环境安全""休闲气氛浓厚""休闲产业发达";从排名后三位来看,2004 年为"休闲产业发达""休闲方式丰富多样""休闲活动设施完善",2014 年为"休闲方式丰富多样""休闲活动设施完善""休闲环境安全",2019 年为"休闲方式丰富多样""休闲时尚走在全国前列""休闲消费价格"。对比上述结果可以发现,一方面,各调查问项代表的休闲环境满意度较 2004 年都有不同程度的提高,说明成都城市居民休闲环境日趋变好。另一方面,2004 年、2014 年和 2019 年三次调研数据均值排序结果显示,居民休闲环境满意度都与"休闲气氛浓厚"有关,其次与"休闲环境安全""休闲产业发达""休闲时尚走在全国前列"的关系比较密切,数据显示对城市休闲环境评价总体较高,具体需求和供给尚存差距。所以成都应该注重城市休闲化协调发展各要素的平衡发展,加大成都市公共基础设施和生态环境建设,注重提升居民的消费水平,调整居民休闲消费结构,促进城市休闲产业的合理发展,保证城市休闲环境的质量。同时应进一步挖掘成都城市休闲内涵,注重休闲产业服务的二元性特性,改善城市休闲环境,营造城市休闲氛围,促进城市休闲化的协调发展。

三、结论和启示

(一) 结论

一是从动机、同伴和方式来看,成都居民的休闲动机以放松心情、减轻压力为主,居民休闲方式选择日趋丰富和时尚。从休闲选择总体来看,成都市居民休闲意识不断增强、休闲需求持续释放,休闲活动"积极化"趋势明显,休闲活动带来的消费、养生、健康、文化、社交、教育等经济社会功能也在不断增强。从具体倾向来看,居家休闲的比重仍然较高,文化类与户外休闲活动有所增长,休闲半径增加不显著。

二是从休闲影响因素来看,总体上成都居民越来越重视休闲方式的参与质量,而不完全看心情或受收入影响。成都市 15 年来的休闲服务与接待指标中,国家 4A 级以上旅游景区数量、博物馆/图书馆/文化馆数量、剧场/影剧院数量快速发展,市区人均居住面积、城市人均公园绿地面积等休闲空间与环境指标日趋上升,根据调研结果,休闲设施与服务供给、管理水平与服务质量对居民的休闲选择的影响程度日益明显。

三是从休闲满意度来看,对个体的身心放松、能力提升、社交满意度均较高,而自我价值实现尚待提升;对城市休闲环境评价总体较高,具体需求和供给尚存差距。2016 年,成都市公共服务满意度测评中,城乡居民总体满意度为 81.18,城市居民略高,且居民对文体活动满意度超过社会治安、交通出行、生态和环境、医疗卫生等其他 10 个参与测评的方面,满意程度最高;中心城区、近郊区和远郊区居民满意度越来越接近,表明成都市自 2007 年起实施的城乡一体化战略取得成效,城市和农村的公共服务发展得更加均衡。本研究的调研结果一定程度上也支持了上述结果,但居民对休闲产品丰富度、休闲时尚氛围和休闲消费价格合理程度仍有着更高的期待。

（二）启示

一是重视城市公共休闲环境的完善。从 15 年来成都居民休闲方式选择倾向来看,休闲方式相对集中在家庭与个体活动,空间半径更大的户外活动和文化含量更高的活动尚未成为主流。成都市在近年来抓住国家生态文明先行示范区建设机遇,大力推进生态宜居城市建设,城市绿地、国家级湿地、森林公园、环城绿道等方面投入巨大,布局丰富。而人文环境与文化氛围营造、社区公共空间、中央休闲区、水域休闲区、户外休闲设施等方面应当成为成都市在改善人居环境时同步重视和发展的方面。

二是重视休闲产业均衡发展与城市休闲产品打造。成都在城市休闲发展进程中,非常重视旅游业在社会经济发展中的作用,旅游目的地形象塑造与营销相当成功,但相对忽视了本地文化、娱乐、体育、健身等服务本地居民的休闲设施和产品的建设。应进一步挖掘成都城市休闲精神与内涵,注重休闲产业服务的二元性特性,深度改善城市休闲环境,不仅为游客,更为本地居民营造城市休闲氛围,促进城市休闲整体协调发展。

三是重视居民消费结构调整,推进居民休闲消费转型升级。2019 年,成都居民人均可支配收入达到 42 128 元,比 2004 年的 10 394 元增长约 3 倍,居民生活水平与质量明显提升。在未来城市休闲发展进程中,应继续推动物质型消费向服务型消费升级,加大对休闲服务消费的供给力度,发展体验型、主题型、休闲型、智能型、时尚型等消费新模式,改善休闲消费供给的质量,创新培育夜间经济等新业态和休闲体验新场景,推进城市休闲居民消费的转型升级。

四是重视休闲教育与全民休闲、全域休闲理念的推广。从 15 年来成都居民休闲生活影响因素和满意度来看,收入、花费、设施、服务等外部因素一直有着重要影响,而个体休闲技能、个人潜能挖掘与个人价值实现等方面并未成为核心问题。基于《国民旅游休闲发展纲要(2022—2030 年)》,应制定实施市民休闲教育计划,强化公共休闲教育,广泛开展形式多样的社区休闲教育与休闲咨询活动,使包括老年人、残障者等弱势群体等在内的广大市民获得充足的休闲信息与选择多样化休闲活动的机会,并能评估自我休闲需求、增进休闲认知、训练休闲技能、改变休闲态度、积累休闲能力,充分享受休闲生活。

(三) 成都城市居民休闲趋势分析

通过分析成都城市居民休闲方式与满意度,对成都城市居民休闲趋势做出如下分析:

第一,成都在未来的休闲城市建设发展中会更注重以人为本的发展理念,围绕成都城市居民的生活质量,充分考虑成都城市居民的需求,推进和完善成都公共休闲服务基础设施体系,加大对生态环境的保护力度,增加城市公园面积,拓展公共绿化空间,注重休闲设施与空间布局的均等化,实现文明和自由的协调发展,以促进经济、社会、生态的可持续发展。

第二,随着城市休闲化浪潮的席卷,休闲消费常态化趋势将促进成都城市居民消费观念和行为发生重大转变。同时,全域休闲的主体是本地居民,其核心要义是追求本地居民生活的幸福感和获得感。因此,成都休闲建设要大力发展全域休闲,充分考虑成都城市居民的日常娱乐消费,挖掘成都休闲资源与设施,促使成都休闲空间的合理和均衡,保证游客旅游消费与本地娱乐的融合,让本地居民和游客能获得更多的满足感。

第三,随着后工业化时代的到来,人们的消费水平逐渐提升,休闲消费在城市发展中尤为重要。所以,成都未来应该可以结合本地的经济和产业特色,着力推进成都社会经济发展水平,助推成都城市居民休闲消费的潜力释放。同时,从休闲产业供给侧角度提升产业发展内涵,促进产业转型升级和业态融合发展,实现成都城市居民健身、文化、旅游等多业态与休闲产业的融合发展。

第五章 三地居民休闲方式的变迁

第一节 三地居民休闲方式选择的差异

本节主要从平时、周末和黄金周三个不同时间维度,对三地城市居民在休闲方式、休闲场所选择、休闲时长与花费等方面存在的差异进行了系统比较分析。

一、数据来源与研究方法

(一) 数据来源

课题组于 2019 年 6 月至 2020 年 1 月先后在上海、武汉、成都三个城市开展城市居民休闲方式问卷调查。调查范围均覆盖三个城市的娱乐场所、公园、社区、广场、图书馆及部分企事业单位,调查方法主要是按年龄、性别采用分层抽样与方便抽样相结合的抽样方式。在上海共发放问卷 380 份,回收有效问卷 359 份,问卷有效率 94.47%;在武汉共发放问卷 410 份,回收有效问卷 400 份,问卷有效率 97.56%;在成都共发放问卷 450 份,回收有效问卷 441 份,问卷有效率 98%。需要说明的是,问卷发放对象均为在三个城市城区的居民或常住城区的外来人口。

问卷的设计遵循"行为—效益"逻辑,在大量文献阅读的基础上,设计了休闲行为和休闲效益调查问卷,其中:休闲行为调查,包括城市居民在平时、周末、黄金周[①]经常参与的休闲方式、休闲场所、休闲时长和休闲花费;休闲效益调查,采用李克特 4 点量表测量三个城市居民对休闲参与的感受,包括丰富兴趣爱好、陶冶情操、满足审美需要等 19 个测项;人口学特征信息调查,包括性别、年龄、收入、文化程度和职业等。样本特征见表 5-1。

---

① 本调查中的平时指周一至周五下班前;周末指周五下班后到周日;黄金周指七天及以上的节日、假日。

表 5-1　人口学基本特征(单位：%)

	调查项目	上海	武汉	成都		调查项目	上海	武汉	成都
性别	男	50.14	45.00	47.39	月收入	150 001~20 000 元	4.18	3.25	4.54
	女	49.86	55.00	52.38		20 000 元以上	3.90	5.25	3.63
年龄	18 岁以下	0.00	4.25	0.00	文化程度	初中及以下	6.41	8.75	13.83
	18~25 岁	22.56	35.00	19.73		高中(中专、职校)	20.06	16.75	23.81
	26~35 岁	19.50	20.50	22.45		本科及大专	62.67	56.25	45.12
	36~45 岁	20.61	20.75	20.41		硕士及以上	10.86	18.25	17.01
	46~60 岁	20.33	11.75	17.91	职业	企、事业单位职工	42.34	24.00	15.19
	>60 岁	16.99	7.75	19.50		企、事业单位管理人员	13.09	12.00	17.91
婚姻状况	未婚	27.86	51.50	34.24		公务员	5.29	4.25	5.67
	已婚	72.14	48.50	65.08		私营企业/个体经营户	3.06	8.50	15.65
月收入	1 000 元及以下	1.39	12.50	2.27		自由职业者	6.13	9.50	17.01
	1 001~3 000 元	8.36	23.75	9.98		学生	3.34	25.50	0.00
	3 001~5 000 元	27.02	23.50	26.76		离退休人员	22.01	8.50	15.87
	5 001~8 000 元	30.64	12.75	27.44		其他从业人员	4.74	8.00	12.70
	8 001~10 000 元	13.93	9.25	16.55					
	10 001~15 000 元	10.58	9.75	8.84					

　　根据表 5-1 可以发现，三个城市居民的性别、年龄、文化程度结构特征相似，婚姻状况、收入和职业结构存在比较显著的差异。其中，上海和成都居民的婚姻结构相似，即已婚样本要高于未婚样本，而武汉则相反；上海和成都居民的收入结构相似，即 5 001~8 000 元的样本比例最高，其次是 3 001~5 000 元，而武汉则是 1 001~3 000 元的样本比例最高，其次是 3 001~5 000 元；上海、武汉和成都居民的职业结构没有较强的相似性，上海的样本中企、事业单位职工比例最高，其次是离退休人员，武汉较高比例的是学生和企、事业单位职工，而成都的职业样本中除学生外，其他分布相对均匀，占比较高的主要是企、事业单位管理人员和自由职业者。

(二) 研究方法

1. 对应分析法

对应分析法也称关联分析,是利用降维思想来揭示属性变量之间及属性变量各种状态之间的相关关系。为了直观地对比上海、武汉、成都三个城市居民在平时、周末、黄金周期间的休闲行为特征,利用 SPSS 统计软件,采用卡方距离测量法对不同时间类型下的休闲行为进行对应分析。

2. 因子分析法

因子分析法是将具有错综复杂关系的变量,综合为数量较少的几个因子,以再现原始变量和因子之间的相互关系,通过不同的因子还可以对变量进行分类。为了对比研究上海、武汉、成都三个城市居民的休闲效益特征与结构,利用 SPSS 统计软件,采用最大方差法对休闲效益因子进行旋转提取公因子来划分休闲效益维度。

二、不同时间维度下居民休闲活动方式差异

为了更直观地对比三个城市在平时、周末、黄金周期间居民休闲方式的差异,利用对应分析法,以休闲方式为行变量,以时间为列变量,采用卡方距离测量法对数据进行对应分析,得到的结果见表 5-2。

表 5-2　休闲方式与时间的对应分析结果

城市	维数	奇异值	惯量	惯量比例		标准差
				解释	累积	
上海	1	0.312	0.097	0.722	0.722	0.017
	2	0.193	0.037	0.278	1.000	0.017
	总计		0.135	1.000	1.000	
武汉	1	0.518	0.269	0.789	0.789	0.013
	2	0.268	0.072	0.211	1.000	0.016
	总计		0.341	1.000	1.000	
成都	1	0.360	0.129	0.767	0.767	0.015
	2	0.199	0.039	0.233	1.000	0.015
	总计		0.169	1.000	1.000	

　　上海、武汉、成都三个城市的第一维(横轴)和第二维(纵轴)分别解释了总信息量的 72.2％、78.9％、76.7％和 27.8％、21.1％、23.3％,因此,观察时以第一维为主。同时,得到了三个城市的 16 种休闲方式与三类时间的对应分布散点图,各散点的空间位置关系反映了三个城市的 16 种休闲方式与三类时间的关联信息,如图 5-1 所示。

　　图 5-1 中,休闲方式的时间差异在第一维度上最明显。根据休闲方式散点与原点的距离以及散点与三类时间的距离,对比三类时间在各个休闲方式间的

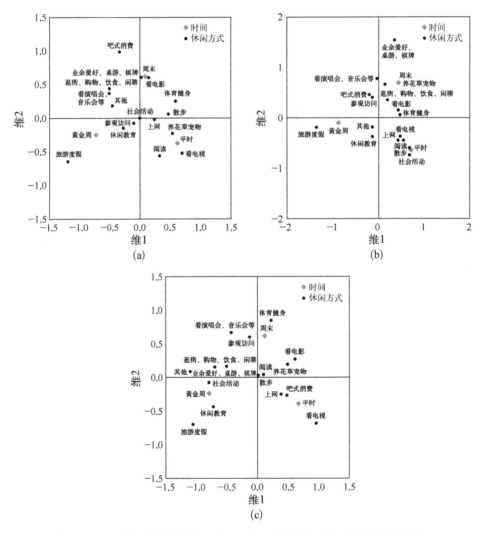

图 5-1　三地城市居民在平时、周末、黄金周期间休闲方式对应分析散点图

(a) 上海　(b) 武汉　(c) 成都

位置关系,可以看出三个城市居民休闲方式在时间上的差异性。

第一,平时休闲方式的差异性。关于平时周围聚集的休闲方式,上海有"养花草宠物""看电视""阅读""上网";武汉有"阅读""社会活动""散步""上网""看电视";成都有"吧式消费""上网""看电视"。从中可以发现如下一些特点。

其一,上网和看电视是三个城市居民平时休闲方式的共同选择。上海和武汉城市居民的上网比例分别为 62.95%、45%,要高于看电视(51.81%、40.5%),而成都正好相反,看电视的比例为 58.05%,上网为 33.33%,不过在周末和黄金周,成都居民上网的比例均要高于平时。在互联网和手机的普及背景下,上网已经成为当今时代城市居民休闲娱乐生活的常态,2019 年发起的一项调查的数据显示,上网看直播、看综艺、看电视、看电影和看短视频已经成为公众平时休闲的主要选择。[①] 传统的看电视也是三个城市居民平时休闲的选择,这可能是因为观看电视节目可以营造愉快而友善的氛围,从而缓解平时工作和生活的压力感,所以看电视成为工作日期间休闲的一种普遍选择并不奇怪。

其二,阅读是上海和武汉城市居民平时休闲方式的共同选择。张文明等的(2018)研究显示,上海城市居民对于文学阅读有着更加强烈的文化消费倾向[②],同样,武汉城市居民也非常热爱阅读,2017 年武汉每位市民每年阅读 8 本书,综合阅读日均时长超过 2 个小时。[③]

其三,除"上网""看电视""阅读"外,三个城市的居民平时的休闲方式都具有鲜明的地域特色。养花草宠物已经成为上海城市居民的一种休闲需求,尤其是养宠物。《2019 宠物消费生态大数据报告》显示,上海的宠物年人均消费额最高。[④] 这可能反映了上海城市居民休闲方式的情感性特征较为明显,平时工作的紧张与压力感使得养花草宠物成为情感宣泄的新方式。散步和社会活动是武汉城市居民平时的休闲方式,这可能与武汉的山水休闲文化有关,武汉别称江城,长江汉水横贯城市,在江边散步成为武汉居民平时最喜欢的休闲项目。[⑤] 除

---

① 人民论坛网.新时代公众的休闲娱乐状况调查[EB/OL].http://www.rmlt.com.cn/2020/0331/574832.shtml,2020 - 03 - 31.

② 张文明,袁宇阳.空间区隔:上海居民文化消费的城乡差异研究[J].上海城市管理,2018,27(3):56 - 63.

③ 新华网.武汉全民阅读测评报告:武汉人平均一年读 8 本书[EB/OL].http://big5.xinhua net.com/gate/big5/m.xinhuanet.com/hb/2018 - 04/08/c_1122647139.htm,2018 - 04 - 08.

④ 腾讯网.最舍得给宠物花钱的城市?当然是魔都,年轻人养宠物不走寻常路[EB/OL].https://new.qq.com/omn/20190724/20190724A0J6WS00.html,2019 - 07 - 24.

⑤ 长江日报.武汉人最喜欢散步,"东湖绿道、楚河汉街适合发展休闲体育"[EB/OL].http://www.cjr-bapp.cjn.cn/p/1306.html,2017 - 09 - 22.

了丰富的淡水资源,武汉的山体资源也相当丰富,登山徒步成为市民日常的休闲选择。凭借山水资源,武汉也常年举办长江活动、登山节活动等[①],这可能是社会活动在平时比较普遍的原因。喝茶品酒是成都居民平时选择的休闲活动,这与成都的休闲文化极度吻合。

第二,周末休闲方式的差异性。关于周末的休闲方式,上海有"看电影""业余爱好、桌游、棋牌"等,说明上海城市居民周末的休闲方式比较轻松、娱乐化;武汉有"养花草宠物""逛街、购物、饮食、闲聊"等,反映了武汉城市居民周末的休闲方式偏向怡情和放松;成都有"体育健身""参观访问""看演唱会、音乐会等",说明成都城市居民周末选择的休闲活动具有明显的运动性和文化性特征。周末三个城市居民休闲方式的差异性,与城市文化特色密切相关。上海的影院发展较早,电影在居民生活变迁中扮演了重要角色,逐渐成为受居民欢迎的休闲娱乐方式,这可以从上海电影院的规模得到确认,2018 年上海的剧场/影剧院数量为339 家,位居全国第一。武汉的文化底蕴深厚,消费和物质生活是城市居民生活的重要组成部分,比如社区内的沿街商贩比较普遍,居民不需要走出街区,就能完成一天的日常生活[②],这或许是武汉城市居民周末的休闲方式偏向怡情和放松的原因。成都生活比较闲适,城市休闲娱乐氛围较浓厚,因而居民周末的休闲方式较之上海和武汉相对多元。

第三,黄金周休闲方式的差异性。关于黄金周的休闲方式,上海包括"休闲教育""参观访问""旅游度假"等;武汉包括"旅游度假"等;成都包括"社会活动""休闲教育""旅游度假"。黄金周时间较长,因而旅游度假成为三座城市居民的共同选择,从选择比例看,武汉的占比最高(45.08%),其次是上海(21.63%),最后是成都(18.52%),说明黄金周期间,武汉有接近一半的人群会选择外出度假,这也间接表明武汉城市职工的带薪休假制度需要进一步加强。上海和成都城市居民在黄金周期间的休闲活动并不局限于旅游度假,上海的休闲教育和参观访问活动比例总共为 24.79%,成都的休闲教育和社会活动比例总和是 22.22%,都要高于旅游度假,这或许反映了上海和成都两个城市休闲化水平相对较高,能够满足居民多元化的休闲需求。楼嘉军等(2008)在中国城市休闲化水平的研究中指出,上海和成都的城市休闲化水平分别位居第 2 和第 7,高于武汉(第 9),而武汉在文化馆、图书馆、国家重点文物保护单位、公园等休闲旅游设施、场所规模上

---

① 单凤霞.生态文明视阈下我国城市休闲体育发展研究——以杭州、武汉、成都为例[D].上海:上海体育学院,2019:49.

② 廖璇,肖雪.武汉居民生活方式与城市公共活动景观的空间关系探讨[J].中外建筑.2016(7):41-44.

都要低于上海和成都。[①] 上海属于超大城市,在体量规模上,武汉可能无法与其比较,但武汉和成都同属特大城市,在城市的休闲化进程上,武汉可能需要采取措施、弥补短板,提升城市休闲的舒适性与多样性。

三、不同时间维度下居民休闲场所选择差异

进一步运用对应分析法,以休闲场所为行变量,以时间为列变量,采用卡方距离测量法对数据进行对应分析,得到的对应分析结果见表5-3。

表5-3 休闲场所与时间的对应分析结果

城市	维数	奇异值	惯量	惯量比例		标准差
				解释	累积	
上海	1	0.199	0.040	0.610	0.610	0.019
	2	0.159	0.025	0.390	1.000	0.019
	总计		0.065	1.000	1.000	
武汉	1	0.176	0.031	0.783	0.783	0.017
	2	0.093	0.009	0.217	1.000	0.018
	总计		0.040	1.000	1.000	
成都	1	0.264	0.070	0.847	0.847	0.015
	2	0.112	0.013	0.153	1.000	0.016
	总计		0.083	1.000	1.000	

上海、武汉、成都三地的第一维(横轴)分别解释了总信息量的61.0%、78.3%、84.7%,因此,观察时以第一维为主。同时,得到了三个城市的12个休闲场所与三类时间的对应分布散点图,各散点的空间位置关系反映了三个城市的12个休闲场所与三类时间的关联信息。

如图5-2所示,休闲场所的时间差异在第一维度上最明显。根据休闲场所散点

---

① 楼嘉军,徐爱萍,岳培宇.城市居民休闲活动满意度研究——上海、武汉和成都的比较分析[J].华东经济管理,2008(4):32-38.

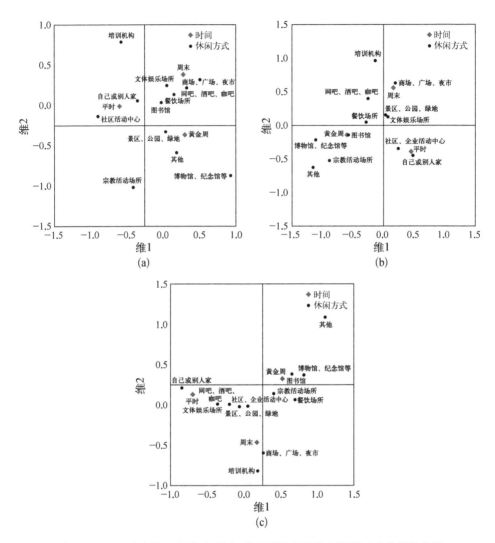

图 5-2　三地城市居民在平时、周末、黄金周期间的休闲场所对应分析散点图
(a) 上海　(b) 武汉　(c) 成都

与原点的距离以及散点与三类时间的距离,对比三类时间在各个休闲场所间的位置关系,可以看出上海、武汉、成都三地居民所选择的休闲场所在时间上的差异性。

从图 5-2 可以发现,第一,平时周围聚集的休闲场所中,三个城市均有"自己或别人家",说明居家休闲已经成为工作日期间的一种普遍现象。从选择比例看,上海的居家休闲比例最高(86.35%),武汉最低(74.75%)。此外,上海和武汉平时休闲场所还有社区、企业活动中心,成都有文体娱乐场所,网吧、酒吧、咖吧和景区、公园、绿地,说明上海和武汉城市居民平时的休闲场所范围主要是家庭和社区,而成都则是家庭以外的娱乐和游憩场所,休闲场所范围更广。第二,在周末周围聚集的休闲场所中,上海主要是"商场、广场、夜市""网吧、酒吧、咖吧""餐饮场所""文体娱乐场所""图书馆",武汉主要是"商场、广场、夜市""网吧、酒吧、咖吧""景区、公园、绿地""文体娱乐场所",成都主要是"商场、广场、夜市"和"培训机构"。可见,从平时到周末,上海和武汉的休闲场所范围从以家庭为主扩展到户外的商业和文化休闲娱乐场所,成都反而从多元走向单一,主要是商业娱乐场所。第三,黄金周周围聚集的休闲场所中,上海主要是"景区、公园、绿地""博物馆",武汉主要是"博物馆、纪念馆等""图书馆""宗教活动场所",成都主要是"博物馆、纪念馆等""图书馆""宗教活动场所"和"餐饮场所"。可见文化和旅游类的休闲场所是黄金周期间三个城市居民的主要选择。

　　总的来说,从平时、周末到黄金周,上海居民选择的休闲场所规律是家庭与社区—商业和文化休闲娱乐场所—文化旅游场所;武汉是家庭与社区—商业和文化休闲娱乐场所—文化旅游场所;成都则是家庭、商业娱乐和户外游憩场所—商业娱乐场所—文化旅游和餐饮场所。

四、不同时间维度下居民休闲时长与花费差异

　　休闲方式与休闲场所反映的是居民的休闲活动和空间选择问题,休闲时长与花费反映的是居民对休闲的利用与投入问题。

表 5 - 4　三地城市居民在平时、周末、黄金周期间的休闲时长占比(单位: %)

时　间	休闲时长	上　海	武　汉	成　都
平　时	1 小时以下	18.66	19.25	26.08
	1～3 小时	48.75	47.25	39.00
	3～5 小时	19.50	21.75	22.22
	5 小时以上	13.09	11.75	12.70
周　末	4 小时以下	20.89	24.25	19.27
	4～10 小时	54.87	45.50	46.03
	10～15 小时	16.99	17.00	24.26
	15 小时以上	7.24	13.25	10.43

时　间	休闲时长	上　海	武　汉	成　都
黄金周	1 天以下	8.64	11.75	10.43
	1～3 天	56.82	45.00	38.10
	3～5 天	25.63	24.50	31.75
	5 天以上	8.91	18.75	19.73

　　从表 5-4 可以看出：第一，在平时，三地居民每天的休闲时长多在 1～3 小时，其中上海占比最高（48.75％），成都占比最低（39.00％），但在 3 小时以上的占比中，成都最高（34.92％），上海最低（32.59％）；第二，在周末，三地居民每天的休闲时长多在 4～10 小时，其中上海的占比最高（54.87％），武汉最低（45.50％），而在 10 小时以上的占比中，成都最高（34.69％），上海最低（24.23％）；第三，在黄金周，三地居民的休闲时长多在 1～3 天，其中上海的占比最高（56.82％），成都最低（38.10％），而在 3 天以上的占比中，成都最高（51.48％），上海最低（34.54％）。这说明，在不同时间类型下，上海居民选择的休闲时长要理性一些，这可能与上海的工作生活节奏紧张有关，相反，在更长休闲时间范围内，成都的选择比例是最高的，一定程度上反映了成都比较闲适缓慢的生活节奏特征。

　　进一步比较三个城市在不同时间段内的休闲花费，见表 5-5。

表 5-5　三地城市居民在平时、周末、黄金周期间的休闲花费占比（单位：％）

时　间	休闲时长	上　海	武　汉	成　都
平　时	50 元及以下	36.49	41.25	38.55
	51～100 元	34.82	39.75	41.72
	101～300 元	18.38	13.50	16.78
	300 元以上	10.31	5.50	2.95
周　末	100 元及以下	18.38	29.75	34.47
	101～300 元	49.03	47.00	35.37

时　间	休闲时长	上　海	武　汉	成　都
周　末	301～500 元	23.12	18.00	23.13
	500 元以上	9.47	5.25	7.03
黄金周	500 元及以下	18.38	31.50	18.37
	501～1 000 元	39.28	28.75	31.29
	1 001～3 000 元	25.63	29.00	30.16
	3 000 元以上	16.71	10.75	20.18

从表 5-5 可以看出：第一，在平时，上海、武汉、成都城市居民的休闲花费多在 100 元及以下，其中占比最高的是武汉（81.00%），最低的是上海（71.31%），但在 100 元以上的花费中，上海的占比最高（28.69%），武汉最低（19.00%）；第二，在周末，三地居民休闲花费多在 101～300 元，其中上海占比最高（49.03%），成都最低（35.37%），在 300 元以上的花费中，上海的占比依然最高（32.59%），而武汉最低（23.25%）；第三，在黄金周，休闲花费主要在 501～3 000 元，其中上海占比最高（64.91%），武汉最低（57.75%），而在 3 000 元以上的花费中，成都占比最高（20.18%），武汉最低（10.75%）。这说明，在不同时间类型下，上海城市居民整体的休闲花费水平要略高于武汉和成都，这实际上与三地居民的收入水平有一定的关系。收入是休闲消费支出的重要来源，在不同收入水平下，休闲消费与收入都呈现出正相关。[①]

五、三地居民休闲效益因子比较

（一）信度与效度分析

本研究利用 SPSS 统计软件分别对上海、武汉、成都的 19 个休闲效益因子的信度和效度进行检验，信度检验旨在测量休闲效益因子的可靠性、一致性和稳定性，通常采用 Cronbach's α 系数检验数据的信度，α 系数越高，表明该量表越可靠。结果表明，上海、武汉、成都三个城市的 Cronbach's α 系数值分别为 0.939、0.893、0.827，均大于 0.800，说明休闲效益因子的信度较好。

---

① Thompson C S, Tinsley A W. Income expenditure elasticities for recreation: their estimation and relation to demand for recreation [J]. Journal of leisure research, 1979, 10(4): 265 - 270.

效度检验主要用来检测量表能够准确测出所需测量的数据的有效性程度。本研究采用 Bartlett 球形检验显著性和 KMO 值反映休闲效益因子的效度，结果表明，上海、武汉、成都三个城市的 Bartlett 球形检验显著性均为 0.000，KMO 值分别为 0.926、0.860、0.811，表明休闲效益因子的效度较好，适合做因子分析。

（二）休闲效益因子得分对比

使用李克特 4 点量表法测量休闲效益因子，利用 SPSS 统计软件，分别对上海、武汉、成都三个城市中的 19 个休闲效益因子得分进行统计，结果如表 5－6 所示。评分标准为：4 分表示效益非常大，3 分表示效益比较大，2 分表示效益比较小，1 分表示完全没效益；大于等于 3 分表示效益大，小于等于 2 分表示效益小。

表 5－6　休闲效益因子得分（单位：％）

休闲效益因子	上　海		武　汉		成　都	
	所占比例		所占比例		所占比例	
	≥3	≤2	≥3	≤2	≥3	≤2
减轻或消除生活、工作压力	86.60	13.40	77.50	22.50	62.40	37.60
减轻或消除心理上的消极情绪	72.20	17.80	78.50	21.50	69.80	30.20
放松心情，获得愉快的体验	88.90	11.10	72.00	18.00	73.70	26.30
因完成某些活动获得成就感	67.40	32.60	60.00	40.00	66.50	43.50
扩大视野，获得新知识、经验	74.40	25.60	59.00	41.00	59.90	40.10
陶冶情操，满足审美需要	70.80	29.20	61.20	38.80	60.50	39.50
锻炼身体，保持健康	70.80	29.20	63.00	37.00	69.80	30.20
丰富兴趣爱好	74.10	25.90	60.00	40.00	70.70	29.30
提高自己对社会的认识能力	69.10	30.90	58.00	42.00	61.70	38.30
刺激单调生活，满足冒险需要	58.20	41.80	44.00	56.00	45.80	54.20
满足挑战自我、挑战自然的需要	53.20	46.80	32.50	67.50	32.90	67.10

续　表

休闲效益因子	上　海		武　汉		成　都	
	所占比例		所占比例		所占比例	
	≥3	≤2	≥3	≤2	≥3	≤2
暂时远离烦嚣的都市,回归自然	69.10	30.90	42.70	57.30	46.90	53.10
暂时远离拥挤的人群,回归自我	69.10	30.90	39.20	60.80	53.30	46.70
获得心灵平静	69.40	30.60	51.70	48.30	66.90	33.10
加深对自己的了解	59.10	40.90	42.00	58.00	60.80	39.20
挖掘自己的潜能	57.90	42.10	39.50	60.50	45.40	54.60
实现自己的价值	56.50	43.50	39.50	60.50	50.10	49.90
调整与家人朋友的关系,增进亲情和友情	81.90	18.10	71.30	28.70	68.00	32.00
扩大交际范围,获得新的友谊或经历	72.10	27.90	62.20	37.80	71.20	28.80

表 5-6 显示,三个城市的休闲效益因子得分均以大于等于 3 分为主,说明三个城市居民的休闲效益均是积极正面的,且上海居民的休闲效益最好。从因子所占比例的极值来看,上海城市居民休闲效益最高的因子是"放松心情,获得愉快的体验",一定程度上说明上海城市生活的紧张感与压力感较强,居民渴望从休闲活动中获得放松。张梦瑶(2019)[1]、郭敬峰(2019)[2]、杨嘉麟(2018)[3]等分别以上海的外籍知识员工、科研企业员工和青年医师为例,指出员工工作压力大的现状与特征,并提出采取积极情绪体验的休闲方式来应对压力的举措。武汉城市居民休闲效益最高的因子是"减轻或消除心理上的消极情绪",这与武汉居民侧重选择与精神健康方面的休闲活动的结果比较吻合。[4] 成都城市居民休闲效益最高的因子与上海一致,是"放松心情,获得愉快的体验",其次是"获得新的

---

[1]　张梦瑶.上海自由贸易区外籍知识员工工作压力源及应对研究[D].上海:华东师范大学,2019.

[2]　郭敬峰.上海 H 科研企业职工心理健康教育中的压力现状及对策研究[D].西宁:青海师范大学,2019.

[3]　杨嘉麟.公立三甲医院青年医师工作压力对工作绩效和心理健康的影响研究[D].上海:华东师范大学,2018.

[4]　谭昌盛.武汉市民休闲与健康关系研究[D].武汉:湖北大学,2016.

友谊或经历",这与成都城市居民的休闲价值观比较吻合,苏小榄(2010)研究指出成都居民比较重视休闲行为带来的压力缓解和人际关系功能。[1]

三个城市居民休闲效益最低的因子均是"满足挑战自我、挑战自然的需要",说明三地居民对休闲所带来的挑战性感受不强。从因子得分所占比例的共性来看,大于等于 3 分且所占比例大于等于 70% 的休闲效益因子中,上海有 9 个,武汉有 4 个,成都有 3 个,休闲效益最好的三个因子中,"放松心情,获得愉快的体验"是三个城市的共同因子,说明三地居民对休闲活动所带来的积极情绪的认可度是比较高的。小于等于 2 分且所占比例大于 40% 的四个共同因子是"刺激单调生活,满足冒险需要""满足挑战自我、挑战自然的需要""挖掘自己的潜能""实现自己的价值",说明三个城市居民对休闲活动所带来的自我价值的认同度较低,看来如何实现休闲的真实自我和自我实现价值,成为一项难题。或许深度休闲可以带来这样的收获与体验,Stebbins(1997)指出深度休闲是个体在内心之爱的基础上,以专注、坚持和努力的态度,不断提升知识、技能和经验,以此追求休闲活动的意义,从而获得身心归属和他人认同。[2]

(三) 休闲效益维度结构对比

对三个城市的休闲效益因子得分进行分析后,利用因子分析法对三个城市的休闲效益维度结构进行对比。利用 SPSS 统计软件分别对三个城市的休闲效益因子进行因子分析,将 19 个休闲效益因子作为变量,基于特征值大于 1 的假设标准,采用 Kaiser 正态化最大方差法对休闲效益因子进行旋转来提取公因子,最终,对上海提取出三个公因子,对武汉和成都提取出五个公因子,见表 5-7。

结合前文关于休闲效益的文献综述,本节将上海城市居民休闲效益的三个公因子分别命名为自我表达、教育与健康效益,放松效益,消遣效益,三个公因子累积解释的方差贡献率为 62.29%。将武汉的五个公因子分别命名为消遣效益、自我表达与教育效益、放松效益、身心健康效益、社会互动效益,累积解释的方差贡献率为 65.68%。将成都的五个公因子分别命名为教育与健康效益、自我表达效益、消遣效益、放松效益和社会互动效益,累积解释的方差贡献率为 53.80%。

---

① 苏小榄.成都市民休闲价值观及休闲行为研究[D].重庆:西南大学,2010.
② Stebbins R A. Casual Leisure: A Conceptual Statement[J]. Leisure Studies,1997,16(1):17-25.

表 5－7　休闲效益因子分析(单位：%)

上海		武汉		成都	
自我表达、教育与健康 (48.053)	挖掘自己的潜能	消遣 (34.727)	暂时远离拥挤的人群，回归自我	教育与健康 (24.841)	丰富兴趣爱好
	实现自己的价值		获得心灵平静		陶冶情操，满足审美需要
	加深对自己的了解		暂时远离烦嚣的都市，回归自然		锻炼身体，保持健康
	获得新的友谊或经历		加深对自己的了解		因完成某项活动而获得成就感
	扩大视野，获得新知识、经验	自我表达与教育 (12.664)	挖掘自己的潜能		扩大视野，获得新知识、经验
	满足挑战自我、挑战自然的需要		实现自己的价值		提高自己对社会的认识能力
	提高自己对社会的认识能力		满足挑战自我、挑战自然的需要	自我表达 (8.724)	挖掘自己的潜能
	因完成某些活动获得成就感		刺激单调生活，满足冒险需要		加深对自己的了解
	刺激单调生活，满足冒险需要		因完成某些活动获得成就感		刺激单调生活，满足冒险需要
	丰富兴趣爱好		扩大视野，获得新知识、经验		实现自己的价值
	锻炼身体，保持健康		减轻或消除生活、工作压力		满足挑战自我、挑战自然的需要
放松 (8.255)	放松心情，获得愉快的体验	放松 (7.058)	放松心情，获得愉快的体验	消遣 (7.663)	暂时远离拥挤的人群，回归自我
	减轻或消除生活、工作压力		减轻或消除心理上的消极情绪		暂时远离烦嚣的都市，回归自然
	陶冶情操，满足审美需要		锻炼身体，保持健康		获得心灵平静
	调整与家人朋友的关系，增进亲情和友情	身心健康 (5.794)	陶冶情操，满足审美需要	放松 (7.008)	减轻或消除心理上的消极情绪
消遣 (5.982)	暂时远离拥挤的人群，回归自我		丰富兴趣爱好		放松心情，获得愉快的体验
	暂时远离烦嚣的都市，回归自然	社会互动 (5.438)	获得新的友谊或经历	社会互动 (5.562)	调整与家人朋友的关系，增进亲情和友情
	获得心灵平静		调整与家人朋友的关系，增进亲情和友情		获得新的友谊或经历

注：括号内的数值是每个公因子的解释方差贡献率。

从休闲效益维度结构看,上海、武汉和成都共同的因子有放松、消遣和自我表达效益,但在因子构成上存在偏差,而武汉和成都在社会互动效益维度上是一致的。从休闲效益维度内部因子的数量来看,上海的自我表达、教育与健康效益维度内部因子数量最多,武汉的自我表达与教育效益维度内部因子数量最多,成都的教育与健康效益维度内部因子数量最多。从休闲效益维度的方差贡献率来看,上海、武汉和成都分别在自我表达、教育与健康效益,消遣效益,教育与健康效益方面的方差贡献率较高,说明自我表达、教育与健康效益对上海城市居民休闲效益的作用最大,消遣效益对武汉城市居民休闲效益的作用最大,教育与健康效益对成都城市居民休闲效益的作用最大。

第二节　三地居民休闲方式的时空演变

三地居民休闲方式的时空演变主要包括居民休闲时间的演变、休闲花费的演变、休闲同伴选择的演变、休闲活动选择的演变、休闲场所选择的演变等。

一、样本描述与比较

课题组在 2004 年、2014 年和 2019 年进行的三次问卷调查均采用统一版本,以确保市场调查结果的纵向可比性。问卷分为两部分内容,即休闲行为和方式、休闲满意度。每一次市场调研活动,受访者需要填写两部分问卷内容。2004年的样本量为:上海 269 份;成都 236 份;武汉 200 份。2014 年的样本量为:上海 293 份;成都 392 份;武汉 396 份。2019 年的样本量为:上海 280 份;成都 371份,武汉 369 份。三个时间节点上,三座城市的样本总数相当,具有一定代表性,且样本的人口学特征的分布情况相对一致,为样本数据的纵向和横向比较研究奠定了基础。

不同时间点上,各座城市样本的男女比例基本平衡。婚姻情况中,2004 年三座城市的样本差距较大。除了上海较为平衡外,成都的样本是已婚者占优,而武汉的样本是未婚者占优。文化程度上,上海三个时间段的样本都体现出本科或大专占比最高的情况。相对而言,成都和武汉的样本,其初中以下的样本占比相对较多。不过随着时间推移,我们能明显发现两座城市高学历样本的增加,分布比例逐渐与上海趋同,详见表 5-8。

表 5-8　15 年三城休闲行为调查样本的年龄、婚姻情况和文化程度分析（单位：%）

性别	上　海		成　都		武　汉	
	男	女	男	女	男	女
2004	52.00	48.00	46.80	53.20	43.00	57.00
2014	49.70	50.30	50.00	50.00	49.90	50.10
2019	50.40	49.60	51.20	48.80	57.50	42.50
婚姻情况	未婚	已婚	未婚	已婚	未婚	已婚
2004	49.80	50.20	42.60	57.40	64.00	36.00
2014	45.50	53.80	39.80	60.20	47.50	51.60
2019	35.70	64.30	40.40	59.30	54.50	45.50

文化程度	A	B	C	D	A	B	C	D	A	B	C	D
2004	1.90	17.50	72.90	7.80	7.60	24.10	64.20	7.20	4.50	28.00	49.00	18.50
2014	1.00	13.80	70.50	14.80	9.70	19.90	50.90	1.80	6.70	23.90	58.10	11.00
2019	3.60	10.00	73.60	12.90	5.20	32.10	59.80	19.40	5.40	14.40	62.30	17.90

注：文化程度 A 指初中及以下；B 指高中（中专、职校）；C 指本科及大专；D 指硕士及以上。

　　样本的职业分布特点一致。总的来说，三座城市三个时间节点上的样本都集中在企、事业单位的员工和管理者，这代表了城市中间阶层最广泛的职业选择，具有一定的代表性。相较而言，成都样本中的学生群体较多，武汉样本中的自由职业者较多，见表 5-9。

　　在年龄方面，三座城市三次采样的样本都集中在 18～60 岁的中青年群体，其中，18～35 岁的青年群体在各个城市的各个年份都超过样本量的 50%，两端人群较少，能代表最普遍的参与城市休闲活动的主体人群，见表 5-10。

　　在收入分布方面，我们可喜地发现，三座城市居民总体收入水平都有不同程度的提升。2004 年，上海样本中个人月收入 8 000 元以上的仅占 12.30%，2019年这个比例上升至 40.00%。成都样本中 8 000 元以上的占比从 2004 年的1.70% 蹿升到了 2019 年的 38.30%，上升幅度超过上海，且几乎与上海持平。武汉的上涨幅度虽未达到成都的水平，但收入整体上升的趋势不改。2019 年，武汉样本中将近 90% 的样本个人月收入超过 1 000 元，见表 5-11。

表 5-9　2004 年、2014 年和 2019 年三城休闲行为调查样本的职业分布分析（单位：%）

职业	上海							成都							武汉						
	A	B	C	D	E	F	G	A	B	C	D	E	F	G	A	B	C	D	E	F	G
2004	16.70	38.30	3.30	1.50	14.50	3.30	22.30	27.00	29.50	3.80	2.10	8.40	13.50	15.60	32.00	16.50	7.00	2.00	12.00	9.50	21.00
2014	64.30	11.30	4.00	5.00	4.70	3.30	7.30	30.40	21.70	12.20	1.80	17.90	7.90	8.20	35.60	18.80	1.70	14.30	5.90	13.10	10.60
2019	54.30	16.80	6.80	3.90	7.90	4.30	6.10	18.10	21.30	6.70	18.60	20.20	0.00	15.10	26.80	13.00	2.70	9.80	9.80	28.70	9.20

注：A指企、事业单位职工；B指企、事业单位管理人员；C指公务员；D指私营企业主或个体经营户；E指学生；F指自由职业者；G指其他从业人员。

表 5-10　2004 年、2014 年和 2019 年三城休闲行为调查样本的年龄分布分析（单位：%）

年龄	上海						成都						武汉					
	A	B	C	D	E	F	A	B	C	D	E	F	A	B	C	D	E	F
2004	1.50	33.80	34.20	17.80	10.80	1.90	1.70	25.30	40.90	16.50	13.10	2.50	2.00	49.00	29.00	11.00	5.50	3.50
2014	1.70	24.00	40.00	17.00	15.70	0.70	3.30	31.80	20.10	23.70	17.30	3.80	0.05	35.70	34.20	16.00	12.30	0.07
2019	0.00	28.90	25.00	26.10	16.40	3.60	0.00	23.50	26.70	24.30	18.60	7.00	3.50	39.60	23.00	21.10	11.40	1.40

注：A指18岁及以下；B指18~25岁；C指26~35岁；D指36~45岁；E指46~60岁；F指60岁以上。

表 5-11　2004 年、2014 年和 2019 年三城休闲行为调查样本的月收入分布分析（单位：%）

个人收入	上海					成都					武汉				
	A	B	C	D	E	A	B	C	D	E	A	B	C	D	E
2004	11.50	30.50	29.70	16.00	12.30	20.30	47.30	23.20	7.60	1.70	36.00	43.00	15.00	4.00	2.00
2014	4.40	5.40	30.80	34.20	25.10	11.70	22.40	42.80	7.50	15.30	3.50	26.80	35.40	22.00	12.40
2019	1.80	8.90	19.60	29.60	40.00	2.20	8.60	21.60	29.40	38.30	11.70	23.00	23.80	15.40	26.00

注：A指1 000元及以下；B指1 001~3 000元；C指3 001~5 000元；D指5 001~8 000元；E指8 000元以上。

二、居民休闲时间的演变

(一) 平日休闲时间的演变

首先,我们讨论各个城市居民平时的休闲时间在三个数据采样节点上的变化。上海在过去三个时间节点上,居民平时的休闲时间变化显著(P=0.000),其中,2014 年的平时闲暇时间略有减少,平均时长下降到 1 小时以下,2019 年回升至 1～3 小时。成都居民平时的休闲时间变化与上海类似,总体呈现下降趋势(P=0.000)。相反,武汉居民平时的休闲时间维持在 1～3 小时的相对稳定水平(P=0.022＜0.05)。

随后,我们在三个时间节点上分析三个城市的不同。2004 年三座城市居民平时的休闲时间呈现微小差异(P=0.015＜0.05):其中,成都居首,武汉次之,上海居民最少。可见,平时上海居民用于工作和通勤的时间最长,休闲时间相对减少。2014 年,在三座城市平时休闲时间普遍减少的情况下,成都居民休闲时间的减少幅度最大(P=0.000)。随着西部大开发战略的实施,不少高科技企业将研发中心迁至内陆,成都是其中的首选之地。居民平日休闲时间的变化折射出社会经济发展水平和生活方式的变化。相较之下,武汉的变化并不明显。2019年,横向比较三座城市居民平日休闲时间的变化,发现无显著差异(P=0.061＞0.05),都恢复到 2014 年的水平。不过,成都居民的日常休闲时间相对最少,也与成都这座休闲之城的固有形象有所出入,见表 5-12。

表 5-12 2004 年、2014 年和 2019 年三座城市居民
平日休闲时间的变化与差异

	上 海	成 都	武 汉	P 值
2004 年平时的休闲时间均值	2.18	2.40	2.37	0.015
2014 年平时的休闲时间均值	1.93	1.41	2.21	0.000
2019 年平时的休闲时间均值	2.20	2.05	2.17	0.061
P 值	0.000	0.000	0.022	0.000

注:均值 1 指 1 小时以下;2 指 1～3 小时;3 指 3～5 小时;4 指 5 小时以上。

(二) 周末休闲时间的演变

与平日休闲时间的变化趋势相似,各个城市居民的周末休闲时间在 15 年里

呈现明显的下降趋势。上海居民的周末休闲时间从 2004 年的 2.32 下降到 2014 年的 2.17,且 2019 年维持与 2014 年的同等水平(P=0.054)。这一结果说明,越来越多的上海居民周末每天的休闲时间在 4 小时以下,拉低了平均水平。同样的情况也发生在成都(P=0.000)和武汉(P=0.000)居民身上,2004 到 2014 十年间经历了断崖式下降,2019 年稳定到了和上海相同的水平。课题组假设,随着数字化和物联网技术的成熟,智能家电的普及可以把市民从周末家务中解放出来,休闲时间能随之延长。但数据结果恰恰与预设相反。课题组推测,随着中西部崛起,越来越多的市民在周末参与工作培训、孩子课外辅导等相关活动,而非身心放松和社交类休闲活动。

各个城市周末休闲时间减少的趋势是一致的;同时,城市间的差异也越来越小。2004 年,上海、成都和武汉的周末休闲时间依次递增(P=0.033),与预判相符。2014 年,成都和武汉的下滑趋势相当明显,上海反倒成了周末休闲时间最多的城市,武汉、成都依次递减(P=0.000)。随着城市发展,竞争日趋激烈,中西部城市居民的生活方式改变较大,体现在周末休闲时间的大幅压缩。最有趣的现象是,2019 年,三座城市居民周末休闲时间的均值高度相似(P=0.844),均稳定在 4 小时左右,可体现出当下城市居民周末休闲时间分配的普遍情况(见表 5 - 13)。

表 5 - 13 2004 年、2014 年和 2019 年三座城市居民
周末休闲时间的变化与差异

	上　海	成　都	武　汉	P　值
2004 年周末的休闲时间均值	2.32	2.50	2.53	0.033
2014 年周末的休闲时间均值	2.17	1.72	2.05	0.000
2019 年周末的休闲时间均值	2.16	2.17	2.14	0.844
P　值	0.054	0.000	0.000	0.000

注:均值 1 指 4 小时以下;2 指 4～10 小时;3 指 10～15 小时;4 指 15 小时以上。

(三) 黄金周休闲时间的演变

三座城市在黄金周休闲时间分配上的变化趋势也相对一致,都呈现出下降态势。15 年间,上海居民在黄金周的休闲时间不断减少,均值下降了 0.34,可以解读为休闲时间在一天以内的居民逐渐增多,拉低了平均值(P=0.000)。

成都居民的均值由 2004 年的 3.01 跌到 2019 年的 2.50(P=0.000),说明大多人的休闲时间从 3 天或以上下降到了 1～3 天,降幅明显。武汉居民休闲时间的减少幅度与成都极其相似(P=0.000),均值也下降了 0.46,说明越来越多的被调查者黄金周休闲时间在 1～3 天,长时间外出休闲的比例逐渐减少。三座代表性城市黄金周中休闲时间分配趋势的高度一致,能为黄金周政策调整提供参考。

城市间的差异也反映了很有趣的现象。成都居民虽然在平时和周末的休闲时间分配相对较少,但集中在黄金周使用。在三个时间节点上,其黄金周休闲时长始终居首,2004 年的平均值达到 3～5 天之久,体现出其休闲生活安排的特点。相反,上海居民在黄金周的休闲动力不足,维持在 1～3 天的水平并小幅下降。武汉在 2004 年的数据较高,平均天数接近 3～5 天,但随后下跌,与上海保持同一水平,详见表 5-14。总体而言,成都居民黄金周的休闲时间在过去15 年间处于绝对优势地位,同时所有城市黄金周休闲时间都不断减少的整体趋势明显。

表 5-14 2004 年、2014 年和 2019 年三座城市居民黄金周
休闲时间的变化与差异

	上 海	成 都	武 汉	P 值
2004 年黄金周休闲时间均值	2.76	3.01	2.91	0.006
2014 年黄金周休闲时间均值	2.44	2.78	2.42	0.000
2019 年黄金周休闲时间均值	2.42	2.50	2.45	0.496
P 值	0.000	0.000	0.000	0.002

注:均值 1 指 1 天以下;2 指 1～3 天;3 指 3～5 天;4 指 5 天以上。

三、居民休闲花费的演变

在平时、周末和黄金周,三地居民的休闲时间分配有所差异,自然导致休闲花费情况的差异。而且,15 年里,随着人们收入水平的显著提升,休闲花费有何变化,地区间差异与休闲时间分配差异如何,我们将通过数据逐一揭开。

(一) 平日的休闲花费演变

从时间趋势来看,各个城市的趋势与时间分配的变化高度一致。上海居民

平时休闲时间分配在 2014 年跌入谷底,2019 年又回到正常水平。在休闲花费上也呈现了该趋势,2014 年跌至人均每日不足 50 元,2019 年有所回升。成都的情况与上海类似,也与休闲时间分配高度雷同,2014 年跌入谷底后反弹到先前水平,总体都在日均 50 元及以下。武汉的情况与上海、成都不同,休闲花费保持稳定(P=0.244>0.05),武汉居民平日休闲时间的分配也在过去三个时间节点保持稳定。因此,我们推断城市居民的平日休闲花费与时间变化呈高度相关。

若在各个时间点进行城市间比较的话,2004 年和 2019 年,三个城市居民消费未见显著性差异(P=0.051>0.05;P=0.097>0.05)。从数据上直观感受到上海始终处于领先地位,即便 2004 年成都居民的平时休闲时间最长。2014 年的差异较显著,花费均值是上海领先,武汉次之,成都最末。这与 2014 年成都居民平日休闲时间大幅减少相关。当然,虽然统计意义上差异显著,但所有均值都处于 50 元及以下水平,说明城市居民平日的休闲花费是相当有限的,整体花费并未随着时间全面增长。

表 5－15 2004 年、2014 年和 2019 年三座城市居民平日
每天休闲花费的变化与差异

	上 海	成 都	武 汉	P 值
2004 年平时的休闲花费均值	2.01	1.86	1.82	0.051
2014 年平时的休闲花费均值	1.81	1.52	1.72	0.000
2019 年平时的休闲花费均值	1.95	1.89	1.80	0.097
P 值	0.024	0.000	0.244	0.007

注:均值 1 指 50 元及以下;2 指 51～100 元;3 至 101～300 元;4 指 300 元以上。

(二)周末的休闲花费演变

在三个时间节点上,三个城市居民的周末休闲花费相对稳定。例如,上海在 2004 年、2014 年和 2019 年的周末休闲花费无显著差异(P=0.24>0.1),均值始终稳定在 101～300 元水平,呈现略微上升趋势。武汉也相对稳定(P=0.033<0.05),在 2019 年出现波动,均值下降至 100 元及以下。成都的休闲花费波动最大(P=0.000),均值从 2004 年的 100 元及以下蹿升到 2014 年的 101～300 元,2019 年相对有所回落。虽然上文中提到,三座城市的周末休闲时间都呈现下降趋势,但休闲花费却保持相对稳定,说明周末的休闲活动单位时间价值在提升。

在周末休闲时间的下降周期下,城市休闲产业的规划和决策者可以考虑提高单位休闲时间的价值和收益提高产业边际收益。

城市间差异情况在2014年和2019年表现得较为明显(P=0.000)。结合上文所述周末休闲时间的变化,我们发现2004年三地的周末休闲时间和花费均无显著差异。2014年虽然成都居民休闲时间少于上海和武汉,但休闲花费均值远远高出这两座城市;2019年虽然三地的休闲时间没有差异,但上海的周末休闲消费却领先其他两地(见表5-16)。各个时间段上,城市间周末休闲花费与周末休闲时间的变化规律不一致,在周末休闲行为中,我们难以确定城市之间时间与花费的交互效应。因此,休闲产业决策者对不同城市的休闲产品供应要体现差异化,符合城市居民休闲时间和花费特点。

表5-16　2004年、2014年和2019年三座城市居民周末
每天休闲花费的变化与差异

	上　海	成　都	武　汉	P　值
2004年周末的休闲花费均值	2.16	1.96	2.01	0.033
2014年周末的休闲花费均值	2.23	2.56	2.08	0.000
2019年周末的休闲花费均值	2.27	2.12	1.93	0.000
P　值	0.249	0.000	0.033	0.000

注:均值1指100元及以下;2指101~300元;3指301~500元;4指500元以上。

(三) 黄金周的休闲花费演变

黄金周休闲花费的趋势在上海和成都都是逐级递增的(P=0.006,P=0.000),上海的均值提升了0.27,说明越来越多市民的黄金周消费集中在501~1000元的范畴;从2004到2014年,成都的均值提升了0.58,涨幅达27%。武汉居民黄金周花费的时间变化不明显(P=0.064>0.05),2014年达到峰值后,2019年回到了2004年的水平。对比黄金周休闲时间的下降趋势,花费却逆势上涨。武汉的表现略显滞后。不过,相对其下降的休闲时间,休闲花费的时间单价也是上涨的,只是上涨幅度不及上海与成都。综合三座城市黄金周休闲花费和休闲时间变化的趋势,我们可以推断,在上海和成都,黄金周休闲时间和花费的变化呈负相关,时间虽然少了,但花费增加了,这说明两地居民黄金周的活动选择和单位时间的花费有所上涨。

2004 年各个城市的黄金周休闲花费水平无明显差异(P=0.225>0.1)。2014 年,随着成都居民休闲花费的急速上涨,三座城市差异显著(P=0.000),武汉的涨幅不及成都和上海。2019 年,上海和成都不相上下,武汉依旧相对落后。与黄金周休闲时间的城市间差异结合来看,2014 年成都的黄金周休闲时间领先其他两地,因此在休闲花费上也比其他两地略多。2019 年三地在休闲时间无显著差异的情况下,上海和成都的花费超过武汉,说明这两地居民黄金周花费的单位时间效益超过武汉,折射出当地休闲产业的提质增效。由于成都在黄金周休闲时间分配,其休闲消费始终领先其他城市也不足为怪(见表 5-17)。

表 5-17 　2004 年、2014 年和 2019 年三座城市居民黄金周
总计休闲花费的变化与差异

	上 海	成 都	武 汉	P 值
2004 年黄金周的休闲花费均值	2.27	2.13	2.17	0.225
2014 年黄金周的休闲花费均值	2.41	2.71	2.31	0.000
2019 年黄金周的休闲花费均值	2.54	2.56	2.16	0.000
P 值	0.006	0.000	0.064	0.000

注:均值 1 指 500 元及以下;2 指 501~1 000 元;3 指 1 001~3 000 元;4 指 3 000 元以上。

四、休闲同伴选择的演变

比较三座城市人们从事休闲活动的同伴的变化,有些现象值得关注。例如,上海居民的休闲活动同伴始终以家人和朋友为主,过去 15 年未有变化(P=0.852>0.1)。可见,上海居民的休闲圈子和工作圈子有明显划分。休闲与工作的界限划分明确。成都居民的休闲同伴则丰富得多,随着时间推移,越来越多人开始和同事一起或者独自进行休闲(P=0.000),见表 5-18。例如,2014 年有 23.00%的受访者与同事为伴从事休闲活动;2019 年为 16.20%,也高于 2004 年的水平。2019 年有 10.80%的受访者表示独自从事休闲活动。可见,成都人休闲活动更随意。武汉居民休闲同伴的变化趋势与成都恰好相反,同事的比例下降,从 2004 年的 11.00%下降到 2019 年的 5.10%;同时,家人和朋友的比例上升,从 2004 年的 21.00%提高到 2019 年的 39.80%(P=0.000)(见表 5-19)。

表 5 - 18 2004 年、2014 年和 2019 年三座城市居民休闲同伴的变化与差异

	上 海	成 都	武 汉	P 值
2004 年	1.83	1.84	2.11	0.001
2014 年	1.79	2.37	1.91	0.000
2019 年	1.82	2.08	1.75	0.000
P 值	0.852	0.000	0.000	0.000

注：均值 1 指家人；2 指朋友；3 指同事；4 指单独；5 指其他。

表 5 - 19 2004 年、2014 年和 2019 年三座城市的
休闲同伴时空变化比例(单位：%)

	2004 年			2014 年			2019 年		
	上海	成都	武汉	上海	成都	武汉	上海	成都	武汉
家人	36.80	42.60	21.00	43.30	10.70	31.80	43.60	32.60	39.80
朋友	50.90	41.80	59.50	43.00	55.10	48.80	39.30	39.60	49.30
同事	5.90	7.20	11.00	6.00	23.00	11.30	9.30	16.20	5.10
单独	5.20	6.30	5.00	5.70	9.20	3.20	7.10	10.80	4.30
其他	1.10	2.10	3.50	1.70	2.00	1.70	0.70	0.80	0.30
总计	100.00	100.00	100.00	99.70	100.00	96.80	100.00	100.00	100.00

五、休闲活动选择的演变

在休闲活动选择的研究中，此次调查分别设置了平时、周末和黄金周三个时段，旨在揭示和把握城市居民活动选择在不同时间限制下的特点与关系。

(一)平日休闲活动的演变

2004 年三地样本在平日休闲活动的选择差异较大。首先，武汉的受访者大多只选择了两项活动，缺失值占总数的 27.34%。说明大部分武汉样本仅选择了两类活动，显得平日休闲活动的选择相对贫乏。其次，45.06% 的武汉受访者的平时休闲活动是看电视、影视娱乐和上网，远远超过上海(27.88%)和成都

(31.50%),也说明其活动选择单一。相比之下,上海和成都受访者的平日休闲活动相对丰富,尤其重视个人的身心健康,例如从事体育健身、培养兴趣爱好、养花草宠物等(见表5-20)。

表5-20 2004年、2014年和2019年上海、成都、武汉居民
平日休闲活动选择分析(单位: %)

休闲活动	2004年			2014年			2019年		
	上海	成都	武汉	上海	成都	武汉	上海	成都	武汉
旅游度假	2.23	2.53	3.08	5.91	5.96	4.43	3.21	5.48	2.78
参观访问	2.97	1.49	1.03	2.96	5.62	1.97	7.86	4.58	2.42
看电视、影视娱乐和上网	27.88	31.50	45.06	56.97	57.19	54.27	48.45	47.98	43.15
逛街、购物、饮食、闲聊	24.91	19.61	9.76	9.22	6.89	7.88	5.00	5.84	6.71
吧式消费	3.22	9.66	1.93	2.48	6.89	1.81	3.10	5.84	1.61
养花草宠物	4.58	5.05	1.80	4.85	1.11	3.69	8.45	7.64	3.31
业余爱好、桌游、棋牌	11.28	12.33	3.72	6.62	6.13	6.32	8.10	4.40	6.89
体育健身	10.16	10.25	4.49	8.39	4.26	7.22	10.36	8.00	12.26
社会活动	3.59	5.05	1.03	1.42	5.79	1.72	1.90	5.93	4.83
休闲教育	2.11	2.53	0.77	0.59	0.17	0.82	1.31	2.16	1.70
其 他	7.06	2.53	3.08	0.59	0.00	0.49	2.26	2.16	0.90
缺 失	0.00	5.09	27.34	6.38	0.00	9.36	0.00	0.00	13.43
合计选择次数	100.00	100.00	100.00	100.00	100.00	100.00	100.00	100.00	100.00

随着时间的推移,城市间的差异不断缩小。与预判不同,十年后,2014年三个城市受访者平日休闲活动的选择不是越来越丰富,而是恰恰相反,越来越集中在上网和影视娱乐上,都超过了50%。与个人发展相关的活动,例如业余爱好、体育健身等,并未呈现递增趋势,在上海和成都反倒下降了。武汉的情况也是如此,由于2004年数据的缺失值过多,虽然在百分比上2014年的数据超过了

2004 年,但只能说明 2014 年武汉可供选择的活动增加了,而丰富程度仅仅和其他两座城市持平。总体的多元化其实不及 2004 年。在互联网娱乐"霸屏"的时代,平日休闲活动的过度集中和单一值得业界深思。

2019 年,研究发现三座城市居民平日休闲活动的选择又回归了多元化趋势。上网等休闲活动的比例有所下降,取而代之的是文化场馆参观访问、体育健身、个人兴趣爱好等。尤其是体育健身,值得一提的是,与 2004 年和 2014 年相比,城市市民平日参与文化参访活动显著提升。随着文旅融合进程的深度推进,城市博览和演出等文化设施供给数量增加,价格下降,且市民欣赏水平不断提高,呈现出这一趋势。另外,体育健身参与人数的显著增加也是三座城市的共同特点,且上涨迅速,体现出城市居民生活方式和对待健康态度的转变。

我们挑选了其中一些活动,对其参与频率进行时空交叉分析,判断其趋势及城市间差异。首先,我们发现看电视、影视娱乐和上网总体还是呈现下降趋势的(见图 5 - 3)。2019 年的曲线位于 2014 年曲线的下方,说明三座城市整体对看电视、影视娱乐和上网活动的选择是下降的,被其他更多样化的活动所替代。两条曲线几乎平行,说明各个城市的下降幅度也类似,城市间休闲活动选择的变化趋势也趋同。另外一个有趣的现象是,2004 年的曲线中,武汉居民由于休闲活动缺乏,选择看电视、影视娱乐和上网的活动比例最高。但在 2014 和 2019 年的曲线中,武汉先升后降的幅度却小于其他两座城市,说明其学习了其他城市的发展经验,及时丰富了休闲活动选择和供给,充分体现了明显的后发优势。

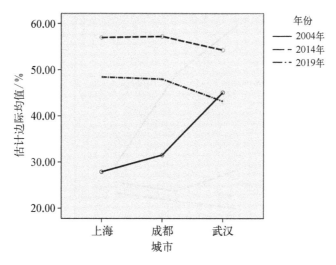

图 5 - 3　看电视、影视娱乐和上网作为平时休闲活动选择的时空交叉分析

第二,体育健身也是我们关心的休闲活动之一,体现出城市居民生活方式日益健康化的趋势。总体来看,2019年所有城市的水平均高于2014年,且三座城市居民对体育活动选择的增加呈上升态势,变化幅度较一致。

业余爱好、桌游、棋牌也是平时人们主要从事的休闲活动。比例越高,说明重视个人发展的人群越多,休闲活动的质量和层次越高。随着时间推移,市民平日选择业余爱好、桌游、棋牌活动的频率总体呈下降态势,而且各个城市的变化趋势不相符合。上海在2014年探底后,2019年有所回升,但没有恢复到2004年的水平。成都居民的这一活动比例直线下滑。武汉的则小幅上涨。说明上海和成都在2004年的样本中,拥有爱好者较多,由于样本群体的变化可能导致数据的异常。日后,我们将在调查问卷中增加对样本人口特征方面的数据补充,例如个人兴趣爱好、特长、生活方式偏好等,从而挖掘样本个体特征和内在心理因素对休闲活动选择的影响。

最后,从数据中发现,平日里逛街、购物、饮食、闲聊的休闲活动呈现同时下降的趋势一致性。图5-4中显示自上而下三条曲线分别是2004年、2014年和2019年三座城市的情况,整体下降趋势明显。其中下降幅度最大的是上海,最小的是武汉。说明随着上海居民生活节奏的加快,平日外出吃饭或逛街的时间越来越少,这与上海平日的休闲时间和下面我们将讨论的平日休闲场所的数据相呼应。相比之下,武汉的生活节奏要慢不少。不过,总体而言三座城市日常生活节奏都加快了。

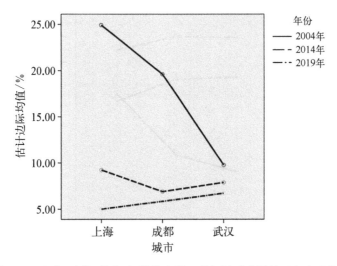

图5-4　逛街、购物、饮食、闲聊作为平日休闲活动选择的时空交叉分析

（二）周末休闲活动的演变

总览三个时间节点，三座城市居民周末的主要休闲活动都集中在看电视、影视娱乐和上网与逛街、购物、饮食、闲聊上，勾勒出城市居民典型的周末生活方式。从事体育健身、业余爱好以及社交活动在上海和成都居民中也占据了10%左右的比例，而武汉居民的相关比例较低。和平日休闲活动的数据相似，三个时间节点上武汉居民活动选择中，缺失值较大，即大部分样本没有选满三个休闲活动，说明当时人们周末的休闲活动内容也相对单一（见表5-21）。

表5-21　2004年、2014年和2019年上海、成都、武汉居民
周末休闲活动选择分析（单位：%）

休闲活动	2004年			2014年			2019年		
	上海	成都	武汉	上海	成都	武汉	上海	成都	武汉
旅游度假	5.95	6.61	4.50	7.89	4.68	5.50	5.48	4.31	4.97
参观访问	4.58	5.06	1.83	3.78	3.57	5.01	4.64	9.34	5.06
看电视、影视娱乐和上网	19.33	19.97	14.33	38.78	48.55	39.24	38.57	31.27	36.59
逛街、购物、饮食、闲聊	24.41	22.22	17.17	15.67	3.91	14.78	18.21	11.05	15.45
吧式消费	5.70	9.14	4.00	3.89	8.08	3.04	4.29	3.68	3.43
养花草宠物	3.59	2.25	3.00	3.00	1.36	2.71	3.57	7.10	1.72
业余爱好、桌游、棋牌	9.05	10.41	5.33	7.22	14.88	9.52	7.38	10.15	7.41
体育健身	10.16	9.85	5.33	6.67	6.97	6.16	7.14	8.98	7.41
社会活动	6.82	9.00	5.50	3.78	6.46	3.78	4.52	6.29	2.26
休闲教育	3.84	1.97	2.00	1.11	1.36	1.07	2.62	5.57	1.36
其　他	6.57	0.56	0.33	0.89	0.17	0.66	3.57	2.25	2.62
缺　失	0.00	2.95	36.67	7.33	0.00	8.54	0.00	0.00	11.74
合计选择次数	100.00	100.00	100.00	100.00	100.00	100.00	100.00	100.00	100.00

武汉居民的选择逐渐多样化，体育健身、个人爱好和社会交往等活动选择在比例上与上海、成都趋同，说明城市间差异逐渐减小。

　　我们选择了看电视、影视娱乐和上网,逛街、购物、饮食、闲聊,社交活动,参观场馆这四个通常在周末从事的休闲活动,分析探讨其时空变化趋势。首先,三座城市居民在周末选择看电视、影视娱乐和上网活动的比例从 2004 年到 2014 年有大幅度提升,几乎翻了一倍;从 2014 年到 2019 年,上海和武汉保持高位,仍旧是 40% 左右,成都回落到 30%(见图 5-5)。这一趋势与平时休闲活动选择的情形类似,看电视、影视娱乐和上网占据绝对主导地位。课题组判断,由于 2014 年样本中的群体较为年轻,很多人周末喜欢"宅家"联机打游戏,饮食往往是通过外卖解决,上网某种程度上替代了社交生活,反映在数据上才出现这样的特征。

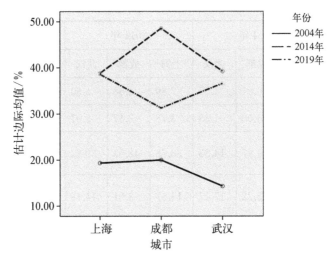

图 5-5　看电视、影视娱乐和上网作为周末休闲活动选择的时空交叉分析

　　市民周末选择逛街、购物、饮食、闲聊活动的比例的变化趋势与课题组的判断也略有不同。2019 年的折线位于 2004 年和 2014 年的折线当中,说明三座城市整体上在周末选择逛街、购物、饮食、闲聊的人数从 2014 年大幅下降后在 2019 年有所回升(见图 5-6)。其中,2014 和 2019 年,上海与武汉的水平整体相当,且都在 15%～20% 之间;成都最少。课题组判断,当年成都选择看电视、影视娱乐和上网活动的人数最多,分流了选择逛街、购物、饮食、闲聊的人数。

　　周末是走亲访友、参加聚会的最佳时间,因此我们好奇市民利用周末进行社交活动的情况。出乎意料的是,参与社会活动的比例从 2004 年到 2019 年呈下降态势(见图 5-7)。整体水平从平均的 8% 左右下降到其一半,2019 年仅 4%。课题组判断,随着生活压力加大,青少年课业竞争加剧,很多城市家庭在周末忙于接送孩子参加各类补习班。因此,朋友家人的空闲档期可能也很难凑得上,导

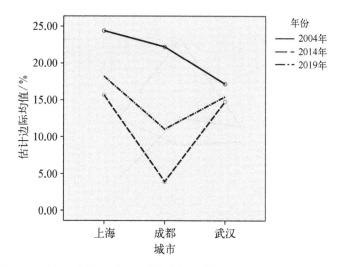

图 5-6　逛街、购物、饮食、闲聊作为周末休闲活动选择的时空交叉分析

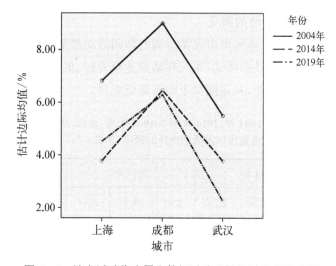

图 5-7　社交活动作为周末休闲活动选择的时空交叉分析

致从年度 52 个周末的广度来评估,真正参与社交活动的频率就相对减少。

随着文旅融合的深入推进,城市文化博览设施供给数量不断增加,质量不断提升。课题组试图发现人们在周末参访文化场馆的频率变化。从折线图上我们发现并不是所有城市市民的选择都同步提高(见图 5-8)。上海居民参观文化场馆的变化幅度不大,2014 年甚至有小幅下降。成都涨幅最大,武汉也是增长,2014 年和 2019 年水平相当。课题组判断,博览参观和演出观看时长需要时间培育,市民的欣赏水平需要各类活动和手段逐渐提升。

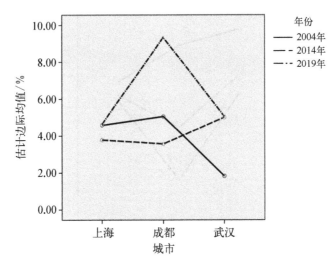

图 5-8 参观活动作为周末休闲活动选择的时空交叉分析

(三) 黄金周休闲活动的演变

如表 5-22 所示,三座城市市民黄金周的休闲活动都集中在旅游度假;第二梯队包括上网和餐饮和社会活动;第三梯队是业余爱好、桌游、棋牌和体育健身。三座城市的比例分布类似,只是能级上略有高低差异。

表 5-22　2004 年、2014 年和 2019 年上海、成都、武汉居民
黄金周休闲活动选择的频率(单位:%)

休闲活动	2004 年			2014 年			2019 年		
	上海	成都	武汉	上海	成都	武汉	上海	成都	武汉
旅游度假	24.54	24.19	19.50	21.44	23.13	20.28	22.26	18.78	19.15
参观访问	6.82	8.86	2.17	6.78	3.15	5.50	5.60	6.83	5.06
看电视、影视娱乐和上网	12.14	11.39	10.33	26.78	36.14	21.92	30.12	19.86	28.09
逛街、购物、饮食、闲聊	17.72	15.61	8.33	14.44	15.73	13.05	18.45	13.93	12.83
吧式消费	2.35	2.81	0.83	2.00	12.67	2.46	2.14	3.05	2.53
养花草宠物	1.61	1.27	1.67	2.00	1.79	1.89	2.38	2.70	1.99
业余爱好、桌游、棋牌	7.68	6.89	2.17	7.22	2.30	8.78	3.81	5.39	4.79

休闲活动	2004 年			2014 年			2019 年		
	上海	成都	武汉	上海	成都	武汉	上海	成都	武汉
体育健身	5.95	7.59	3.50	4.56	3.32	5.17	3.33	8.98	3.97
社会活动	12.14	14.77	6.50	3.33	1.19	4.02	5.71	5.21	1.90
休闲教育	2.35	2.11	2.00	1.11	0.09	1.64	1.90	8.81	1.81
其　他	6.69	0.42	0.33	0.89	0.51	1.56	4.29	6.47	1.54
缺　失	0.00	4.08	42.67	9.44	0.00	13.71	0.00	0.00	16.35
合计选择次数	100.00	100.00	100.00	100.00	100.00	100.00	100.00	100.00	100.00

　　课题组挑选了旅游度假,看电视、影视娱乐和上网,逛街、购物、饮食、闲聊这三个黄金周最常见的活动选择,挖掘其时空交叉变化情况。在黄金周选择旅游度假的总体比例比平时和周末时段有大幅提升,各个年份都在 20% 左右。不过,我们发现选择比例随时间而下降,即 2004 年的整体水平高于 2014 年,2014年的整体水平又高于 2019 年(见图 5 - 9)。黄金周旅游质量的下滑一直是人们选择在黄金周出游的主要制约因素。随着带薪休假制度的逐渐推广与贯彻,在黄金周休闲上,人们选择出游的频率下降也情有可原。另外发现,三个时间节点

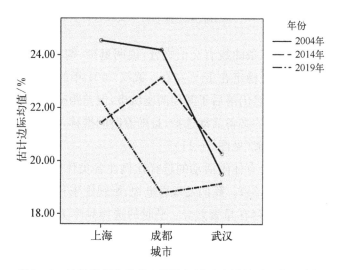

图 5 - 9　旅游度假作为黄金周休闲活动选择的时空交叉分析

上，武汉的变化最小，成都的下降幅度最大。综合来看，黄金周最主要的休闲活动选择是旅游度假。

黄金周期间，人们还是留出一部分时间进行看电视、影视娱乐和上网活动，它是贯穿三个时段最受城市居民喜爱的休闲活动。毕竟，人们在旅游度假中也不忘"发朋友圈，刷抖音"，它已经融入了人们的生活中，成为普遍生活方式的有机组成部分。随着智能手机的普及和网络数据使用成本的下降，从2004年到2019年，各个城市此类休闲活动的比例都大幅上升（见图5-10）。

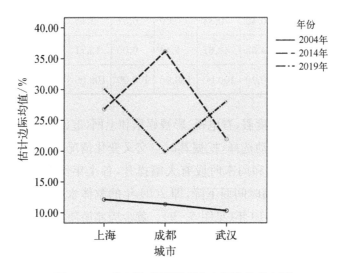

图5-10　看电视、影视娱乐和上网作为黄金周
休闲活动选择的时空交叉分析

三个时间节点上，三条曲线有交汇之处，说明逛街、购物、饮食、闲聊活动选择的比例变化不大，水平稳定在15%左右。武汉2004年的水平相对较低，2014和2019年提升较快，虽然仍落后于其他两座城市，但差距减小。我们推断，外出就餐或逛街是黄金周内的必备活动选择，且随着时间推移，这一选择将稳定在黄金周休闲活动的重要位置（见图5-11）。

最后，课题组还对所有休闲活动的选择比例在各类休闲时段中的差异做了分析（见表5-23、表5-24）。我们发现看电视、影视娱乐和上网活动的选择，因为休闲时段特征的不同存在显著差异：平时的选择频率为46%，周末是32%，黄金周为22%。旅游度假活动在平日、周末和黄金周的选择比例也有显著差异：平时为4%，周末为6%，黄金周为21%。休闲时段对活动选择，例如出游还是宅家，有显著影响，这一观点得到数据支持。

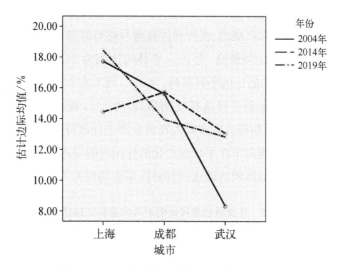

图 5-11　逛街、购物、饮食、闲聊作为黄金周
休闲活动选择的时空交叉分析

表 5-23　看电视、影视娱乐和上网作为休闲活动选择的各时段差异

	N	均值	标准偏差	标准错误	最小值	最大值	F	显著性
平　时	9	45.83	10.435	3.479	27.88	57.19	12.030	0.000
周　末	9	31.85	11.480	3.827	14.33	48.55		
黄金周	9	21.86	9.194	3.065	10.33	36.14		
总　计	27	33.18	14.156	2.724	10.33	57.19		

表 5-24　旅游度假作为休闲活动选择的各时段差异

	N	均值	标准偏差	标准错误	最小值	最大值	F	显著性
平　时	9	3.96	1.504	0.501	2.23	5.96	303.881	0.000
周　末	9	5.54	1.146	0.382	4.31	7.89		
黄金周	9	21.47	2.183	0.728	18.78	24.54		
总　计	27	10.32	8.219	1.582	2.23	24.54		

其他类型休闲活动选择在平时、周末和黄金周不同时段体现出的差异并不明显。养花草宠物,业余爱好、桌游、棋牌和体育健身略有差异(P＜0.05)。参与兴趣爱好相关活动在周末的比例最高,为9%,平日的比例为7%,黄金周最低,为5%(P=0.030)。养花草宠物的比例平日最高,为4%,周末为3%,黄金周最低,为1%(P=0.014)。体育健身也是平日选择比例最高,为8%,黄金周最低,为5%(P=0.012)。这些结果与事实相符。大多数人在黄金周选择旅游度假,宠物或花草只能委托他人照顾。人们更倾向于在平日碎片化的休闲时间里进行业余爱好和体育健身相关活动。因此大部分休闲活动选择和时段呈密切相关关系(见表5-25)。

表 5 - 25　各类活动选择比例的具体差异化描述分析

休闲活动		平方和	df[a]	平均值平方	F	显著性
参观访问	群组之间	22.241	2	11.121	2.562	0.098
	在群组内	104.153	24	4.340		
	总　计	126.394	26			
逛街、购物、饮食、闲聊	群组之间	131.536	2	65.768	2.136	0.140
	在群组内	738.943	24	30.789		
	总　计	870.479	26			
吧式消费	群组之间	11.704	2	5.852	0.704	0.504
	在群组内	199.450	24	8.310		
	总　计	211.153	26			
养花草宠物	群组之间	29.876	2	14.938	5.089	0.014
	在群组内	70.448	24	2.935		
	总　计	100.324	26			
业余爱好、桌游、棋牌	群组之间	58.059	2	29.030	4.075	0.030
	在群组内	170.979	24	7.124		
	总　计	229.038	26			

休闲活动		平方和	df[a]	平均值平方	F	显著性
体育健身	群组之间	51.282	2	25.641	5.404	0.012
	在群组内	113.872	24	4.745		
	总　计	165.154	26			
社会活动	群组之间	32.863	2	16.431	1.709	0.202
	在群组内	230.759	24	9.615		
	总　计	263.622	26			
休闲教育	群组之间	6.317	2	3.158	1.040	0.369
	在群组内	72.900	24	3.038		
	总　计	79.217	26			

a. df 为自由度。

六、休闲场所选择的演变

休闲活动往往在特定空间展开。在不同休闲时间段内，休闲活动选择行为的差异直接影响休闲空间分布特征。

（一）平日休闲场所选择的演变

2004 年三地居民平日里主要的休闲空间明显不同。上海居民除了在自己或别人家以外，更多在商场、夜市、广场（18.09％）或餐饮场所（14.00％）。说明早在那时，市民就经常前往家门口的公共休闲空间进行社交或户外休闲。2004年，成都居民经常造访社区、企业活动中心（10.13％），说明社区休闲服务与人民需求相吻合。与休闲活动选择的结果类似，这一年武汉的数据缺失值较多，缺乏可比性。2014 年，三地居民在景区、公园、绿地休闲的比例显著上升，充分说明城市里家门口的绿地空间增多，平时市民休闲空间从家中延伸到了社区绿地，休闲质量日益提升。2019 年，商场、广场、夜市等仍旧是上海居民的主要日常休闲空间之一（13.81％）。同年，上海商务委等九部门联合出台指导意见，以打造"国际范""上海味""时尚潮"夜生活聚集区为目标，推动"晚 7 点至次日 6 点"夜间经济繁荣发展。成都和武汉居民对文体娱乐场所也青睐有加（12.40％，10.03％）。

2008—2018 年,成都市文化产业增加值从 133.7 亿元提高到 1 129 亿元,增加值占 GDP 增加值的比重从 3.4% 提升到 7.4%。[①] 也有研究表明,成都的城市休闲化水平从 2013 年后进入快速上升阶段,在休闲服务与接待、休闲生活与消费方面表现抢眼。[②] 成都城市经济发展转型也直接体现在市民休闲生活空间拓展。武汉城市文化休闲资源也相当丰富,类型齐全,休闲空间分布差异与居民点密度高度契合,体现休闲生活氛围差异[③],详见表 5 - 26。

表 5 - 26　2004 年、2014 年和 2019 年上海、成都、武汉居民
平日休闲场所选择分析(单位：%)

休闲场所	2004 年			2014 年			2019 年		
	上海	成都	武汉	上海	成都	武汉	上海	成都	武汉
自己或者别人家里	26.77	27.57	22.17	28.00	30.41	28.16	29.88	27.49	26.24
景区、公园、绿地	7.68	7.17	6.50	14.89	21.81	17.24	17.50	18.96	12.65
社区、企业活动中心	3.47	10.13	5.00	5.56	10.39	7.31	9.76	9.25	5.34
文体娱乐场所	7.19	6.75	5.50	9.00	13.03	8.54	8.33	12.40	10.03
商场、广场、夜市	18.09	14.21	7.50	12.67	10.99	10.34	13.81	8.89	5.81
餐饮场所	14.00	9.85	6.67	9.78	1.11	5.42	10.83	3.86	6.37
网吧、酒吧、咖吧	1.98	7.31	3.33	2.33	6.13	4.27	2.26	7.19	2.53
培训机构	6.69	3.52	2.67	0.78	0.68	1.23	1.90	3.32	1.50
图书馆	6.07	9.42	4.00	2.67	3.07	2.87	2.98	2.52	4.22
博物馆、纪念馆等	1.49	1.41	0.33	1.00	0.43	1.31	1.19	2.25	1.78

---

① 张佑林.文化资源开发与成都文化休闲产业发展模式研究[J].社会科学家,2020(1)：90 - 98.
② 楼嘉军,李丽梅.成都城市休闲化演变过程及其影响因素[J].旅游科学,2017(1)：12 - 27.
③ 李新瑶.基于 POI 数据的武汉城市文化休闲空间分布特征及影响因素分析[J].湖北文理学院学报,2021.(8)：70 - 75.

休闲场所	2004 年			2014 年			2019 年		
	上海	成都	武汉	上海	成都	武汉	上海	成都	武汉
宗教活动场所	0.12	0.14	0.00	0.22	0.00	0.16	0.24	2.43	0.37
其　他	6.44	0.42	0.17	1.67	1.11	2.05	1.31	1.44	2.81
缺　失	0.00	2.11	36.17	11.44	0.85	11.08	0.00	0.00	20.34
合计选择次数	100.00	100.00	100.00	100.00	100.00	100.00	100.00	100.00	100.00

（二）周末休闲场所选择的演变

在周末时段,三地居民的休闲去处明显更多样化。2004 年上海与成都居民在休闲场所的选择上相当类似,排名靠前的休闲场所分别是景区、公园、绿地(12.89%,13.78%),文体娱乐场所(11.28%,13.92%),商场、广场、夜市(12.76%,14.35%),餐饮场所(11.28%,9.42%)和图书馆(10.04%,10.69%)。与此相比,周末前往培训机构(5.82%,2.11%)、宗教活动场所(1.24%,1.27%)、博物馆、纪念馆等(2.73%,1.69%)关于个人发展的休闲场所的市民较少。2014 年,成都居民在周末前往网吧、酒吧、咖吧和商场、广场、夜市的人数显著上升(16.33%,23.81%),与其他两所城市形成反差。这得益于 2014 年来以太古里为首的成都商业休闲设施全面升级,现代流行元素的注入使市民休闲空间更时尚、多元和丰富。2019 年,三地居民的休闲场所前三位相对一致,即居家、户外公园绿地和商场夜市。对文化娱乐场所的选择比较稳定。对餐饮场所和网吧、酒吧、咖吧的选择有所下降。中国旅游研究院发布的 2019 年国民休闲行为特征调查和发展趋势报告指出,城市居民在周末普遍喜欢购物消费和文化类休闲活动,选择离家 3～10 千米范围内进行活动的人数最多。与上海和成都相比,武汉居民选择在周末前往文化娱乐场所的比重最大,这些结论与我们 2019 年的调查结果一致(见表 5 - 27)。根据报告,2019 年城镇居民周末每天平均休闲时间是 3.44 小时,比 2015 年增加了 0.3 小时;同时,与 2017 年相比,在节假日选择前往购物中心的居民比重大幅增加,成为居民的重要休闲方式,休闲消费潜能不断激发与释放,为促进国内经济大循环提供了重要动能。同时,在文旅融合的背景下,休闲活动也日益丰富与多元。

表 5-27　2004 年、2014 年和 2019 年上海、成都、武汉居民
周末休闲场所选择分析(单位:%)

休闲场所	2004 年			2014 年			2019 年		
	上海	成都	武汉	上海	成都	武汉	上海	成都	武汉
自己或者别人家里	17.60	19.83	9.00	17.22	13.86	13.46	21.79	11.68	14.81
景区、公园、绿地	12.89	13.78	10.00	17.22	6.46	17.98	15.83	18.06	13.91
社区、企业活动中心	2.11	2.25	3.00	3.33	9.86	4.43	4.40	10.24	3.16
文体娱乐场所	11.28	13.92	9.00	11.56	3.57	10.51	9.64	8.54	10.66
商场、广场、夜市	12.76	14.35	9.50	17.00	23.81	18.39	22.26	15.81	15.63
餐饮场所	11.28	9.42	5.67	11.89	13.69	10.02	12.50	8.72	8.04
网吧、酒吧、咖吧	4.46	8.30	6.67	3.33	16.33	4.76	3.33	5.75	4.16
培训机构	5.82	2.11	3.83	2.67	0.17	3.53	1.79	6.74	2.98
图书馆	10.04	10.69	5.17	4.56	3.23	4.02	3.81	4.22	3.61
博物馆、纪念馆等	2.73	1.69	1.17	1.56	0.17	1.89	3.57	4.94	3.34
宗教活动场所	1.24	1.27	0.67	0.56	0.00	0.74	0.24	2.88	0.63
其　他	7.81	0.84	1.00	1.44	6.89	2.30	0.71	2.43	2.35
缺　失	0.00	1.55	35.33	7.67	1.96	7.96	0.12	0.00	16.71
合计选择次数	100.00	100.00	100.00	100.00	100.00	100.00	100.00	100.00	100.00

(三)黄金周休闲场所选择的演变

黄金周期间,三地居民显然有更充裕的时间前往景区、公园和绿地,其次是商场、广场、夜市。文体娱乐场所,博物馆、纪念馆等和图书馆的比例也有一定上升,但培训机构和宗教活动场所的比例较低,酒吧等社交性休闲场所的选择比例也未显著增加(见表 5-28)。说明黄金周仍旧是以家庭为导向的活动占主导,以使用家庭所有成员皆有休闲机会的空间设施为主。2017 年"十一"黄金周,上

海居民的过节方式已然从走马观花的出游转为更注重体验、追求个性化和品质化的出行或本地休闲。从观光到休闲,从景点到全域,需求更多样,眼光更挑剔。① 黄金周期间市民们的休闲空间分布广泛,类型多样,是扩大节日消费、提升消费能级的体现,符合国民经济和社会发展"十四五"规划提出的发展目标。

表 5 - 28　2004 年、2014 年和 2019 年上海、成都、武汉居民
黄金周休闲场所选择分析(单位: %)

休闲场所	2004 年			2014 年			2019 年		
	上海	成都	武汉	上海	成都	武汉	上海	成都	武汉
自己或者别人家里	17.35	15.47	9.50	15.33	16.84	11.74	19.52	9.53	14.36
景区、公园、绿地	21.56	25.74	17.50	18.89	17.01	15.27	21.31	17.36	14.00
社区、企业活动中心	1.49	2.25	2.50	5.33	6.29	6.24	4.76	10.70	3.25
文体娱乐场所	9.79	14.91	4.67	9.00	6.38	7.31	8.33	8.27	6.78
商场、广场、夜市	11.03	9.28	5.83	15.56	20.49	12.23	18.57	10.79	12.74
餐饮场所	9.79	8.58	4.83	12.00	9.61	9.11	12.02	10.61	9.76
网吧、酒吧、咖吧	3.10	2.67	3.33	2.00	3.15	4.52	2.50	5.49	3.70
培训机构	1.49	1.27	1.33	0.78	0.00	2.38	0.60	3.96	1.36
图书馆	8.92	7.31	5.33	3.22	6.21	3.69	3.57	6.83	3.79
博物馆、纪念馆等	5.20	4.64	2.67	4.44	10.03	7.88	6.19	8.18	4.25
宗教活动场所	0.87	1.13	1.00	0.56	0.00	1.07	0.60	3.78	0.63
其 他	9.42	3.94	1.83	3.11	3.40	5.58	2.02	4.14	4.97
缺 失	0.00	2.81	39.67	9.78	0.60	12.97	0.00	0.36	20.42
合计选择次数	100.00	100.00	100.00	100.00	100.00	100.00	100.00	100.00	100.00

① 徐维维.从观光到休闲:黄金周旅游消费结构升级［EB/OL］.https://www.sohu.com/a/197072593_115443,2017 - 10 - 10.

第六章　三地居民休闲方式的
影响因素和满意度比较

第一节　三地居民休闲方式的影响因素

运用探索性因子分析法,对三座城市休闲行为的主要影响因素跨越三个时间节点的 2 757 个样本进行正交旋转,KMO 值为 0.085,大于 0.07,P＝0.000。研究发现五个主要因素:第一,休闲活动的吸引力与个体的匹配度,包括休闲方式娱乐性、休闲方式趣味性、兴趣爱好、身体健康状况以及心情五个指标,是休闲活动与个体特征之间的契合度的体现;第二,休闲设施质量与服务水平,包括休闲设施质量、休闲服务水平、休闲产品宣传与推荐以及休闲场所管理水平。这些指标保障人们休闲活动的顺利展开;第三,个人保障因素,即个人的收入、能用于休闲的花费、闲暇时间和家人朋友的支持;第四,休闲活动的独特性,包括休闲方式的健身性、时尚性、知识性和参与性;第五,社会空间因素,包括休闲场所的空间距离和周围人参加休闲活动的社会距离。详见表 6-1。

表 6-1　影响休闲行为主要因素的凝练分析

	指标体系				
	因素一	因素二	因素三	因素四	因素五
休闲方式趣味性	**0.629**	0.280	0.041	0.299	−0.064
休闲方式娱乐性	**0.594**	0.215	0.103	0.328	−0.112
休闲方式健身性	0.217	−0.055	0.019	**0.687**	−0.022
休闲方式时尚性	0.069	0.191	−0.012	**0.676**	0.168
休闲方式知识性	0.026	0.192	0.124	**0.674**	0.007

	指标体系				
	因素一	因素二	因素三	因素四	因素五
休闲方式参与性	0.252	0.382	0.176	**0.384**	0.024
休闲设施质量	0.297	**0.719**	0.148	0.088	−0.025
休闲服务水平	0.299	**0.738**	0.106	0.062	0.038
休闲产品宣传与推荐	−0.129	**0.524**	0.159	0.325	0.228
休闲场所管理水平	0.151	**0.741**	0.029	0.092	0.180
休闲场所离居住地距离	0.152	0.111	0.194	0.000	**0.733**
周围人参与休闲活动多少	0.098	0.104	0.078	0.144	**0.817**
身体健康状况	**0.555**	0.162	0.192	0.058	0.267
心情	**0.722**	0.143	0.160	0.031	0.200
兴趣爱好	**0.717**	0.069	0.155	0.009	0.107
个人收入水平高低	0.148	0.140	**0.815**	0.042	0.059
休闲花费多少	0.124	0.109	**0.855**	0.031	0.044
个人闲暇时间多少	0.189	0.099	**0.627**	0.074	0.152
家人朋友的支持	0.079	0.018	**0.419**	0.367	0.216

提取方法：主成分分析法。

旋转法：具有 Kaiser 标准化的正交法；旋转在 6 次迭代后收敛。

一、影响因素的城市间空间差异

（一）2004 年的差异

五大影响因素，在各个城市间，其影响力是否有显著差异呢？或者说，对于不同地区的居民，哪个因素的影响力最为明显呢？我们首先以因子得分为因变量，以城市为自变量，利用单因素 ANOVA 分析检验各个因素的评价重要性在城市间是否存在显著差异。

2004 年，我们发现在因素四和五，即休闲活动的独特性和社会空间因素这两个指标上,各个城市居民的评价没有显著差异(P=0.858;P=0.274);即各个城市居民在选择休闲活动时,休闲活动的时尚性、健身性、知识性和参与性、空间距离、社会距离对其影响并无差别(见表6-2)。

表6-2 2004年影响因素的差异化分析[a]

2004年		平方和	df	平均值平方	F	显著性
因素一	群组之间	39.552	2	19.776	20.800	0.000
	在群组内	665.540	700	0.951		
	总 计	705.091	702			
因素二	群组之间	11.471	2	5.736	5.586	0.004
	在群组内	718.736	700	1.027		
	总 计	730.208	702			
因素三	群组之间	16.368	2	8.184	7.863	0.000
	在群组内	728.551	700	1.041		
	总 计	744.919	702			
因素四	群组之间	0.301	2	0.150	0.153	0.858
	在群组内	687.578	700	0.982		
	总 计	687.879	702			
因素五	群组之间	2.464	2	1.232	1.295	0.274
	在群组内	665.797	700	0.951		
	总 计	668.261	702			

a. 调查问卷年份=2004年。

相反,休闲活动的吸引力与个体的匹配度、休闲设施质量与服务水平和个体收入花费和时间,这三个因素对各个城市居民休闲行为评价的影响力各不相同。其中,上海居民认为休闲活动的吸引力与个体的匹配度,例如休闲活动的趣味性(M=2.85)、休闲活动的娱乐性(M=2.77)和身体健康状况(M=2.83)、爱好

(M＝3.19)对活动选择影响较大,均值都超过三座城市的平均值;相反,武汉居民在这些方面低于三城市平均值(趣味性 M＝2.43;娱乐性 M＝2.48;身体情况 M＝2.62;兴趣爱好 M＝2.74)(见表6－3)。

表6－3　因素一的差异化分析

2004 年		N	均值	标准偏差	标准错误	F 值	显著性
休闲方式趣味性	上海	269	2.85	0.753	0.046	15.430	0.000
	成都	237	2.68	0.790	0.051		
	武汉	200	2.43	0.911	0.064		
	总计	706	2.68	0.829	0.031		
休闲方式娱乐性	上海	269	2.77	0.800	0.049	7.975	0.000
	成都	237	2.55	0.845	0.055		
	武汉	200	2.48	0.850	0.060		
	总计	706	2.61	0.838	0.032		
身体健康状况	上海	269	2.83	0.836	0.051	4.237	0.015
	成都	237	2.76	0.757	0.049		
	武汉	200	2.62	0.819	0.058		
	总计	706	2.75	0.809	0.030		
心情	上海	269	3.07	0.777	0.047	2.427	0.089
	成都	237	2.97	0.742	0.048		
	武汉	200	2.91	0.881	0.062		
	总计	706	2.99	0.798	0.030		
兴趣爱好	上海	269	3.19	0.746	0.046	19.218	0.000
	成都	236	3.06	0.750	0.049		
	武汉	200	2.74	0.881	0.062		
	总计	705	3.02	0.808	0.030		

在因素二,休闲设施质量与服务水平方面,各个城市居民的评价重要性存在差异(见表6-4)。上海居民对休闲设施质量(M=2.95)、休闲服务水平(M=3.03)和休闲场所管理水平要求(M=2.96)最高,武汉居民相对较低(M=2.72;M=2.80;M=2.65)(P=0.005;P=0.006;P=0.000)。其中,各个城市市民对休闲产品的宣传和推荐的重要性在评价上无显著差异(P=0.304)。对经营者而言,提升休闲质量和获得感的主要途径是设施设备的安全保障和服务水平的整体提升;广告的好坏只能影响知晓度和期望值,并不影响人们对休闲活动的整体评价。

表6-4 因素二的差异化分析

2004 年		N	均值	标准偏差	标准错误	F 值	显著性
休闲设施质量	上海	269	2.95	0.751	0.046	5.376	0.005
	成都	237	2.84	0.728	0.047		
	武汉	200	2.72	0.811	0.057		
	总计	706	2.85	0.766	0.029		
休闲服务水平	上海	269	3.03	0.755	0.046	5.105	0.006
	成都	237	2.88	0.778	0.051		
	武汉	200	2.80	0.864	0.061		
	总计	706	2.91	0.799	0.030		
休闲产品宣传与推荐	上海	269	2.38	0.752	0.046	1.193	0.304
	成都	237	2.30	0.737	0.048		
	武汉	200	2.41	0.797	0.056		
	总计	706	2.36	0.760	0.029		
休闲场所管理水平	上海	269	2.96	0.752	0.046	9.865	0.000
	成都	236	2.79	0.725	0.047		
	武汉	200	2.65	0.856	0.061		
	总计	705	2.81	0.784	0.030		

在因素三个人保障因素方面,三个城市居民做出的重要性评价也有差异(见表6-5)。休闲花费多少对成都居民的影响最大(M=2.91),对上海的影响最小(M=2.71,P=0.020<0.05)。关于家人朋友的支持这一因素,各个城市市民的评价也有差异。成都居民最关注家人朋友的支持(M=2.51),上海的关注度最低(M=2.25)。因此,在针对成都居民提供休闲服务时,建议更多考虑家庭方案和多人组合方案,提升休闲活动的家人朋友支持水平。

表6-5　因素三的差异化分析

2004年		N	均值	标准偏差	标准错误	F值	显著性
收入水平高低	上海	269	2.81	0.806	0.049	2.258	0.105
	成都	237	2.97	0.843	0.055		
	武汉	200	2.87	0.898	0.064		
	总计	706	2.88	0.847	0.032		
休闲花费多少	上海	269	2.71	0.766	0.047	3.959	0.020
	成都	237	2.91	0.786	0.051		
	武汉	200	2.78	0.841	0.059		
	总计	706	2.79	0.798	0.030		
闲暇时间多少	上海	269	2.90	0.778	0.047	1.239	0.290
	成都	237	2.85	0.828	0.054		
	武汉	200	2.78	0.846	0.060		
	总计	706	2.85	0.815	0.031		
家人朋友的支持	上海	269	2.25	0.825	0.050	6.365	0.002
	成都	237	2.51	0.847	0.055		
	武汉	200	2.46	0.934	0.066		
	总计	706	2.40	0.871	0.033		

(二) 2014年的差异

如表6-6所示,根据2014年的数据,市民对休闲设施质量与服务水平的评价依旧存在城市间差异（P＝0.000）；同时休闲活动的独特性（P＝0.000）和社会空间因素（P＝0.000）这两个因素也呈现出差异化评价。与 2004 年不同，2014 年的样本说明居民对因素一（休闲活动的吸引力与个体的匹配度）和因素三（个人保障因素）的评价无城市间差异（P＝0.173；P＝0.484）。

表 6－6　2014 年影响因素的差异化分析[a]

2014 年		平方和	df	平均值平方	F	显著性
因素一	群组之间	3.038	2	1.519	1.757	0.173
	在群组内	891.551	1 031	0.865		
	总　计	894.589	1 033			
因素二	群组之间	70.969	2	35.485	43.264	0.000
	在群组内	845.621	1 031	0.820		
	总　计	916.590	1 033			
因素三	群组之间	1.340	2	0.670	0.727	0.484
	在群组内	950.344	1 031	0.922		
	总　计	951.683	1 033			
因素四	群组之间	49.888	2	24.944	32.068	0.000
	在群组内	801.955	1 031	0.778		
	总　计	851.843	1 033			
因素五	群组之间	55.309	2	27.654	29.153	0.000
	在群组内	977.987	1 031	0.949		
	总　计	1 033.296	1 033			

a. 调查问卷年份＝2014 年。

整体来看，四个指标中平均得分最高的是服务水平（M＝2.85）。表明城市居民将休闲活动归入服务产品类型，更看重人员互动、过程规范等服务质量。平均得分最低的依旧是休闲活动的宣传与推荐（M＝2.30），这进一步说明宣传的好坏与实际体验评价间存在差异,人们更看重实际体验效果,而不是承诺的效果。在休闲设施质量与服务水平的四个指标上,上海居民始终给予最高评价。武汉的评价有所提升,例如在休闲设施质量、休闲场所管理水平的指标上,武汉居民的评价超越成都(见表6-7)。

表6-7 因素二的差异化分析

2014 年		N	均值	标准偏差	标准错误	F 值	显著性
休闲设施质量	上海	299	2.93	0.748	0.043	16.920	0.000
	成都	392	2.64	0.481	0.024		
	武汉	403	2.69	0.810	0.040		
	总计	1 094	2.74	0.701	0.021		
休闲服务水平	上海	298	3.02	0.767	0.044	15.110	0.000
	成都	392	2.85	0.613	0.031		
	武汉	401	2.72	0.779	0.039		
	总计	1 091	2.85	0.729	0.022		
休闲产品宣传与推荐	上海	298	2.46	0.791	0.046	11.533	0.000
	成都	392	2.21	0.411	0.021		
	武汉	400	2.27	0.778	0.039		
	总计	1 090	2.30	0.680	0.021		
休闲场所管理水平	上海	297	2.91	0.720	0.042	37.277	0.000
	成都	392	2.42	0.699	0.035		
	武汉	402	2.67	0.797	0.040		
	总计	1 091	2.64	0.766	0.023		

休闲活动独特性评价在2014年的数据中体现出了差异(见表6-8)。具体来看,休闲活动健身性对休闲行为有显著影响(P=0.000),成都居民认为影响最大(M=3.11),远超平均水平(M=2.69)。虽然2014年成都居民在平日、周末和

黄金周选择体育休闲活动的比例并不高,在 5%～10% 左右,但受访者表现出对健身性活动的兴趣,认为休闲项目是否对身体健康有益能较大程度影响其活动选择。相对而言,2014 年上海的样本认为休闲方式的参与性能在较大程度上影响其活动选择(m=2.65)。休闲活动本来就是身心投入、高度共创的体验服务,对参与度重要性评价的提升反映出人们对休闲生活的界定不断明确,专业度越来越强。相应地,成都居民对休闲方式知识性的要求也显著提升(M=2.46)。相反,对休闲方式时尚性的要求逐渐降低(M=2.28),体现出居民对休闲活动要求的变化,从注重形式向注重内涵、学习性、参与性转变。

表6-8　因素四的差异化分析

2014 年		N	均值	标准偏差	标准错误	F 值	显著性
休闲方式健身性	上海	297	2.48	0.793	0.046	97.855	0.000
	成都	392	3.11	0.526	0.027		
	武汉	400	2.44	0.865	0.043		
	总计	1 089	2.69	0.802	0.024		
休闲方式时尚性	上海	297	2.26	0.833	0.048	0.120	0.887
	成都	392	2.29	0.454	0.023		
	武汉	399	2.28	0.804	0.040		
	总计	1 088	2.28	0.707	0.021		
休闲方式知识性	上海	299	2.38	0.820	0.047	4.569	0.011
	成都	392	2.46	0.703	0.036		
	武汉	396	2.30	0.768	0.039		
	总计	1 087	2.38	0.763	0.023		
休闲方式参与性	上海	295	2.65	0.810	0.047	5.413	0.005
	成都	392	2.55	0.499	0.025		
	武汉	400	2.48	0.756	0.038		
	总计	1 087	2.55	0.694	0.021		

2014 年的样本数据中,各个城市居民对社会空间因素的影响提出了不同的评价与判断(见表 6-9)。休闲场所离居住地距离对上海样本的影响最大(M=2.83),对成都样本的影响最小(M=2.53)。因此,上海市政府为迎合市民对距离的敏感,推出"家门口的好去处",符合市民休闲行为规律和偏好。同时,上海样本的休闲行为受到周围人的影响也较大(M=2.56),成都样本所受影响最小(M=2.21),说明有必要营造社会整体休闲氛围,在相互影响中带动更多人参与休闲活动,形成健康的生活方式,提高生活质量和社会整体福祉。

表 6-9　因素五的差异化分析

2014 年		N	均值	标准偏差	标准错误	F 值	显著性
休闲场所离居住地距离	上海	296	2.83	0.864	0.050	12.511	0.000
	成都	392	2.53	0.824	0.042		
	武汉	401	2.76	0.829	0.041		
	总计	1 089	2.70	0.846	0.026		
周围人参与休闲活动多少	上海	295	2.56	0.846	0.049	18.888	0.000
	成都	392	2.21	0.774	0.039		
	武汉	403	2.49	0.815	0.041		
	总计	1 090	2.41	0.822	0.025		

(三) 2019 年的差异

2019 年的样本显示,因素二(休闲设施质量与服务水平)、因素三(个人保障因素)和因素四(休闲活动的独特性)三个因素对休闲行为的影响呈现城市间显著差异。因素一(休闲活动的吸引力与个体的匹配度)和因素五(社会空间因素)不存在城市间显著差异(见表 6-10)。

表 6-10　2019 年影响因素的差异化分析[a]

2019 年		平方和	df	平均值平方	F	显著性
因素一	群组之间	3.919	2	1.959	1.796	0.167
	在群组内	1 109.662	1 017	1.091		
	总　　计	1 113.581	1 019			

2019 年		平方和	df	平均值平方	F	显著性
因素二	群组之间	16.043	2	8.021	8.042	0.000
	在群组内	1 014.411	1 017	0.997		
	总　计	1 030.454	1 019			
因素三	群组之间	23.855	2	11.928	11.766	0.000
	在群组内	1 030.996	1 017	1.014		
	总　计	1 054.852	1 019			
因素四	群组之间	28.052	2	14.026	12.175	0.000
	在群组内	1 171.653	1 017	1.152		
	总　计	1 199.705	1 019			
因素五	群组之间	4.627	2	2.314	2.370	0.094
	在群组内	993.008	1 017	0.976		
	总　计	997.635	1 019			

a. 调查问卷年份＝2019 年。

整体来看,休闲服务水平(M＝2.95)、休闲场所管理水平(M＝2.81)和休闲设施质量(M＝2.89)的平均水平较高,宣传和推荐的重要性较低(M＝2.52)。具体而言,休闲设施和服务水平在不同城市样本中赋予了不同权重。2019 年成都样本对休闲服务水平的要求显著提升(M＝3.02),总体水平与上海接近。武汉相对落后(M＝2.85),这与三个城市居民的休闲经验和要求相符。成都在其他指标也处于相对领先水平,例如休闲设施质量(M＝2.93)、休闲场所管理水平(M＝2.91)。武汉样本对设施的要求相对上海和成都在三个时间节点来看都是最低,也许与其城市发展水平、人们对休闲服务和活动的观念、认知、偏好有关(见表 6 - 11)。

表 6 - 11　因素二的差异化分析

2019 年		N	均值	标准偏差	标准错误	F 值	显著性
休闲设施质量	上海	280	2.96	0.800	0.048	3.846	0.022
	成都	371	2.93	0.853	0.044		

2019 年		N	均值	标准偏差	标准错误	F 值	显著性
休闲设施质量	武汉	369	2.79	0.831	0.043		
	总计	1 020	2.89	0.833	0.026		
休闲服务水平	上海	280	2.98	0.798	0.048	4.171	0.016
	成都	371	3.02	0.859	0.045		
	武汉	369	2.85	0.814	0.042		
	总计	1 020	2.95	0.829	0.026		
休闲产品宣传与推荐	上海	280	2.61	0.791	0.047	8.497	0.000
	成都	371	2.60	0.926	0.048		
	武汉	369	2.38	0.785	0.041		
	总计	1 020	2.52	0.847	0.027		
休闲场所管理水平	上海	280	2.94	0.783	0.047	16.369	0.000
	成都	371	2.91	0.888	0.046		
	武汉	369	2.61	0.828	0.043		
	总计	1 020	2.81	0.851	0.027		

2019 年,个人保障因素的重要性在各个不同城市的重要性评价也有所差异,尤其是收入水平、休闲花费和家人支持(见表 6-12)。上海居民认为收入高低和休闲花费对活动选择影响最大,其次是武汉,敏感度最低的是成都。由此,我们判断成都的休闲氛围受外在经济环境变化的影响最小。相反,虽然上海有内容多样、形式丰富的休闲供给,其中不乏免费项目,但由于城市生活压力大,收入的变化直接导致自由可支配收入的变动,从而影响休闲活动的参与和选择。另外,我们发现不同城市的人对闲暇时间的感知重要性没有显著差异。说明,闲暇时间对人们参与休闲活动的影响已经跨越空间差异,形成较为一致的普遍作用力。这也从一个侧面反映出中国主要城市居民时间分配和生活方式的趋同。

表 6 – 12　因素三的差异化分析

2019 年		N	均值	标准偏差	标准错误	F 值	显著性
收入 水平高低	上海	280	3.06	0.863	0.052	23.345	0.000
	成都	371	2.60	0.896	0.047		
	武汉	369	2.71	0.882	0.046		
	总计	1 020	2.76	0.901	0.028		
休闲 花费多少	上海	280	2.94	0.821	0.049	8.741	0.000
	成都	371	2.68	0.893	0.046		
	武汉	369	2.72	0.777	0.040		
	总计	1 020	2.76	0.839	0.026		
闲暇 时间多少	上海	280	2.85	0.910	0.054	0.097	0.908
	成都	371	2.84	0.883	0.046		
	武汉	369	2.82	0.779	0.041		
	总计	1 020	2.84	0.854	0.027		
家人朋友 的支持	上海	280	2.91	0.821	0.049	8.648	0.000
	成都	371	2.82	0.929	0.048		
	武汉	369	2.63	0.924	0.048		
	总计	1 020	2.78	0.906	0.028		

　　2019 年,大家对休闲活动独特性方面的要求也呈现差异(见表 6 – 13)。例如,成都样本对休闲方式的健身性、时尚性、知识性和参与性普遍提出了最高要求,排名第一,远超平均水平,说明成都居民对休闲活动的内涵和质量要求较高。结合因素二和三的分析结果,我们推断成都的休闲氛围最浓。居民不但对休闲设施质量和服务水平提出了高要求,还追求活动的独特性和价值功能,同时对休闲花费和收入变动敏感性较低。因此,从休闲市场培育来看,成都无疑超越了上海,是名副其实的休闲之城。

表 6-13　因素四的差异化分析

2019 年		N	均值	标准偏差	标准错误	F 值	显著性
休闲方式健身性	上海	280	2.35	0.883	0.053	13.758	0.000
	成都	371	2.61	0.898	0.047		
	武汉	369	2.29	0.849	0.044		
	总计	1 020	2.42	0.888	0.028		
休闲方式时尚性	上海	280	2.44	0.873	0.052	6.802	0.001
	成都	371	2.53	0.928	0.048		
	武汉	369	2.30	0.842	0.044		
	总计	1 020	2.42	0.887	0.028		
休闲方式知识性	上海	280	2.50	0.859	0.051	6.622	0.001
	成都	371	2.60	0.996	0.052		
	武汉	369	2.37	0.765	0.040		
	总计	1 020	2.49	0.885	0.028		
休闲方式参与性	上海	280	2.66	0.791	0.047	3.021	0.049
	成都	371	2.77	0.842	0.044		
	武汉	369	2.63	0.805	0.042		
	总计	1 020	2.69	0.816	0.026		

二、影响因素的时间演变

(一)上海影响因素的时间演变

从时间轴来看,上海居民对因素一中的身体健康状况,因素二中的休闲活动的宣传推荐,因素三中的收入、花费、朋友支持,因素四中的健身性、时尚性、知识性以及因素五(社会空间因素)这几个要素在评价上呈现差异。而对其他指标的评价并未随时间的推移而变化,说明其重要性比较稳定,例如因素一中的休闲方式趣味性、休闲方式娱乐性、兴趣爱好;因素二中的休闲设施质量、休闲服务水平和休闲场所管理水平;因素三中的闲暇时间多少;因素四中的休闲方式参与性(见表6-14)。

随着时间推移,上海居民认为"身体健康状况"这一指标对休闲活动选择的影响力逐渐增加。说明人们逐渐意识到最好的休闲活动是最适合自己身心条件的,而不是盲目跟风或凑热闹,从事不适合自己的休闲活动。在因素二中,有关休闲服务的质量保障方面,上海居民表现出一如既往的高要求。虽然在2004年大家对休闲产品宣传与推荐的影响力并不看重,但随着时间的推移,该指标的重要性一路上升。课题组推断,随着休闲活动的日益丰富和信息化传播水平的大幅提升,人们希望能快速便利地获得休闲活动的相关信息,从而有助于对休闲活动进行挑选。因此,提升公共休闲供应品的信息化传播水平,提高公众的知晓度,有助于大众选择适合自己的休闲活动,提升城市的整体休闲水平。在因素三个人保障因素方面,上海居民表现出了对收入、花费和家人支持的敏感度。这三个指标的影响力逐渐增加。这一现象从侧面说明,休闲花费逐渐成为家庭可自由随意支配收入中的有机组成部分,休闲活动成为家庭活动、促进家庭成员间互动的必选项。在因素四休闲活动的独特性方面,上海居民对活动的时尚性要求逐渐提升,虽然较其他指标,这一点重要性不高。毕竟,上海近年来不断推进商业文明发展的举措之一就是"首店、首演、首秀"。这一举措助推了市民对新奇新鲜活动的追求,休闲本就有满足人们好奇之心的功能,因此这一现象可以解释为市场对供应变化的及时响应。另外一个有趣的现象是休闲活动健身性影响力的逐年下降。课题组判断其内在原因是休闲内涵的多元与丰富,人们不再简单地把休闲生活与健身锻炼画等号。最后,在因素五中,有关空间与社会距离的影响逐年递增说明由于闲暇时间的限制,人们休闲活动的空间已经相对固定在社区,休闲同伴也主要集中在家人或邻居。这提示我们,公共休闲服务的供给需要延展到市民生活的毛细血管,即社区空间,赋予"邻里汇"更多活动功能,拉近休闲活动的空间和社会距离。

表 6-14　2004 年、2014 年和 2019 年影响上海样本
休闲行为因素的差异化分析

因　素	指　标		N	均值	标准偏差	标准错误	F 值	显著性
因素一:休闲活动的吸引力与个体的匹配度	休闲方式趣味性	2004 年	269	2.85	0.753	0.046		
		2014 年	300	2.87	0.846	0.049		
		2019 年	280	2.94	0.799	0.048	0.929	0.395
		总　计	849	2.89	0.802	0.028		

续　表

因　素	指　标		N	均值	标准偏差	标准错误	F 值	显著性
因素一：休闲活动的吸引力与个体的匹配度	休闲方式娱乐性	2004 年	269	2.77	0.800	0.049	3.478	0.031
		2014 年	299	2.85	0.782	0.045		
		2019 年	280	2.95	0.781	0.047		
		总　计	848	2.86	0.790	0.027		
	身体健康状况	2004 年	269	2.83	0.836	0.051	9.619	0.000
		2014 年	298	2.95	0.829	0.048		
		2019 年	280	3.14	0.787	0.047		
		总　计	847	2.97	0.826	0.028		
	心　情	2004 年	269	3.07	0.777	0.047	0.813	0.444
		2014 年	297	3.13	0.746	0.043		
		2019 年	280	3.06	0.823	0.049		
		总　计	846	3.09	0.782	0.027		
	兴趣爱好	2004 年	269	3.19	0.746	0.046	2.424	0.089
		2014 年	297	3.15	0.878	0.051		
		2019 年	280	3.04	0.807	0.048		
		总　计	846	3.13	0.816	0.028		
因素二：休闲设施质量与服务水平	休闲设施质量	2004 年	269	2.95	0.751	0.046	0.094	0.910
		2014 年	299	2.93	0.748	0.043		
		2019 年	280	2.96	0.800	0.048		
		总　计	848	2.95	0.766	0.026		
	休闲服务水平	2004 年	269	3.03	0.755	0.046	0.334	0.716
		2014 年	298	3.02	0.767	0.044		

因　　素	指　　标		N	均值	标准偏差	标准错误	F 值	显著性
	休闲服务水平	2019 年	280	2.98	0.798	0.048		
		总　计	847	3.01	0.773	0.027		
因素二：休闲设施质量与服务水平	休闲产品宣传与推荐	2004 年	269	2.38	0.752	0.046	6.158	0.002
		2014 年	298	2.46	0.791	0.046		
		2019 年	280	2.61	0.791	0.047		
		总　计	847	2.48	0.784	0.027		
	休闲场所管理水平	2004 年	269	2.96	0.752	0.046	0.409	0.664
		2014 年	297	2.91	0.720	0.042		
		2019 年	280	2.94	0.783	0.047		
		总　计	846	2.93	0.751	0.026		
因素三：个人保障因素	收入水平高低	2004 年	269	2.81	0.806	0.049	9.471	0.000
		2014 年	299	2.78	0.853	0.049		
		2019 年	280	3.06	0.863	0.052		
		总　计	848	2.88	0.850	0.029		
	休闲花费多少	2004 年	269	2.71	0.766	0.047	5.946	0.003
		2014 年	300	2.79	0.783	0.045		
		2019 年	280	2.94	0.821	0.049		
		总计	849	2.82	0.795	0.027		
	闲暇时间多少	2004 年	269	2.90	0.778	0.047	1.288	0.276
		2014 年	298	2.96	0.780	0.045		
		2019 年	280	2.85	0.910	0.054		
		总　计	847	2.91	0.825	0.028		

续　表

因　素	指　标		N	均值	标准偏差	标准错误	F 值	显著性
因素三：个人保障因素	家人朋友的支持	2004 年	269	2.25	0.825	0.050	43.114	0.000
		2014 年	298	2.63	0.875	0.051		
		2019 年	280	2.91	0.821	0.049		
		总　计	847	2.60	0.882	0.030		
因素四：休闲活动的独特性	休闲方式时尚性	2004 年	269	2.23	0.820	0.050	4.673	0.010
		2014 年	297	2.26	0.833	0.048		
		2019 年	280	2.44	0.873	0.052		
		总　计	846	2.31	0.846	0.029		
	休闲方式知识性	2004 年	269	2.60	0.811	0.049	5.026	0.007
		2014 年	299	2.38	0.820	0.047		
		2019 年	280	2.50	0.859	0.051		
		总　计	848	2.49	0.835	0.029		
	休闲方式参与性	2004 年	269	2.61	0.787	0.048	0.285	0.752
		2014 年	295	2.65	0.810	0.047		
		2019 年	280	2.66	0.791	0.047		
		总　计	844	2.64	0.796	0.027		
	休闲方式健身性	2004 年	269	2.53	0.826	0.050	3.462	0.032
		2014 年	297	2.48	0.793	0.046		
		2019 年	280	2.35	0.883	0.053		
		总　计	846	2.45	0.837	0.029		
因素五：社会空间因素	休闲场所离居住地距离	2004 年	269	2.62	0.844	0.051	4.410	0.012
		2014 年	296	2.83	0.864	0.050		
		2019 年	280	2.80	0.924	0.055		
		总　计	845	2.76	0.882	0.030		

续　表

因　　素	指　　标	N	均值	标准偏差	标准错误	F 值	显著性
因素五：空间与社会距离感	周围人参与休闲活动多少	2004 年	269	2.32	0.798	0.049	15.903	0.000
		2014 年	295	2.56	0.846	0.049		
		2019 年	280	2.73	0.911	0.054		
		总　计	844	2.54	0.868	0.030		

（二）成都影响因素的时间演变

与上海不同，影响成都居民休闲行为的因素随着时间的推移大部分都呈现变化和差异，仅有个别指标，例如因素一中的休闲方式趣味性、兴趣爱好，因素五中的休闲场所离居住地距离的评价保持稳定。

如表 6－15 所示，在因素一中，和上海类似，成都居民对休闲活动是否符合身体条件、兴趣爱好等都呈现逐渐重视的趋势。体现出市民的休闲素质不断提升，健康务实的休闲理念逐渐形成。在因素二中，成都居民对休闲设施的质量和服务水平的四个指标的要求全都呈现逐年增加态势。这对休闲供给者提出了更高的要求，来迎合越来越成熟的休闲者的高标准诉求。在因素三个人保障因素方面，成都的现象与上海恰恰相反，人们对收入和休闲花费影响的评价呈下降趋势，从某种程度上来讲，成都居民的休闲意愿高于上海居民，其受外在客观收入条件的制约更小。在因素四中，成都居民对休闲活动独特性中的时尚性和参与性要求逐年提升，为休闲供应商的未来发展提供启示。对休闲方式健身性和知识性的要求先涨后降，涨幅不明显，体现出这部分诉求属于部分细分市场，例如亲子休闲参与者、健身爱好者等。在因素五中，成都居民对空间距离不敏感，多年来都不认为空间距离是阻碍休闲活动的重要因素。同时，社会距离感的影响力越来越重要，与周围人一同休闲，增进社交关系，体现出休闲在成都居民中日益凸显的社交功能。

表 6－15　2004 年、2014 年和 2019 年影响成都样本休闲行为因素的差异化分析

因　　素	指　　标	N	均值	标准偏差	标准错误	F 值	显著性
因素一：休闲活动的吸引力与个体的匹配度	休闲方式趣味性	2004 年	237	2.68	0.790	0.051	0.296	0.744
		2014 年	392	2.71	0.672	0.034		
		2019 年	371	2.67	0.889	0.046		
		总　计	1 000	2.69	0.785	0.025		

因　素	指　标		N	均值	标准偏差	标准错误	F值	显著性
因素一：休闲活动的吸引力与个体的匹配度	休闲方式娱乐性	2004 年	237	2.55	0.845	0.055	12.171	0.000
		2014 年	392	2.83	0.372	0.019		
		2019 年	371	2.71	0.840	0.044		
		总　计	1 000	2.72	0.704	0.022		
	身体健康状况	2004 年	237	2.76	0.757	0.049	6.704	0.001
		2014 年	392	2.86	0.602	0.030		
		2019 年	371	2.99	0.918	0.048		
		总　计	1 000	2.89	0.773	0.024		
	心　情	2004 年	237	2.97	0.742	0.048	3.478	0.031
		2014 年	392	3.14	0.554	0.028		
		2019 年	371	3.08	0.894	0.046		
		总　计	1 000	3.08	0.742	0.023		
	兴趣爱好	2004 年	236	3.06	0.750	0.049	2.571	0.077
		2014 年	392	3.11	0.538	0.027		
		2019 年	371	2.99	0.927	0.048		
		总　计	999	3.06	0.753	0.024		
因素二：休闲设施质量与服务水平	休闲设施质量	2004 年	237	2.84	0.728	0.047	17.217	0.000
		2014 年	392	2.64	0.481	0.024		
		2019 年	371	2.93	0.853	0.044		
		总　计	1 000	2.79	0.709	0.022		
	休闲服务水平	2004 年	237	2.88	0.778	0.051	5.735	0.003
		2014 年	392	2.85	0.613	0.031		

因　素	指　标		N	均值	标准偏差	标准错误	F 值	显著性
	休闲服务水平	2019 年	371	3.02	0.859	0.045		
		总　计	1 000	2.92	0.755	0.024		
因素二：休闲设施质量与服务水平	休闲产品宣传与推荐	2004 年	237	2.30	0.737	0.048	28.645	0.000
		2014 年	392	2.21	0.411	0.021		
		2019 年	371	2.60	0.926	0.048		
		总　计	1 000	2.38	0.736	0.023		
	休闲场所管理水平	2004 年	236	2.79	0.725	0.047	40.228	0.000
		2014 年	392	2.42	0.699	0.035		
		2019 年	371	2.91	0.888	0.046		
		总　计	999	2.69	0.810	0.026		
因素三：个人保障因素	收入水平高低	2004 年	237	2.97	0.843	0.055	18.591	0.000
		2014 年	392	2.85	0.614	0.031		
		2019 年	371	2.60	0.896	0.047		
		总　计	1 000	2.78	0.797	0.025		
	休闲花费多少	2004 年	237	2.91	0.786	0.051	7.994	0.000
		2014 年	392	2.85	0.614	0.031		
		2019 年	371	2.68	0.893	0.046		
		总　计	1 000	2.80	0.774	0.024		
	闲暇时间多少	2004 年	237	2.85	0.828	0.054	13.199	0.000
		2014 年	392	2.58	0.658	0.033		

因　　素	指　　标		N	均值	标准偏差	标准错误	F值	显著性
因素三：个人保障因素	闲暇时间多少	2019 年	371	2.84	0.883	0.046		
		总　计	1 000	2.74	0.798	0.025		
	家人朋友的支持	2004 年	237	2.51	0.847	0.055	11.292	0.000
		2014 年	392	2.64	0.649	0.033		
		2019 年	371	2.82	0.929	0.048		
		总　计	1 000	2.67	0.818	0.026		
因素四：休闲活动的独特性	休闲方式健身性	2004 年	237	2.51	0.827	0.054	62.492	0.000
		2014 年	392	3.11	0.526	0.027		
		2019 年	371	2.61	0.898	0.047		
		总　计	1 000	2.78	0.800	0.025		
	休闲方式时尚性	2004 年	237	2.03	0.750	0.049	35.007	0.000
		2014 年	392	2.29	0.454	0.023		
		2019 年	371	2.53	0.928	0.048		
		总　计	1 000	2.32	0.755	0.024		
	休闲方式知识性	2004 年	236	2.61	0.831	0.054	3.276	0.038
		2014 年	392	2.46	0.703	0.036		
		2019 年	371	2.60	0.996	0.052		
		总　计	999	2.55	0.854	0.027		
	休闲方式参与性	2004 年	237	2.57	0.786	0.051	10.439	0.000
		2014 年	392	2.55	0.499	0.025		
		2019 年	371	2.77	0.842	0.044		
		总　计	1 000	2.64	0.719	0.023		

续　表

因　素	指　标		N	均值	标准偏差	标准错误	F 值	显著性
因素五：社会空间因素	休闲场所离居住地距离	2004 年	237	2.61	0.859	0.056	1.831	0.161
		2014 年	392	2.53	0.824	0.042		
		2019 年	371	2.65	0.976	0.051		
		总　计	1 000	2.60	0.892	0.028		
	周围人参与休闲活动多少	2004 年	237	2.19	0.868	0.056	21.920	0.000
		2014 年	392	2.21	0.774	0.039		
		2019 年	371	2.58	0.945	0.049		
		总　计	1 000	2.34	0.881	0.028		

（三）武汉影响因素的时间演变

如表 6 - 16 所示,在所有指标上,武汉居民的评价都是相对其他城市更低些,这取决于城市休闲产业与氛围环境的整体发展水平以及人们的休闲观念。不过,随着时间推进,武汉居民对一些指标的看法还是有所改变。在因素一方面的趋势与上海、成都雷同,逐渐强调休闲方式趣味性、娱乐性以及与个人身心上的契合度,逐渐强调休闲活动选择与个人特点的匹配。对于休闲设施的质量和服务水平的评价有逐年递增的趋势。但是对休闲产品宣传与推荐和休闲场所管理水平的要求没有显著变化,体现出武汉居民的休闲需求还在逐渐演变过程中,与上海、成都相比体现不同的特点。就因素三而言,武汉居民对个人保障因素的评价多年来保持稳定,即个人的客观限制较大,例如收入、时间、休闲花费、家人支持等的影响力始终维持在中等水平,与上海和成都两地居民的选择偏好存在较大的差异。在休闲活动的独特性方面,武汉居民仅对休闲活动参与性提出了更高的要求。当然,这符合休闲产业发展趋势,但与上海、成都相比,要求低了不少。最后,对休闲活动的空间和社交距离感的评价,武汉居民表现出了认同度提升的趋势,反映出其越来越愿意在家门口,在亲朋好友的支持下参与休闲活动。据此,课题组建议武汉公共休闲供应与管理部门增加对社区的休闲服务供给,营造邻里间的休闲环境与氛围。

表 6 - 16　2004 年、2014 年和 2019 年影响武汉样本休闲行为因素的差异化分析

因　　素	指　　标		N	均值	标准偏差	标准错误	F 值	显著性
因素一：休闲活动的吸引力与个体的匹配度	休闲方式趣味性	2004 年	200	2.43	0.911	0.064	11.017	0.000
		2014 年	404	2.67	0.868	0.043		
		2019 年	369	2.79	0.849	0.044		
		总　　计	973	2.66	0.879	0.028		
	休闲方式娱乐性	2004 年	200	2.48	0.850	0.060	5.732	0.003
		2014 年	400	2.70	0.804	0.040		
		2019 年	369	2.70	0.839	0.044		
		总　　计	969	2.66	0.831	0.027		
	身体健康状况	2004 年	200	2.62	0.819	0.058	9.782	0.000
		2014 年	401	2.93	0.803	0.040		
		2019 年	369	2.86	0.867	0.045		
		总　　计	970	2.84	0.839	0.027		
	心　　情	2004 年	200	2.91	0.881	0.062	1.762	0.172
		2014 年	403	3.04	0.822	0.041		
		2019 年	369	2.96	0.873	0.045		
		总　　计	972	2.98	0.854	0.027		
	兴趣爱好	2004 年	200	2.74	0.881	0.062	8.227	0.000
		2014 年	400	3.03	0.742	0.037		
		2019 年	369	2.95	0.848	0.044		
		总　　计	969	2.94	0.819	0.026		
因素二：休闲设施质量与服务水平	休闲设施质量	2004 年	200	2.72	0.811	0.057	1.568	0.209
		2014 年	403	2.69	0.810	0.040		

因　素	指　标		N	均值	标准偏差	标准错误	F 值	显著性
因素二：休闲设施质量与服务水平	休闲设施质量	2019 年	369	2.79	0.831	0.043		
		总　计	972	2.74	0.819	0.026		
	休闲服务水平	2004 年	200	2.80	0.864	0.061	2.599	0.075
		2014 年	401	2.72	0.779	0.039		
		2019 年	369	2.85	0.814	0.042		
		总　计	970	2.79	0.812	0.026		
	休闲产品宣传与推荐	2004 年	200	2.41	0.797	0.056	2.681	0.069
		2014 年	400	2.27	0.778	0.039		
		2019 年	369	2.38	0.785	0.041		
		总　计	969	2.34	0.786	0.025		
	休闲场所管理水平	2004 年	200	2.65	0.856	0.061	0.598	0.550
		2014 年	402	2.67	0.797	0.040		
		2019 年	369	2.61	0.828	0.043		
		总　计	971	2.64	0.821	0.026		
因素三：个人保障因素	收入水平高低	2004 年	200	2.87	0.898	0.064	2.519	0.081
		2014 年	403	2.74	0.775	0.039		
		2019 年	369	2.71	0.882	0.046		
		总　计	972	2.75	0.844	0.027		
	休闲花费多少	2004 年	200	2.78	0.841	0.059	1.680	0.187
		2014 年	404	2.66	0.751	0.037		
		2019 年	369	2.72	0.777	0.040		
		总　计	973	2.71	0.781	0.025		

因　素	指　标		N	均值	标准偏差	标准错误	F 值	显著性
因素三：个人保障因素	闲暇时间多少	2004 年	200	2.78	0.846	0.060	0.696	0.499
		2014 年	401	2.86	0.788	0.039		
		2019 年	369	2.82	0.779	0.041		
		总　计	970	2.83	0.797	0.026		
	家人朋友的支持	2004 年	200	2.46	0.934	0.066	2.397	0.092
		2014 年	403	2.60	0.851	0.042		
		2019 年	369	2.63	0.924	0.048		
		总　计	972	2.58	0.898	0.029		
因素四：休闲活动的独特性	休闲方式健身性	2004 年	200	2.43	0.876	0.062	3.463	0.032
		2014 年	400	2.44	0.865	0.043		
		2019 年	369	2.29	0.849	0.044		
		总　计	969	2.38	0.864	0.028		
	休闲方式时尚性	2004 年	200	2.24	0.874	0.062	0.355	0.702
		2014 年	399	2.28	0.804	0.040		
		2019 年	369	2.30	0.842	0.044		
		总　计	968	2.28	0.833	0.027		
	休闲方式知识性	2004 年	200	2.47	0.862	0.061	3.016	0.049
		2014 年	396	2.30	0.768	0.039		
		2019 年	369	2.37	0.765	0.040		
		总　计	965	2.36	0.789	0.025		
	休闲方式参与性	2004 年	200	2.39	0.861	0.061	6.626	0.001
		2014 年	400	2.48	0.756	0.038		
		2019 年	369	2.63	0.805	0.042		
		总　计	969	2.52	0.802	0.026		

因　　素	指　　标		N	均值	标准偏差	标准错误	F 值	显著性
因素五：社会空间因素	休闲场所离居住地距离	2004 年	200	2.54	0.945	0.067	5.234	0.005
		2014 年	401	2.76	0.829	0.041		
		2019 年	369	2.76	0.860	0.045		
		总　计	970	2.72	0.870	0.028		
	周围人参与休闲活动多少	2004 年	200	2.30	0.832	0.059	3.958	0.019
		2014 年	403	2.49	0.815	0.041		
		2019 年	369	2.45	0.840	0.044		
		总　计	972	2.44	0.830	0.027		

三、影响因素的时空交叉影响

(一) 休闲活动的吸引力与个体的匹配度因素的时空交叉影响

对上海居民而言，随着时间的推移，休闲时间、费用等保障因素对休闲方式的影响力逐渐提升，而兴趣因素的作用力却有所下降。说明休闲的成本或代价越来越大，人们越来越不能随心所欲地根据自己的兴趣选择休闲方式。兴趣和代价之间的平衡向控制成本一侧倾斜。这一发现暗示了人们在考虑是否参与休闲活动、参与什么活动时，不得不考虑时间、金钱的掣肘因素，而不是以个人兴趣为主要出发点。它折射出大都市中休闲供需的结构性矛盾。

相对上海，随着时间的推移，成都居民选择休闲行为受到的个人制约因素呈现下降趋势，个人兴趣的影响变化不大。这说明成都的休闲供给在价格、选择多样性、时间要求等方面比较宽容，大部分市民无须纠结参与休闲活动的成本付出。由此看来，成都这座城市的休闲属性高于上海。武汉的情况与成都类似，2004 年人们的休闲方式更多受到制约条件的束缚，2019 年个人的兴趣动机影响水平有所提升，制约条件的束缚水平下降，两者达到暂时平衡。从国内外现有研究来看，收入和时间始终是各地民众最重要的休闲制约因素；但在动机研究中，中国人从事休闲活动的动机主要是社交、健康和娱乐；西方人则更看重个人的自我发展和实现,这与兴趣相关。[①] 因此,个人兴趣对休闲方式选择的影响力不足,一部分源于休闲动机(见图6-1、图6-2)。

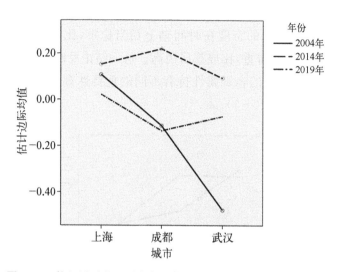

图6-1　休闲活动的吸引力与个体的匹配度因素的时空差异比较

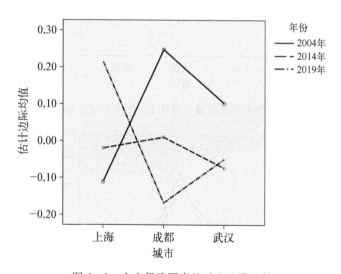

图6-2　个人保障因素的时空差异比较

(二)休闲活动的独特性与休闲设施质量、服务水平的时空交叉影响

该影响因素着重考察客观条件,即休闲活动的吸引力和设施质量、服务水平

对休闲方式的影响。研究发现,对上海居民而言,休闲设施和服务的质量的要求
比较稳定,且相比活动本身的独特性在各个时间点都显得更重要。成都居民刚
好相反,2014 年与 2019 年,休闲活动的独特性或吸引力的影响力更大。武汉
居民对休闲活动吸引力的态度在时间轴上相当稳定,比较低;对休闲设施质
量、休闲服务水平相对看重,比成都居民高。这一结论反映了地域特色。不同
地区参与者对休闲活动的客观属性持有不同的重要性观点,左右其休闲方式
(见图 6 - 3、图 6 - 4、图 6 - 5)。

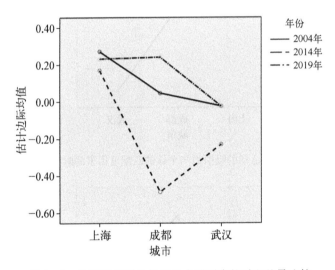

图 6 - 3 休闲设施质量与服务水平因素的时空差异比较

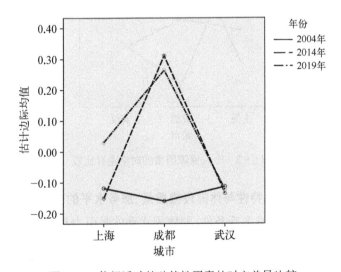

图 6 - 4 休闲活动的独特性因素的时空差异比较

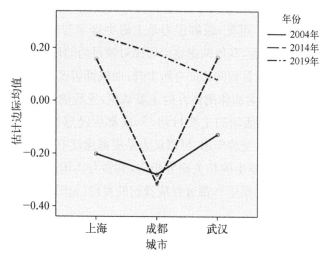

图 6-5 社会空间因素的时空差异比较

第二节 三地居民休闲满意度比较

体验满意度包括两部分：市民参与休闲活动的目标满意度（goal satisfaction），即获得感；属性满意度（attributes satisfaction），即对休闲供给的满意度评价。课题组对三个时段三座城市的整体数据进行降维分析，结果发现样本并不适合。究其原因，各个指标存在时空差异，有待仔细挖掘。因此，我们将以满意度指标为框架，逐个剖析其时间变化和空间差异趋势。

一、目标满意度的时空差异分析

（一）身心获得感的时空差异

1. 消减工作压力的时空差异

随着时间推移，上海居民越来越认同休闲能消减工作压力。这一趋势在其他两座城市并不明显（见图 6-6）。而且，上海人更认同休闲的这一作用。这与上海城市工作节奏快、压力大密切相关，与一些以上海为案例地的相关实证研究的结论类似。研究发现，上海市大学生认为在他们的生活中休闲的作用是"重要的"；"休闲"经常被概念化为"减轻压力"或"放松"。[1] 上海中青年人参与休闲体

---

[1] 高原.上海市大学生休闲感知与休闲行为研究[D].上海：上海师范大学，2017.

育活动以促进身体健康、缓解压力、舒缓疲劳为出发点,在活动强度选择上大多以自身感受轻松为主。[①] 可见,缓解压力是上海中青年群体从事休闲活动的主要目的之一。从数据来看,其他两座城市居民对该目的的认可都不及上海居民。在趋势上,武汉居民对该目的的认同有所上升;而成都居民却呈现下降趋势。有研究分析了成都中年人参加休闲体育的主要动机,发现愉悦身心、娱乐、社会交往是他们参与休闲体育活动的主要目的。[②] 成都居民感知的生活压力相对较弱,追求休闲对心理和社交的作用,可以认为是成都建设中国"休闲之都"的成果之一。针对武汉地区大学生的相关研究指出,其参与休闲体育旅游的首要动机是缓解压力,其次是休闲娱乐[③],部分呼应我们的发现(见图6-6)。

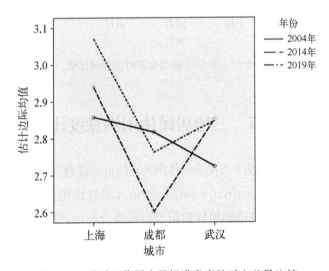

图6-6 消减工作压力目标满意度的时空差异比较

2. 缓解消极情绪的时空差异

比较历年来三地居民在这一指标上的区别,我们发现时空差异不显著。即大家呈现出一致的趋势和特点:2019年与2004年相比,休闲活动对于缓解消极情绪的作用普遍提升,且上海居民的认同度最高,成都最低。最新研究显示,休闲体育活动促进成年人心理健康的效果具体表现为:缓解倦怠、焦虑、压力感、抑郁症状,降低抑郁风险,提高记忆力和执行功能,缓解注意力疲劳,提高生命活力和自尊,增加积极、乐观情绪,减少消极情绪,降低精神障碍和失眠风险,促进

① 晏妮.中青年人休闲体育活动与社会心态关系研究[D].上海:上海体育学院,2017.
② 赵青.成都市区中年人群休闲体育现状分析[D].成都:成都体育学院,2013.
③ 万锴.武汉地区大学生体育旅游参与现状与对策研究[D].武汉:武汉体育学院,2017.

睡眠,提高主观幸福感、生活满意度和生活质量等。[①] 休闲涉入被认为是积极心理干预,能缓解抑郁心境,降低倦怠中的情感耗竭,提升整体幸福感,并在大学生群体中得到实证检验。[②] 在对老年人群的研究中同样发现,休闲活动参与度与积极情绪呈显著正相关,与消极情绪成显著负相关,对积极情绪的促进作用大于对消极情绪的缓解作用。[③] 这也许是老年群体利用休闲实现心理目标的特征,需要在成年人和青年人群体中做进一步检验(见图6-7)。

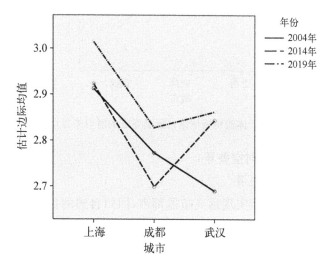

图6-7　缓减消极情绪目标满意度的时空差异比较

3. 体验积极情绪的时空差异

在放松心情,获得愉快的体验的休闲目的评价上,三地居民在各个时间段的表现差异较大,且趋势模糊。总体来看,上海居民对此的评价呈上升趋势,且认可度最高。成都和武汉居民对这一指标的评价波动较大,说明样本对休闲活动是否令人愉悦的要求在不断提升,休闲服务是否能激发愉快感受的水平也不够稳定(见图6-8)。总体而言,休闲活动在体验积极情绪上的评价均值高于缓解负面情绪,与相关研究结论一致。[④]

① 崔德刚、邱芬、汤修齐、等.基于ICF成年人休闲体育活动改善心理健康,生活质量和福祉的系统综述[J].中国康复理论与实践,2021(9):1038-1047.
② 冯晨、严永红、徐华伟."休闲涉入"与"社会支持"——基于积极心理干预的大学校园健康支持性环境实现途径研究[J].中国园林,2018(9):33-38.
③ 陶裕春、李卫国.休闲活动、健康自评对老年人主观幸福感的影响研究[J].西华大学学报:哲学社会科学版,2017(6):71-79.
④ 陶裕春、李卫国.休闲活动、健康自评对老年人主观幸福感的影响研究[J].西华大学学报:哲学社会科学版,2017(6):71-79.

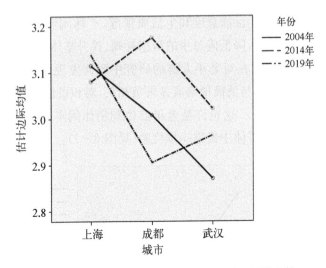

图 6-8　体验积极情绪目标满意度的时空差异比较

(二) 生活幸福感的时空差异

1. 回归自然的时空差异

参与休闲活动是否能实现远离喧嚣都市,回归自然的目标呢? 三地居民对这一目标的评价在不同时间节点呈现出一致性。整体评价水平逐步下降,上海高于成都,成都高于武汉。这说明随着城市建设水平的不断提升,城市绿地、健身步道、郊野公园等设施和休闲空间不断完善,大大改善了城市休闲环境,拉近了人与自然的距离,普遍提升了居民在这方面的获得感(见图 6-9)。

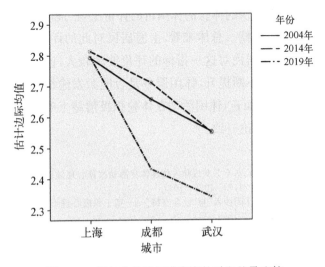

图 6-9　回归自然目标满意度的时空差异比较

2. 回归自我的时空差异

在回归自我的感受度方面,上海居民的评价同样高于其他两座城市。但总体而言,2004 年处于最高水平,2014 年和 2019 年的评价均低于或等于 2004 年。这说明人们对回归自我的评价标准提高了,或是休闲活动虽然在形式上日益丰富,但与满足自我目标的要求相比差距扩大了。现代社会的生存异化和对公共精神的一味追求不仅加剧了人们的自我迷失、自我疏离危机,同时也催生和强化着人们对真实自我的渴望。然而,在日常生活的大部分时间内,人们无法完全遵照自己的过往经验自由地行事和自我表达。暂时远离惯常的工作和社会关系进行异地或在虚拟空间的休闲活动却是回归真实自我的有效途径之一。[①] 近期就有学者指出,在休闲项目策划和管理中,不仅要重视服务结果的获取,更要有意识地引导参与者回归自我,实现内心满足,从而驱动依托项目的休闲空间改造的可持续发展。[②] 如图 6-10 所示。

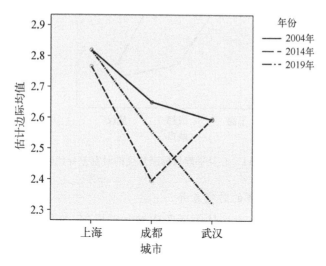

图 6-10 回归自我目标满意度的时空差异比较

3. 心灵平静的时空差异

休闲是达到内心平静的途径之一。我们可喜地看到上海和成都居民在这一方面的获得感呈上升趋势。古希腊休闲观追求心灵的安宁与平静,主要休闲活动是沉思、赋诗等静态的活动。古代中国休闲观也是追求心灵平静安宁,强调人

---

① 刘晶晶.旅游者的个体真实性体验研究[D].厦门:厦门大学管理学院,2017.
② 杨华.城市休闲空间的可持续性动因研究[J].魅力中国,2021(29):216-217.

与自然和谐,达到"天人合一"的境界。工业社会时期休闲被异化为物质的满足,人们被无限膨胀的物质欲望驱使,无节制地生产和消费,导致人与自然、与自我疏离,无法丰富内心而造成精神空虚。马克思深刻揭露了这一问题的本质,即资本主义社会中劳动的异化,是休闲异化的根源。在资本主义私有制及社会分工条件下,劳动成为人们不得已维持生活的手段。[①] 在新时代中国特色社会主义建设过程中,休闲活动对丰富城市居民精神世界的作用越来越明显,逐渐回归到中国传统的休闲观,这一趋势值得不断巩固与持续(见图6-11)。

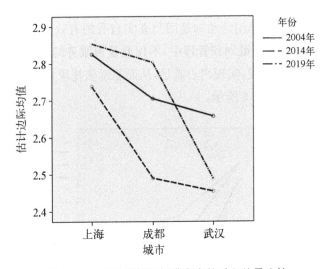

图6-11 心灵平静目标满意度的时空差异比较

4. 加深对自己的了解的时空差异

加深对自己的了解在女性休闲话题中被时常提起,尤其是通过体育健身类休闲活动增加自我认识和感知[②],树立信心,增强幸福感。[③] 对于这方面的评价,三个城市缺乏稳定性和可比性,偏向个性化。休闲态度和活动选择与自我认知相辅相成,呈螺旋递进的关系:基于准确自我了解后的休闲行为能增强自我认知,进而提升休闲质量和效果,进一步强化自我认同。从市民休闲生活高质量发展的目标出发,未来希望看到这一评价指标能呈现稳步向上趋势(见图6-12)。

---

① 谢秀华.工业社会休闲异化批判——兼论马克思休闲思想及其当代意义[D].长春:吉林大学,2008.

② 刘雅婷.湖南省普通高校弱势女大学生体育健康生活方式现状调查与研究[D].长沙:湖南科技大学,2018.

③ 陈旻.当代都市女性休闲消费空间室内设计研究[D].呼和浩特:内蒙古师范大学,2010.

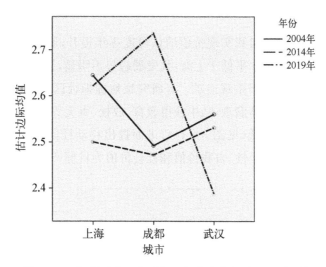

图 6-12　加深对自己的了解目标满意度的时空差异比较

5. 挖掘自我潜能与实现自我价值的时空差异

上海居民就休闲活动对挖掘自我潜能的评价逐年上升,且普遍高于其他两地,折射出休闲活动对个人成长贡献度的增加,是上海休闲生活品质提升的表现。其他两地市民的认可度较低,说明参与当地休闲活动还未很好与个人成长、自我发展等深层次目标挂钩,市民们的休闲观念还有待培养、转变(见图 6-13)。相关研究以老年人为主体;在老年群体中选择多样化的休闲活动需要挖掘自己

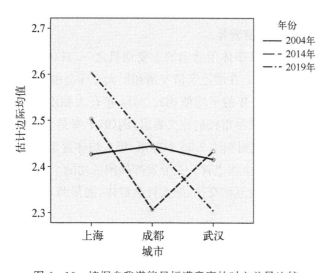

图 6-13　挖掘自我潜能目标满意度的时空差异比较

的潜能的内驱力和动机。[①]

上海居民就休闲对自我实现价值的认可度逐年提升,展现了良好的上升势头。其他两座城市整体水平低于上海,且发展趋势不明显,说明大家的这一评价受外界客观因素影响大于主观追求。有研究聚焦虚拟社区的休闲活动,发现大学生对移动虚拟社区总体满意,从中获得教育、放松、审美等价值,但获得的心理和精神层面的满意度较低(见图6-14);进而提出移动社区的内容设计和活动开展是要以实现年轻人个性、自我价值和社会价值为目标。[②]

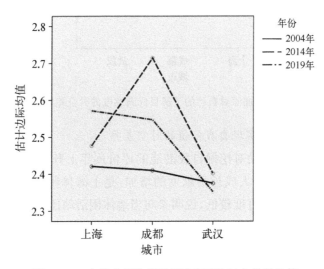

图6-14 自我实现价值目标满意度的时空差异比较

(三) 社会融入的时空差异

个体社会化是居民从事休闲活动的主要动机之一,具体体现为维持现有社交关系、开拓新的社交圈。在增进亲情友情和扩大交际范围两个指标上,上海居民的评价逐年提升,2019年的平均值相比2014年有大幅度提升。说明上海提供的休闲选择能较好地满足市民的社交需求,例如,上海是全球咖啡馆最多的城市;2019年人均体育场地面积达2.38平方米,年人均体育消费升至2 580元;拥有近400家电影院,位居全国之首。充分发挥休闲活动的个体社会化作用,让参与者介入健康积极的社会互动交往,融入社会群体,能帮助人们更好地适应社会

---

① 杜亚喜."增权"视角下养老机构老年人休闲活动参与研究——以杭州J退休生活中心为例[D].杭州:杭州师范大学,2020.

② 宋航.大学生休闲满意度研究——以移动虚拟社区为中心的考察[J].内蒙古科技与经济,2020(16):28-31.

角色,解放身心,提升生活满意度和幸福感,促进社会和谐。[①]

在这两个指标上,成都呈现一定程度的下降趋势。2004年成都居民休闲活动的社交满意度都高于上海,但后续的评价则不升反降。原因不外乎个体对社交需求满意度水平的要求提升,或是促进社交功能的休闲设施或服务供给不足。有专家提出,在成都建设休闲之都时,需要满足不同消费人群的需要,依托不同休闲舒适物提供多层次的休闲服务产品,雅俗共赏,喜闻乐见;形成家庭、社区、社会公共场所的多种休闲空间层次。这些举措能更好地协调市民对休闲的多样化社交需求和供给的矛盾。[②]

武汉居民对休闲活动是否满足社交需求的评价呈现先升后降的趋势,平均值均小于上海和成都,说明其休闲供给与社交需求的协调呼应缺乏稳定性,水平不高。曾有研究提出要在武汉建设更多社交友好型居住街区[③],在社会公共空间中,通过设计步道、景观、节点等让人们有更多聚集、闲聊社交的空间和可能。这样的社区才更宜居、更健康、更具包容性。在2020年美团发布的2019城市休闲与娱乐报告中,武汉的白领们是最热爱健身和街边美食的群体。这些消费空间都具备相应的社交可能。未来,可以强化这些活动的社交意义,注入活动元素,持续提升武汉休闲消费的社会福祉(见图6-15、图6-16)。

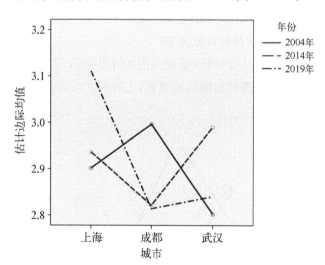

图6-15 增进亲情友情目标满意度的时空差异比较

① 方青,郑航.融入与解放:社会化视域下的体育休闲[J].河北体育学院学报,2017(2):18-22.
② 李丽梅,楼嘉军.城市休闲舒适物与城市发展的协调度——以成都为例[J].首都经济贸易大学学报,2018(1):80-88.
③ 李慕静.当代城市居住区社交型街道设计——以武汉交易街改造设计为例[D].武汉:湖北工业大学,2018.

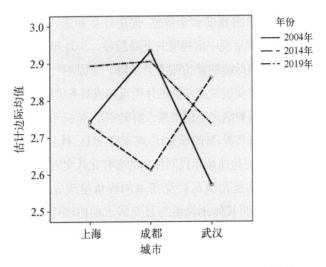

图 6-16　扩大交际范围目标满意度的时空差异比较

（四）个人成长的时空差异

从长远来看，休闲有利于个人的全面发展，例如扩大视野、陶冶情操、保持健康和丰富兴趣爱好、获得成就感和社会认同感、冒险和超越自我。那么，三座城市的市民在这些方面的评价和满意度如何呢？

1. 扩大视野和陶冶情操的时空差异

这一指标检验人们在认知和审美情感方面如何评价自己的收获。从图 6-17 中我们发现，休闲对认知层面的影响逐渐减弱，上海和武汉对扩大视野目标的满意

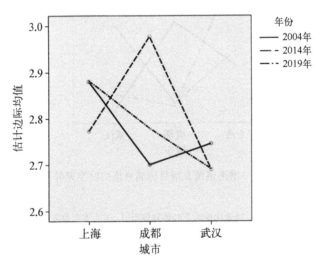

图 6-17　扩大视野目标满意度的时空差异比较

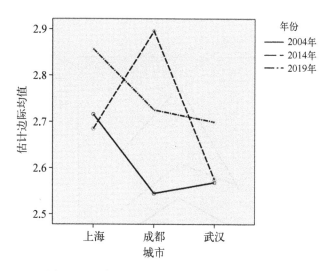

图 6 - 18　陶冶情操目标满意度的时空差异比较

度都有不同程度的下降。相反,休闲在陶冶情操方面的满意度表现整体上升。成都居民在两方面的评价都是先升后降(见图 6 - 18)。在对上海城市公园休闲功能的研究中,学者发现人们对公园物质方面的需求普遍得到较好满足,而个人发展需求的满足,例如增长认知、提升审美情趣等,相对较弱。[①]

2. 保持健康和丰富兴趣爱好的时空差异

三座城市居民对休闲活动的这一功能给出了相对一致的评价,呈现出的时间趋势也很相似。图 6 - 19 中,上海居民对休闲之于健康的作用评价不断提升,但 2019 年较 2014 年的提升幅度很小。成都与武汉居民的评价在 2019 年有所回落。说明休闲之于健康的意义已经广泛被参与者接受。在图 6 - 20 中,我们发现休闲之于丰富爱好的作用总体趋势也较乐观。上海和成都居民的评价高于武汉。

3. 获得成就感和社会认同感的时空差异

2019 年休闲对于获得成就感和社会认同感的作用得到最高水平的评价。成就感评价在上海最高;社会认同感评价在成都最高,武汉相对较低。2014 年在这两方面的作用上,上海与武汉接近,成都较低。2004 年上海与成都在自我成就感方面的评价较高,武汉较低;在社会认同方面,上海评价较高,成都和武汉较低(见图 6 - 21、图 6 - 22)。

[①]　张敦福,高昕.城市公园的日常生活实践,需求满足与社会福祉——上海市中山公园和大宁公园的实地研究[J].中山大学学报(社会科学版),2020(1):156 - 165.

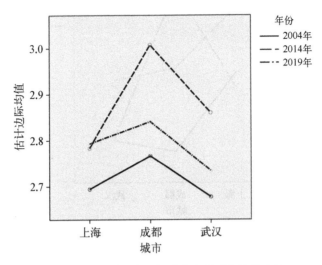

图 6-19　保持健康目标满意度的时空差异比较

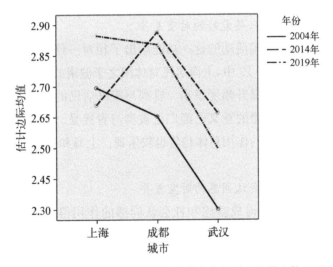

图 6-20　丰富兴趣爱好目标满意度的时空差异比较

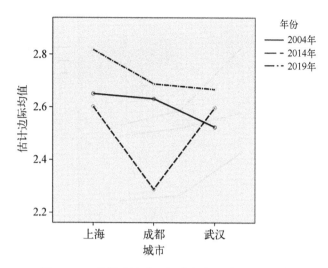

图 6-21　获得成就感目标满意度的时空差异比较

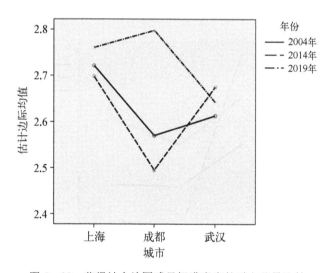

图 6-22　获得社会认同感目标满意度的时空差异比较

4. 冒险和自我超越的时空差异

随着休闲方式选择的日益多样化,参与各类休闲活动给人们带去冒险体验的可能性不断增加,这在三座城市呈现一致的趋势,只是上海的提升幅度大于成都和武汉(见图 6-23)。但是满足冒险需求不代表实现了自我超越。在图 6-23 和图 6-24 中,我们发现 2019 年成都和武汉居民的冒险需求满意度水平提升,但自我超越的评价水平反倒下降了。这可能是人们对自我的认同基准提高了,对自我超越的定义更加严苛。

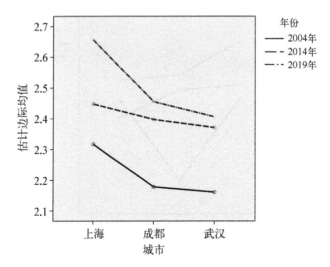

图 6 - 23　冒险目标满意度的时空差异比较

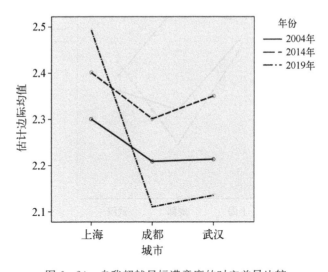

图 6 - 24　自我超越目标满意度的时空差异比较

二、休闲环境满意度的时空差异分析

本研究从休闲活动类型的丰富性、活动设施的完善程度、休闲时尚的展现、休闲氛围的营造、休闲产业发展水平及休闲环境的安全性六个方面对城市休闲的整体环境进行调查,反映市民对城市休闲客观环境的满意度,见表 6 - 17。

表 6‑17 2004 年、2014 和 2019 年上海、成都和武汉休闲环境满意度均值

指　标	2004 年			2014 年			2019 年		
	上海	成都	武汉	上海	成都	武汉	上海	成都	武汉
休闲方式丰富多样	3.01	2.82	2.62	2.99	2.91	2.70	3.14	2.86	2.95
休闲活动设施完善	2.81	2.78	2.35	3.06	2.90	2.69	3.10	2.91	2.88
休闲时尚走在全国前列	3.09	3.26	1.98	3.09	3.00	2.30	3.21	2.80	2.79
气氛浓厚	2.68	2.90	2.34	2.88	3.32	2.56	3.14	2.92	2.85
休闲产业发达	2.80	2.83	2.13	2.95	3.22	2.52	3.16	2.91	2.92
休闲环境安全	2.83	3.15	2.46	3.00	2.80	2.77	3.21	3.08	2.98

可以看出，上海、武汉和成都居民城市休闲环境满意度高低不一，但整体上，上海在所有指标上的评价均值高于其他两个城市，尤其是休闲方式丰富多样、休闲活动设施完善这两个指标，三个年度都全面领先。成都居民对休闲时尚性、休闲氛围、休闲产业发达水平的评价，在 2004 年和 2014 年的评价也均处于领先，从侧面说明了成都作为中部地区休闲之都的定位名副其实。武汉整体水平始终靠后，但我们不难发现在各个指标上，武汉和领先城市的差距不断缩小；2019 年其休闲产业发达水平甚至略超成都，说明其拥有明显的后发优势，且发展效率更高。

第七章 研究结论与对策建议

第一节 研究结论

本节主要从三地居民的休闲方式、休闲方式的影响因素和休闲满意度三个方面概述了本书的主要研究结论和演变特征。

一、三地居民的休闲方式

(一) 休闲动机与同伴选择

1. 休闲动机

从休闲动机选择的变化看,上海市民选择最多的两项分别为"放松身心、消除疲劳""开阔眼界、增长认识能力"。从整体上讲,从跨度15年的3次调研的数据来看,居民有关休闲动机选择的基本倾向或分布格局没有发生大的变化。对武汉居民而言,三次调查均显示武汉居民将"放松身心、消除疲劳"的动机放在第一位,且随着时间的推移,该动机占据着更为显著的优势。与此同时,居民对"审美愉悦、怡情养性"的休闲动机也保持稳定的偏好。值得注意的是,最初侧重的休闲参与的社交动机却被逐渐弱化。成都市民进行休闲活动的最主要动机为"放松身心、消除疲劳""审美愉悦、怡情养性""锻炼身体",在15年的演变过程中,这三项的选择倾向一直居于前列。值得注意的是,原来居民比较关注的"开阔眼界、增长认识能力""增强与外界沟通、扩大交际"的休闲动机,在而今的选择中都出现了比较大的降幅。显而易见,随着社会节奏的加快、工作压力的增大,保持身心和身体健康成为居民休闲的首要动力。三地居民休闲动机选择的总体倾向是缓解因工作带来的压力和疲惫。同时,关注个人的成长和发展,注重自我更高层次的休闲活动需求。

2. 休闲同伴选择

休闲同伴选择反映了居民在日常的休闲活动过程中,与他人及群体之间形成的一种社会关系,体现了人们在休闲活动中偏重何种社会关系的一种价值取向。从三地居民休闲同伴选择的变化可以看出,上海居民休闲活动伙伴主要集中于家人和朋友,两者合计占比一直比较稳定,且家人的比重略高于朋友。武汉市民参加休闲活动时选择朋友的比例要明显高于选择家庭成员,尽管比例在逐渐降低,但是 2019 年的数据依然要多出 10 个百分点,充分表明武汉居民参加休闲活动时具有显著的社交开放性和活动自由性的价值倾向,当然也可以看出,以家庭亲情关系为导向的伙伴理念正在逐步强化。成都居民休闲同伴选择同样集中于家人和朋友,可是有以下几点需要指出:一是家人和朋友两者合计占比在三个城市中最低;二是选择家人和朋友的数值变化在三个城市中最大;三是除家人和朋友以外,选择同事的比例在三个城市中最高。从 15 年间进行的三次调查可以发现,在人们日常进行的休闲活动中,同伴的主体主要由家人与朋友构成。家庭成员体现了亲情关系,朋友圈子反映了友情空间。亲情与友情相结合,覆盖了人们休闲生活的绝大部分时段与空间,家人与朋友成为陪伴人们休闲生活最主要的两大群体。当然,随着社会经济的快速发展,人们的社会网络逐步扩大,社会联系进一步增强,因此城市居民休闲同伴的选择在以亲情和友情为主的基础上,更加趋于多元化和多样性。

(二) 休闲活动倾向与场所选择

1. 休闲活动倾向

从休闲活动倾向看,三地居民之间既有趋同性,又有差异性。在平时,休闲活动倾向集中在两项活动上,但是排序发生了较大变化,也即从 15 年前的"看电视、上网",到如今的"上网、看电视"。三个城市居民的休闲方式具有一定的相似性,都以放松消遣为主,"上网"和"看电视"是共同选择,这或许与工作日的属性有关。[1] 在周末,三个城市居民的休闲方式存在较大差异。上海居民的休闲活动偏向惬意化和娱乐化,武汉居民偏向愉悦感和放松感,成都居民则偏重运动性和文化性,这或许与三个城市各自的休闲环境与文化特色有关。在黄金周期间,三个城市居民无不以"旅游度假"作为最主要的活动选择方向,这种选择结果,不仅在时间上呼应了黄金周具有较长的休闲时间特点,而且凸显了三个城市居民渴望从事放松心情、放飞自我的休闲活动的特征。总体来看,三地居民休闲活动倾向可以概括为:平时倾向于休闲活动静态化和活动方式常态化;周末倾向于休闲活动动态化和活动方式多元化;黄金周倾向于休闲活动度假化和空间远程化。

---

① 贾子贤.关于休闲的量的问题的考察——从马克思的工作日理论出发的研究[J].理论观察,2018,(1):9-11.

2. 休闲场所选择

在平时,三个城市居民主要以家庭和社区为主要的活动场所和活动范围。需要指出的是,近年来,尽管在表现形式上有差异,在体现程度上有高低,但毋庸置疑的是,"宅休闲"逐渐成为三个城市居民日常比较普遍的休闲现象。在周末,居民休闲活动场所的范围进一步扩大,从家庭、社区走向城市中心商业街和重要的文化休闲娱乐场所,或是城市郊区的郊野公园与景区。在黄金周期间,居民休闲活动场所的范围则进一步扩展到城市周边邻近的各种具有度假特性的文化和旅游类休闲场所,乃至在空间上距离城市中远程以外的旅游度假地。总体而言,15 年来三地居民在平时、周末和黄金周三个时段,对休闲活动场所的属性、场所的类型和场所的空间距离等方面的选择显示出一定的演变特点,既体现多样化的个性,又呈现趋同化的共性。

(三) 休闲时间与休闲花费

1. 休闲时间

在平时,三地居民每天的休闲时长多在 1～3 小时。其中上海与武汉比较相似,占比接近 50%,而成都占比则减少约 10 个百分点。在周末,三地居民休闲时长多在 4～10 小时,占比在 50% 左右。在黄金周期间,居民休闲时长主要集中在 1～3 天,其中,仅有上海的占比超过 50%。值得注意的是,在 5 天以上的选择比例中,成都居民的选择最高,接近 20%,武汉也有 17%,只有上海不到 10%。显而易见,一方面,三地居民基本的休闲时间有了充分的保障;另一方面,不同城市居民在生活节奏和工作节点之间的时间协调性方面还有一定的差异性,特别是上海居民在休闲时间使用方面相比于武汉和成都略有差距。

2. 休闲花费

在平时,三地居民的平均休闲消费多在 100 元及以下,合计占比在 70%～80% 之间。其中,武汉和成都居民占比相对较高,上海较低。在周末,三地居民的休闲消费多在 101～300 元。其中,上海和武汉居民占比相对较高,成都居民占比相对较低。需要关注的是,武汉和成都居民休闲消费在 100 元及以下的选择比例都在 30% 以上,而上海则低于 20%。在黄金周期间,三地居民休闲消费多在 501～3 000 元,占比在 60% 左右。显然,随着休闲时间的延长,居民休闲消费的支出也在同步增长,这是共性,也是大势所趋。当然,三地居民在平时、周末和黄金周三个时段休闲消费的支出也体现出各自不同的特点,与各自城市的社会经济发展水平大致吻合。

二、三地居民休闲方式的影响因素

研究发现,影响三地居民休闲方式的因素主要有五个方面:一是休闲活动的吸引力与个体的匹配度,包括休闲方式娱乐性、休闲方式趣味性、兴趣爱好、身体健康状况以及心情等指标;二是休闲设施质量与服务水平,包括休闲设施质量、休闲服务水平、休闲产品宣传与推荐以及休闲场所管理水平;三是个人保障因素,包括个人的收入、能用于休闲的花费、闲暇时间和家人朋友的支持等;四是休闲活动的独特性,包括休闲方式的健身性、时尚性、知识性和参与性;五是社会空间因素,包括休闲场所的空间距离和周围人参加休闲活动的社会距离。

(一)关于上海、武汉和成都居民休闲方式的影响因素

1. 上海居民休闲方式的影响因素

15 年来,"身体条件"对上海居民休闲活动选择的影响力在不断提升,说明人们逐渐意识到,最适合自己身心条件的休闲活动才是最好的休闲活动形式。在休闲服务的质量保障方面,随着时间的推移,该指标的重要性逐渐上升。在个人的休闲保障方面,上海居民表现出了对收入、花费和家人朋友支持的敏感度,三个指标的影响力逐渐增加。对于休闲活动的独特性,上海居民的要求也渐渐提升。此外,空间与社会距离的影响逐年递增,说明由于闲暇时间的限制,人们休闲活动的空间已经相对固定在社区,休闲同伴也主要集中在家人或朋友。

2. 武汉居民休闲方式的影响因素

整体来看,武汉居民对所有影响因素指标的评价都略低于上海和成都。具体而言,逐渐强调趣味性、娱乐性,以及与个人身心上的契合度,对于休闲设施的质量和服务水平的评价,有逐年提升的趋势。但是对休闲产品的宣传推荐和休闲场所管理水平的评价没有显著变化,体现出武汉居民的休闲需求还在逐渐演变成熟的过程中,与上海和成都相比体现出不同特点。值得注意的是,武汉居民对个人保障因素的评价多年来保持稳定,即个人的客观限制。例如收入、时间、休闲花费、家人支持等的影响力始终维持在中等水平,与上海和成都两地居民的选择偏好相比存在较大的差异性。最后,对休闲活动的空间和社交距离感的评价,武汉居民表现出了认同度提升的趋势,反映出其越来越愿意在家门口、在亲朋好友的支持下参与休闲活动。

3. 成都居民休闲方式的影响因素

就整体而言,影响成都居民休闲行为的影响因素随着时间的推移大部分都呈现变化和差异。成都居民对休闲活动是否符合身体条件、兴趣爱好等都呈现

逐渐重视的趋势,对休闲设施的质量和服务水平的四个指标的要求全都呈现逐年增加态势。在个人保障因素中,成都居民对收入和休闲花费影响的评价呈下降趋势。从某种程度上而言,成都居民的休闲意愿高于上海居民,其受外在客观收入条件的制约更小。成都居民对空间距离不敏感,多年来都不认为空间距离是阻碍休闲活动的重要因素。同时,社会距离感的影响力越来越重要,与周围人一同休闲,增进社交关系,体现出休闲在成都居民中日益凸显的社交功能。

(二)上海、武汉和成都居民休闲方式影响因素的比较

从个人兴趣与保障因素的交叉影响角度看,对上海居民而言,随着时间的推移,休闲时间、费用等保障因素对休闲方式的影响力逐渐提升,而兴趣因素的作用力却有所下降,说明休闲的成本或代价越来越大,人们越来越不能随心所欲地根据自己的兴趣选择休闲方式。成都居民选择休闲行为受到的个人制约因素呈现下降趋势,个人兴趣的影响变化不大。这说明成都的休闲供给在价格、选择多样性、时间要求等方面比较宽容,大部分市民无须纠结参与休闲活动的成本付出。武汉的情况与成都类似。

从休闲活动独特性与设施质量/服务水平的交叉影响看,上海居民对休闲设施和服务的质量的要求比较稳定,且相比活动本身的独特性在各个时间点都显得更重要。成都居民刚好相反,2014年与2019年,休闲活动的独特性或吸引力的影响力更大。武汉居民对休闲活动吸引力的态度在时间轴上相当稳定,比较低;对休闲设施、服务的质量相对看重,评价比成都居民更高。这一结论反映了地域特色。不同地区的休闲参与者对休闲活动的客观属性持有不同的重要性观点,左右其休闲方式。

三、三地居民的休闲满意度

(一)休闲活动满意度的变化

在身心获得感方面,随着时间的推移,上海居民越来越认同休闲能消减工作压力。武汉和成都居民对该目的的认可都不及上海居民。在趋势上,武汉居民对该目的的认同有所上升;而成都居民却呈现下降趋势。三地居民认为休闲活动对于缓解消极情绪的作用普遍提升,且上海居民的认同度最高,成都最低。在放松心情、获得愉快体验的休闲目的评价上,三地居民在各个时间段的表现差异较大。总体来看,上海居民对此项的评价呈上升趋势,且认可度最高。成都和武汉居民对这一指标的评价波动较大。在生活幸福感方面,三地居民对回归自然、回归自我的评价在不同时间节点呈现出一致性,且整体评价水平逐步下降。但

上海和成都居民对心灵平和的获得感呈上升趋势。三个城市居民在加深对自己的了解方面的评价缺乏稳定性和可比性。上海居民对挖掘自我潜能与实现自我价值的评价逐年上升，且普遍高于其他两地。在社会融入方面，上海居民对增进亲情友情和扩大交际的评价逐年提升，成都呈现一定程度的下降趋势，武汉则呈现先升后降的趋势。在个人成长方面，上海和武汉居民对扩大视野与陶冶情操的评价都有不同程度的下降，成都则是先升后降。三座城市居民对休闲活动保持健康和丰富兴趣爱好的评价相对一致，且呈现出整体下降的趋势。对成就感的评价在上海最高；对社会认同的评价在成都最高，武汉相对较低。对冒险体验的评价整体提升，但对自我超越的评价有所下降。

（二）休闲环境满意度的变化

上海、武汉和成都居民关于城市休闲环境满意度的评价高低不一。上海居民在所有指标上的评价均值都要高于武汉和成都两个城市，尤其在休闲方式的丰富性、设施完善性这两个指标方面，历时 15 年的三次调查中上海都全面领先。成都居民对休闲时尚性、休闲气氛、休闲产业发达水平的评价，在 2004 年和 2014 年也均处于领先地位，从侧面说明了成都作为中部地区休闲之都的定位名副其实。武汉在整体水平方面略显靠后，但不难发现在各个指标上，武汉和上海与成都之间的差距不断缩小。需要关注的是，在 2019 年的调查中，武汉居民对城市休闲产业发达水平的满意度评价略高于成都，说明近年来武汉休闲产业的发展得到居民的认可，后发优势逐渐显现。

第二节　现实启示与对策建议

通过对比分析居民休闲行为、影响因素及满意度的城市差异问题，一定程度上丰富了休闲领域的理论研究，并对当前我国建设文化特色鲜明的旅游休闲城市实践有重要的现实启示。

一、现实启示

第一，城市休闲场所的配置要与居民休闲需求相吻合。研究结果显示，在休闲方式上，三个城市居民在平时的休闲方式基本上以"宅"为主，黄金周则以"外出旅游"为主，唯独在周末上的休闲方式差异明显，因而上海可增加轻松娱乐式的休闲场所，武汉可以多配置修心怡情类的休闲场所，成都可以多布局健康运动类的休闲场所，从而更好地满足本地居民的休闲需求。在休闲时长上，成都在较长的时长上占比最高,这说明成都居民对待休闲时间的态度更友好乐观,因此延长休闲场所的营业时间或大力发展夜间休闲经济有利于居民休闲时间的深度利用,从而推动成都国际消费中心城市的建设。在休闲花费上,上海高于武汉和成都,因而上海城市休闲建设需要更加注重休闲消费业态的丰富性与多元性。

第二,居民深层次休闲效益的获得要有引导性。本研究发现,首先,三个城市居民休闲效益结构虽有不同,但主要集中在放松、消遣方面,自我价值实现效益较低。因此,三个城市的休闲产品、服务需要在心流体验上下功夫,提升居民的深度休闲体验,从而能够在休闲角度更好地满足人民对美好生活的追求、切实践行人民城市为人民的新发展理念。其次,三个城市居民休闲效益的作用程度不同,上海居民休闲效益中教育与健康效益的影响较大,武汉是消遣效益,成都是教育、自尊和健康效益,因而在提供休闲活动或项目时,要能够凸显其与居民休闲体验相契合的价值,真正呼应文化特色鲜明的旅游休闲城市建设理念。

二、对策建议

结合本研究的结论和现实启示,以上海为例,为文化特色鲜明的国家级旅游休闲城市建设提供更加合理和有针对性的对策建议。

(一) 融入人性化理念,打造城市共享空间[①]

对于人民而言,城市是家,是集工作、生活、游憩等功能于一体的物理场所,同时又是凝聚人心、激发潜能、提升获得感和幸福感的精神家园。对于城市而言,多样化共享空间的建设不仅需要绿地、步道、建筑小品、广场等硬件设施的规划和配置,更需要人性化的理念、人文化的气息和人情味的氛围,让更多的人愿意来,愿意留下来,更愿意经常来。

因此,对城市管理和建设者来讲,把更多的闲置空间充分利用起来,变成可供利用的公共空间或绿色空间,并进一步变成人民喜欢和满意的共享空间是关键,更是人民城市建设的初衷。欲实现这一目标,至少需要从三个层面来思考、规划和实施:共建才能共享、共享才能共情、共情才能长享。

1. 共建才能共享

"人民城市人民建"阐释的内涵的核心要义就是城市的建设要以需求为导向,需求则源自城市各利益相关方,比如政府管理部门、本地居民、外来游客、城市的服务人员等。从政府管理部门的需求来看,主要是城市经济社会发展的需

---

① 宋长海.空间可共享——让城市融入人性化理念[J].上海艺术评论,2022(1):66-68.

求、城市空间更新的需求、城市产业迭代升级的需求等；从本地居民和外来游客的需求来看，主要是便捷的生活环境、丰富的休闲娱乐活动、多元的休闲娱乐场所等；从城市服务人员的需求来看，他们在为这座城市提供各种服务的同时，也希望能够共享到城市的一些发展成果。总而言之，城市建设归根结底是要满足人民对美好生活的向往，要树立人民至上的建设理念，坚守以人为本的城市价值，彰显人民城市的人文关怀。

"人民城市人民建"同时蕴涵了人民城市共建主体的多元化，不同主体价值诉求的多元化，不同共建方式价值呈现的多元化。但毋庸置疑的是，共建才能共享。只有共建，而且是主动参与共建，才能真正体现共建主体的价值诉求，才能将共建主体的多元价值诉求全过程贯穿于城市建设的始终，建成的城市空间才能最大限度满足多元主体的价值诉求。如此建成的城市空间才可能达到利益相关方共享的目的。

上海的"建筑可阅读"从 1.0 版到 3.0 版的跨越就是"共建到共享"的生动实践。2017 年，在建设"创新之城、人文之城、生态之城"目标的指引下，上海首次提出"建筑是可以阅读的"。2018 年起，上海市委、市政府大力推动"建筑可阅读"工作。随后三年，"建筑可阅读"范围已拓展至上海全市 16 个区，开放建筑1 037 处，设置二维码 2 437 处，基本实现建筑的可读、可听、可看、可游，让越来越多的市民和游客体验城市的温度和美好。2021 年，上海市"建筑可阅读"工作已通过运用大数据、人工智能、物联网、云平台等数字化方式，从"扫码阅读"的1.0 版、"建筑开放"的 2.0 版，进入全新的"数字转型"3.0 版，着力在体验数字化和服务体系化上取得新成果，在市民满意度、社会参与度、跨界融合度上实现新突破。具体包括"五个民"的体验数字化和"五个一"的服务体系化。"五个民"活动主要采用年轻人喜闻乐见的方式，与各类数字新媒体合作，构建数字全媒体运作矩阵，广泛动员社会力量参与，吸引更多市民游客走进建筑，共享"人民城市"发展成果。其中，"全民评"和美团合作，广泛征集对上海城市建筑的游览意见和运营服务建议。"全民讲"和蜻蜓 FM 合作，邀请市民游客讲述建筑故事。"全民拍"和腾讯合作，征集上海建筑的摄影作品。"全民游"和小红书合作，吸引用户游览上海建筑，发布相关攻略。"全民创"和抖音、大隐书局合作，举办首届"建筑可阅读"伴手礼创意设计大赛。"五个一"建设包括：成立一个联盟，成员由相关建筑类场馆、建筑业主代表、学术研究机构、新媒体平台等各类社会主体组成；出台一套标准，制定《上海市"建筑可阅读"服务质量标准》；搭建一个平台，继续举办"建筑可阅读"文创市集，作为"建筑可阅读"工作集体亮相、集中宣传、集聚效应的主要平台;打造一支队伍,建立一支由专家、志愿者、讲解员组成的"建筑可阅读"人才队伍;推出一份"套餐",挑选部分经典建筑开展"一楼一'套餐'"试点工作,全方位、多角度、深层次"阅读"经典建筑。①

显而易见,上海"建筑可阅读"版本的升级本身就是共建共治共享的过程,其中难能可贵的还有来自基层的首创精神和民众的自觉参与。比如,来自上海市材料工程学校的"00 后"学生韩璐和 3 位同学,一起走访调研了徐汇区衡复风貌区"建筑可阅读"的情况后发现,自 2018 年以来,阅读建筑的形式虽层出不穷,但仍面临着受众人群辐射面狭窄、体验感不佳等问题。于是,他们 4 人发动身边的力量提出若干行之有效的建议,比如二维码扫出的信息应及时更新、"建筑可阅读"的边界可拓展等。2021 年 10 月,徐汇区人民建议征集办主动征集了他们的想法。随后,徐汇区文旅局落实了部分建议,对历史保护建筑的二维码信息进行全面更新,利用"小程序"整合徐汇区 8 个文旅相关微信平台,统一内容形式和元素。新的微信小程序"梧桐深处建筑可阅读"已上线。小程序内设有"拍照识别""进入建筑可阅读"两个入口,不少建筑实现了 VR 游览、语音导览、视频解说以及文创购买等功能,对建筑的历史文化价值、艺术观赏价值甚至是科学研究价值都有了更翔实的介绍。②

2. 共享才能共情

"人民城市为人民"阐释的内涵的核心要义就是人民城市要能够满足这座城市所有人对美好生活的向往。但事实上,不同利益主体往往会从本位主义出发去考虑如何满足自身的利益诉求,各方的本位主义必然导致利己主义,利己主义自然就会引发一些矛盾甚至冲突。如何平衡各方利益诉求,避免矛盾冲突,就成为城市管理和建设部门无法回避的问题。要解决这一问题,关键还得以人为本进行思考和研究,需要升级城市空间中隐含的主客关系,通过理念引导、政策支持和舆论导向等举措多管齐下,使主客关系从主客各享循序升级到主客共享,共享中产生共情,共情中增强共享。

2021 年,武康路旅游休闲街区上的"蝴蝶结效应"可以从逆向思维视角为我们展示城市空间中共享与共情的关系。如此"网红"的"蝴蝶结效应"其实源自一个不经意的举动——牛年春节期间,这幢楼底层的一家住户在阳台上挂 5 个粉红色蝴蝶结(或许只是想渲染一下过年的喜庆气氛)。就是这样"无心插柳柳成

---

① 李婷.沪上"建筑可阅读"全面向数字化转型[N].文汇报,2021 - 02 - 04(7).
② 车佳楠.老建筑二维码信息更新升级[N].解放日报,2021 - 11 - 22(6).

荫"的小小举动成就了"上海蝴蝶结阳台"和"上海蝴蝶结阳台奶奶",更成就了原本就很"网红"的武康路旅游休闲街区前来打卡的人气。但从媒体的连续报道内容来看,除了向公众还原了"蝴蝶结效应"的来龙去脉,更多关注和热议的似乎就是楼内居民的不堪其扰。"蝴蝶结效应"引发的所谓游客和居民之间的矛盾冲突,从本质上来看,其实就是主客各享的心理诉求,即旅游目的地的原住居民和外来游客首先考虑的都是自身利益的满足。"疯狂"打卡的游客一心急于满足自己对新鲜事物的猎奇心理,游客过度的打卡行为就会无意当中侵犯到原住居民的安全防线。本源上正是缺乏共享的理念,共情自然就无从谈起。

试想,如此"四两拨千斤"的城市空间微更新现象,如果稍加引导,"蝴蝶结效应"或许可以成就一段佳话,甚至成为"共享产生共情"的经典案例。因为,在阳台上向游客挥手打招呼的奶奶被网友称为"迪士尼城堡中的公主",这其实是游客对原住居民的至高褒奖,从某种程度上说应该也是对"空巢老人"的另一种形式的情感陪伴,只是游客打卡需要适可而止,打卡的方式也值得商榷。因为必须注意的是,主客共享不能等同于主客均享。正如美国学者杰弗瑞·戈比(2006)所言,"首先应该为市民提供高的生活质量,有美味食物,能与自然接触,有艺术的和历史的保留,能运动,有节假日、露天市场和其他休闲带来的令人愉快的事,接着才是为非常有限的旅客提供这些休闲娱乐"。

具体而言,实现主客共享至少可以从三个方面进行考虑:空间共享、利益共享和文化共享。空间共享指的是原住居民和游客能够在共同的街区内开展各自需要的生活、生产和休闲活动,且互不影响。利益共享指的是游客在街区内的休闲消费能够通过适当的渠道惠及街区内的原住居民,原住居民才愿意主动将空间让渡给旅游者共享,这也是主客共享的核心所在。文化共享指的是基于空间共享和利益共享,原住居民和游客发自内心地主动分享,在换位思考中互为"景中人"或"人中景"。所以,空间共享是利益共享和文化共享的前提,利益共享是空间共享和文化共享的关键,文化共享是空间共享和利益共享的黏合剂,三者互为一体,相互支撑。

3. 共情才能长享

"人民城市人民建,人民城市为人民"阐释的完整要义,就是要在过程上实现从共建到共享、从共享到共情,进而在结果上实现"长享"的可持续发展目标。对于上海这座城市而言,土地资源寸土寸金,每一处新空间的开辟都必须以人为本、需求导向、从长计议,既要考虑老建筑、老街巷的修葺或重建,更要注重空间所在区域历史文脉的保留与延续,既要完善空间结构、加强基础设施、改善居住条件,更要修复生态功能、挖掘历史内涵、彰显在地文化,既要考虑成年人的需求,又要兼顾未成年人的需求,使历史文化与现代生活有机交融,使软硬实力融合并进,将每一处新空间打造成生产、生活、生态与生命关怀相统一的共情载体,使生活、工作、休闲旅游在此的人们真正体验到人民城市的品质与温度,提高人民的获得感和幸福感。

演艺新空间和嘉定区的"我嘉书房"可谓是新空间"共情"的探索者和实践者。截至 2021 年底,像"今潮 8 弄"、朵云书院·戏剧店等演艺新空间在上海将达到 100 家。这些新空间可能在一处老建筑里,可能在一家新书店里,也可能在文创园区里,亦或是在商业综合体里。这些空间不仅"可读、可听、可看、可游",而且"可秀、可玩、可回味",正在成为上海居民遇见诗意、感受暖意、享受惬意城市生活的常态化选择。[①] 嘉定区的"我嘉书房"中的"嘉"即"嘉定",亦是"家"的谐音,24 小时想来就来,只有自家书房才能做到,所以也是"我家书房"。2017 年 1 月 8 日,上海首个以政企合作模式运行的 24 小时城市书房——菊园绿地天呈"我嘉书房"落成开放。面积虽然不大,但这家社区书房"五脏俱全",融合了 24 小时自助图书室、市民科创实践基地、志愿者自治基地、休闲娱乐等多种功能,还纳入了上海图书馆"一卡通"管理系统,可自助借还图书、自助办证。"我嘉书房"既是图书馆、公共文化空间,也是社区自治基地、暖心故事发生的地方,更是城市软实力的集中体现地。在"我嘉书房",市民百姓的身份除了读者、管理者、服务员,还可以是文化资源提供者、主题活动组织者。[②] 在上海,和"我嘉书房"一样的城市新空间还有很多,比如闵行区"城市书房"、浦东新区"融书房"、普陀区"苏州河书房"、静安区"宁的书房"等,它们拥有共同的名字——家门口的公共书房。

这些新空间之所以获得认可和青睐,除了设计感强、环境优美,就近便利、方便参与、融合发展、提供跨界服务等外,更为关键的就是提供了共情的场所、营造了共情的氛围,在不断共享中赋予其日日更新的人文面貌。在这些地方,可以遇见共情的人和事,所以愿意来,愿意留下来,也愿意经常来。

(二) 打造漫步街区,共创居民美好生活[③]

随着社会经济的发展,大量人口涌入城市,极大地推动了中国的城市化进程。在这个过程中,我们也许会发现街区的邻里关系变得淡漠,互动在减少,这

---

① 施晨露,诸葛漪."演艺新空间"中遇见诗意感受暖意[N].解放日报,2021-12-09(1 版和 7 版).
② 茅冠隽."我嘉书房",就是"我家书房"[N].解放日报,2021-10-24(1 版和 3 版).
③ 李丽梅.城市街区可漫步与居民美好生活[J].上海艺术评论,2022(1):69-71.

值得我们深入反思：街区存在的价值与意义是什么？也许对老年人来说，街区是他们日常生活的重要空间，比如买菜、聊天、散步等；对儿童来说，街区是他们日常嬉戏、玩耍，与同龄人开展娱乐活动的重要空间；对年轻人来说，街区是他们定义自己的生活方式、开展社交活动的重要空间，比如街区的咖啡馆、艺术场所等。2020年，中国人均GDP已经突破1万美元，这意味着居民的精神生活消费将显著增长，居民对美好生活的追求将日益显现。那么，街区作为城市居民日常生活的重要组成部分，作为城市社区邻里人群聚集的重要场所，应当承担起展现美好生活环境、满足人们对美好生活向往的职责与作用。在中国城市街区建设发展过程中，上海可谓一个典型代表。2017年时任上海市委书记韩正同志在《中共上海市第十一次代表大会报告》中提出"街区是适合漫步的"之后，围绕街区"漫步"，上海不断改善与优化街区的面貌与氛围，使街区环境变得休闲化，街区生活变得舒适化，街区业态变得多样化。2021年9月上海市文化和旅游局试点认定了4家旅游休闲街区，这些街区不仅在极大程度上满足了人们对街区美好生活的构想，更为国内其他城市街区的打造提供了一个可供参考的样本。本书选择其中的多伦路文化名人街、武康路—安福路街区、愚园艺术生活街区3处街区为例，总结描述其特征，来反映街区可漫步建设过程中营造出来的休闲场景对居民美好生活的影响与作用。

1. 街区资源的多元化表现，满足人们渴盼的乐享与体验

多伦路文化名人街位于上海虹口区，有着"一条多伦路，百年上海滩"的美称。之所以有这样的赞誉，是因为多伦路街区遍布着丰富多样的文化资源和遗产，为居民和游客提供了寻觅历史文化、体验文化休闲活动的空间与场所。针对这些宝贵的文化资源和遗产，虹口区通过多样化业态的展现，为多伦路街区注入了活力与精彩。

首先，多伦路街区充分挖掘历史名人资源，以文化力量滋养街区的灵魂与气质。在过往的岁月中，瞿秋白、潘汉年、张爱萍等多位革命战士曾生活在这条街区，留下了历史的沧桑与战斗的痕迹。此外，鲁迅、茅盾、郭沫若、叶圣陶等诸多文学大家也在此居住过，留下丰厚的文学遗产。虹口区充分利用这些历史名人资源，打造了名人故居遗址、名人铜像、名人版画等，向当地居民和外来游客诉说着历史的沧桑和厚重，同时滋养着多伦路街区的文化气韵与精神品格。

其次，多伦路街区借助当地的文化资源，打造多元化的民间私人博物馆，传承文化记忆。多伦路街区在兴盛时期，曾有150多家私人博物馆，吸引着各地收藏爱好者们来此漫步、赏玩。比如藏筷馆，收藏有古今中外的各式筷箸，数量之

多,游人来此不仅可以一睹筷子的各种姿态,更可以从中了解筷子所蕴含的悠久文化。再比如金泉古钱币博物馆,这与我们脑海中想象的古钱币博物馆不同,主要是因为这家博物馆位于一个别致的花园别墅中,这里曾经是汤恩伯公馆,西安金泉钱币文化股份有限公司将其改造成一个博物馆,专门收藏从先秦到民国时期的各类币种,游人到此不仅可以看到各个历史时期钱币文化的变迁,更能够感悟到中华传统文化的内涵与精彩。

第三,多伦路街区将传统文化与现代生活相融合,打造别具风格的休闲和旅游产品。随着时代的进步,多伦路街区也一直在思考如何将传统文化资源与当下年轻人的市场偏好结合起来,更好地活化与表达街区文化。近年来,多伦路街区一方面将历史名人资源与红色文化精神融合起来,设计红色主题剧本游戏,通过剧本游戏这种沉浸式的体验活动,年轻人不仅能亲身体验到历史岁月中的那种革命情愫,更能感受到当今美好生活的来之不易。另一方面将名人故居、公馆这些建筑遗产,通过 VR 全景导览的形式,向游人全方位展示历史建筑的文化内涵,实践"建筑可阅读"的理念。通过这样的数字化表达,建筑遗产与人的互动增强了,不再暮气沉沉,而是显得生动而有活力。

最后,多伦路街区通过美化与完善街区环境,使得街区的颜值与内涵不断提升。漫步在多伦路街区,看到的不仅仅是厚重的、单一的历史文化色彩,更是自然景观与建筑文化相得益彰的多种色彩。近年来,多伦路街区将各种绿植错落有致地嵌入建筑景观中,在春夏秋冬四季,可以享受每个季节带给游人们的不同韵味,充分满足了当下时代人们所向往的"文艺风、森系、小清新风"风格。同时,多伦路街区也有意识地将路面改造成白色鹅卵石铺成的弧形小路,将沿街路灯改造成暖色光,让人们实实在在感受到街区是可漫步的,街区是富有温情的,街区是可以让人陶醉的。

难能可贵的是,多伦路街区在不断更新的过程中,依然保留了满满的市井烟火气,让人漫步其中,感受文化的精彩,这是一个街区能够长久存在的生命力。

2. 街区文化的休闲化表达,满足人们渴求的漫步与想象

位于上海徐汇区的武康路—安福路街区同样具有独特的魅力。这一街区汇聚了武康大楼、宋庆龄故居、巴金故居等历史人文资源,与多伦路街区相比,兼具商业与人文气息,显得更加时尚并富有情趣。

第一,武康路—安福路街区将人文资源与现代商业相融合,打造了一批文化创意和餐饮娱乐业态。以武康大楼为例,武康大楼经过修缮,将种种所谓的诟病都通过隐藏或拓宽的方式转化为风景,成为人们心仪的"网红打卡地"。吸引而

来的人流,不仅可以驻足欣赏武康大楼的"风情",更可以深入体验武康大楼提供的消费新空间。比如,以咖啡和文创为主题的"30度空间"、以文创为特色的"城市交集"、以音乐为主体的"元龙书店",以及小而美的冰激凌店、时尚杂货铺等,一个集多元文化与商业业态的可漫步、可阅读、可消费的舒适美好空间,满足了人们对街区文化的各种想象。

第二,武康路—安福路街区自然景观的休闲化表达,使得人们的街区漫步富有诗意。武康路和安福路都是上海自2014年起实施"落叶不扫"工程的道路,时间跨度一般从每年的11月10日到12月30日。这段时间上海正好处于深秋、初冬时节,片片落叶铺就满地金黄,让市民和游客能充分享受到落叶带来的美好与诗意。漫步在落叶铺就的街区,一方面落叶将路面描绘得五彩斑斓:青黄的、金黄的、棕黄的,棕红的……给足了游人停留拍照的念想。另一方面,落叶将街区装扮成了一个艺术空间,一是湛蓝的天空与大地的金黄形成一道美丽的景观,让人漫步其中陶醉不已;二是游人自觉地将落叶打造成各式艺术作品,让人感受到华美的落叶与生命的脉络之间的张力。

第三,武康路—安福路街区将文化融入戏剧,在现实中生动展现街区的历史文化内涵。为更好地展现武康路—安福路街区的历史文化,起到传承文化记忆的作用,上海话剧艺术中心制作了一部户外沉浸式戏剧《武康路19号》,以1931年至1949年中国战争大事件为背景,讲述了武康路上一个小女孩林慧歆等待前线父亲来信和归来的故事。这个戏剧将演员和观众融为一体,让观众全程戴耳机,跟随演员的声音叙事,走过宋庆龄故居、巴金故居、武康大楼、开普敦公寓、密丹公寓等。这样的场景表达,可以让观众穿梭在过去与现代的时光中,即通过观望当下的现实风景,倾听过往的叙事,回望历史,展望未来。可以看出,户外沉浸式戏剧的体验,不仅让人们在街区的漫步更有情怀、更有深度,而且让街区的生活更加有趣有味。

3. 街区生活的艺术化表征,满足人们渴望的闲适与美好

上海市长宁区的愚园路已有百年历史,围绕这条小路而打造的街区也焕发了新颜与活力。近年来,愚园艺术生活街区以艺术为主题,打造了一系列艺术化的生活场景。比如春天可漫步在愚巷里看油菜花,夏天可徜徉在愚园百货公司喝咖啡,秋天可置身于美术馆看展览,冬天可闲逛在街区里看建筑。艺术与生活的融合,使得街区更富有格调,更能满足人们在街区漫步的舒适与美好。

首先,愚园艺术生活街区率先提出"艺术生活化、生活艺术化"理念,打造文旅商相融合的创新型街区。如今,愚园艺术生活街区既有历史名人故居,又有网红小店,更有现代艺术场馆,这些文化艺术场景通过"侬好愚园路"小程序又进一步通过线上展现出来,既活化了历史文化,又实现了古今交融。在"侬好愚园路"小程序里,我们可以看到沿街店铺主人的宣传物语,可以看到历史建筑的故事表达,可以看到街区更新的脉络变迁,更可以看到街区时尚元素的表征。通过"侬好愚园路"小程序走到线下,人们可以在这里感受历史与现代、艺术与生活、文化与商业融合而生的各种元素,也可以体验到各色人士的精彩人生。

其次,愚园艺术生活街区通过艺术化的方式,将人间烟火呈现与表达出来,增强了人们对街区的归属感与认同感。以"故事商店"为例,这是一家只有9平方米大小的店铺,但因为给人们提供了一个留下故事与记忆的空间,即人们将自己的故事和记忆封存进"故事胶囊",从而引发人们关注。在都市中生活的人们,难免会有难以启齿的生活心酸与情感,这样一种故事表达的形式,让人们有了一个可以打开心扉的地方,从而愿意对此地有所依恋,增强了人们对这个街区的归属感与认同感。店铺主人也很有情怀,每月也会邀请不同行业的市民在此分享心情故事,更增添了街区的温暖与温情。

最后,愚园艺术生活街区通过微更新,让资本、社区、居民共同参与进来,打造了一条友好、有温情的街区。愚园路有着百年历史和文化积淀,与居民的生活融合起来,并以生活为核心进行艺术化表达是该街区微更新的理念。为此,愚园街区从不锈钢垃圾桶的置换,到沿街铺子的动线和展示,都优先考虑居民的感受。在愚园百货公司,游人既可以买到有文艺情调的创意产品,也可以买到富有烟火气息的生活用品;既可以看到历史岁月留下的沧桑,又可以看到时尚潮玩产品。同时,近年开设的宏业花园,更充分考虑到日常百姓的生活需求,在宏业花园的弄堂门房里设置了不少座椅,满足了人们在此休憩的需求;在花砖邮局的咖啡馆为街区居民提供半价优惠咖啡,吸引了很多老年居民。

可以看出,不管是哪种形式的街区,都将街区文化与居民生活很好地融合了起来,都充分考虑到了当地居民对美好生活的需求,真正体现了"街区可漫步"的理念,充分展现了十九届六中全会精神提出的"坚持人民至上"的理念。街区是要回归生活的,要让邻里街坊彼此熟悉、联系紧密,要让街区居民生活丰富且有文化气息,这样街区才能更有生命力,城市才能更有吸引力。上海对城市街区的完善与优化,可谓塑造全球城市形象的一个有力抓手,正如2021年世界文化论坛上,作家、媒体人梁文道在《全球城市的邻里街区》里提到的,"全球城市的形象重点正从'地标性建筑'走向'邻里街区'"。

附　录

城市居民休闲方式调查问卷

尊敬的女士/先生：

您好！随着我国经济发展和社会进步，休闲已成为生活中不可或缺的一部分，为了解我国城市居民休闲生活方式，研究居民休闲行为特征及其满意度，我们在上海、武汉和成都3个城市开展了此项调查。本调查采取无记名方式，调查结果仅作研究之用，个人信息绝对保密，希望您能提供真实的想法。衷心感谢您的支持与合作！

第一部分：休闲方式调查

1. 您一般与谁一起进行休闲活动（单选）：＿＿＿＿＿＿

　A. 家人　　　　B. 朋友　　　　C. 同事　　　　D. 单独　　　　E. 其他

2. 您经常参与哪些休闲活动？请按平时、周末和黄金周分别进行选择（请选择三项）：

时　间	平　时	周　末	黄金周
经常的休闲方式			

　A. 旅游度假　　　　　　　　　　　B. 参观访问

　C. 看电视、影视娱乐和上网　　　　D. 逛街、购物、饮食、闲聊

　E. 吧式消费　　　　　　　　　　　F. 养花草宠物

　G. 散步　　　　　　　　　　　　　H. 阅读

　I. 业余爱好、桌游、棋牌　　　　　J. 美容、家居装饰

　K. 体育健身　　　　　　　　　　　L. 社会活动

　M. 休闲教育（学插花、练声乐等）　N. 其他（请注明＿＿＿＿＿＿）

3. 您经常在哪些场所进行休闲活动（请选择三项）：

时　间	平　时	周　末	黄金周
常在的休闲场所	① ② ③	① ② ③	① ② ③

A. 自己或者别人家里　　　　　　　B. 景区、公园、绿地

C. 社区、企业活动中心　　　　　　D. 文体娱乐场所

E. 商场、广场、夜市　　　　　　　F. 餐饮场所

G. 网吧、酒吧、咖吧　　　　　　　H. 培训机构

I. 图书馆　　　　　　　　　　　　J. 博物馆、纪念馆等

K. 宗教活动场所　　　　　　　　　L. 其他

4. 您的休闲时间是多少（单选）：

平时每天（周一到周五）：

A. 1 小时以下　　B. 1～3 小时　　C. 3～5 小时　　D. 5 小时以上

周末每天（周六到周日）：

A. 4 小时以下　　　　　　　　B. 4～10 小时

C. 10～15 小时　　　　　　　D. 15 小时以上

黄金周（总计）：

A. 1 天以下　　B. 1～3 天　　C. 3～5 天　　D. 5 天以上

5. 您的平均休闲花费是多少（单选）：

时　间	平　时	周　末	黄金周
平均休闲花费			

平时每天（周一到周五）：

A. 50 元及以下　　B. 51～100 元　　C. 101～300 元　　D. 300 元以上

周末每天（周六到周日）：

A. 100 元及以下　　　　　　　B. 101～300 元

C. 301～500 元　　　　　　　D. 500 元以上

黄金周（总计）：

A. 500 元及以下　　　　　　　B. 501～1 000 元

C. 1 001～3 000 元　　　　　　D. 3 000 元以上

第二部分：休闲活动影响因素调查

6.下面列出了可能影响您参加各种休闲活动的 19 项因素,请根据影响程度在相应的方框内打勾:

	完全 无影响	影响 比较小	影响 比较大	影响 非常大
（1）休闲方式趣味性	□	□	□	□
（2）休闲方式娱乐性	□	□	□	□
（3）休闲方式健身性	□	□	□	□
（4）休闲方式时尚性	□	□	□	□
（5）休闲方式知识性	□	□	□	□
（6）休闲方式参与性	□	□	□	□
（7）休闲设施质量	□	□	□	□
（8）休闲服务水平	□	□	□	□
（9）休闲产品宣传与推荐	□	□	□	□
（10）休闲场所管理水平	□	□	□	□
（11）休闲场所离居住地距离	□	□	□	□
（12）周围人参与休闲活动多少	□	□	□	□
（13）身体健康状况	□	□	□	□
（14）心情	□	□	□	□
（15）兴趣爱好	□	□	□	□
（16）收入水平高低	□	□	□	□
（17）休闲花费多少	□	□	□	□
（18）闲暇时间多少	□	□	□	□
（19）家人朋友的支持	□	□	□	□

第三部分：休闲满意度调查

7.您参加休闲活动会有各项收获,请根据收获大小程度在相应的方框内打勾:

	完全 没收获	收获 比较小	收获 比较大	收获 非常大
(1) 减轻或消除生活、工作压力	☐	☐	☐	☐
(2) 减轻或消除心理上的消极情绪	☐	☐	☐	☐
(3) 放松心情,获得愉快的体验	☐	☐	☐	☐
(4) 因完成某些活动获得成就感	☐	☐	☐	☐
(5) 开阔视野,获得新知识、经验	☐	☐	☐	☐
(6) 陶冶情操,满足审美需要	☐	☐	☐	☐
(7) 锻炼身体,保持健康	☐	☐	☐	☐
(8) 丰富兴趣爱好	☐	☐	☐	☐
(9) 提高自己对社会的认识能力	☐	☐	☐	☐
(10) 刺激单调生活,满足冒险需要	☐	☐	☐	☐
(11) 满足挑战自我、挑战自然的需要	☐	☐	☐	☐
(12) 暂时远离烦嚣的都市,回归自然	☐	☐	☐	☐
(13) 暂时远离拥挤的人群,回归自我	☐	☐	☐	☐
(14) 获得心灵平静	☐	☐	☐	☐
(15) 加深对自己的了解	☐	☐	☐	☐
(16) 挖掘自己的潜能	☐	☐	☐	☐
(17) 实现自己的价值	☐	☐	☐	☐
(18) 调整与家人朋友的关系,增进亲情和友情	☐	☐	☐	☐
(19) 扩大交际范围,获得新的友谊或经历	☐	☐	☐	☐

8. 您对您所在城市休闲状况的评价(请在各项相应方框内打勾):

	完全 不同意	不太 同意	基本 同意	完全 同意
(1) 休闲方式丰富多样	☐	☐	☐	☐
(2) 休闲活动设施完善	☐	☐	☐	☐
(3) 休闲时尚走在全国前列	☐	☐	☐	☐

（4）休闲气氛浓厚 □ □ □ □

（5）休闲产业发达 □ □ □ □

（6）休闲环境安全 □ □ □ □

9. 您对您所在的城市如何使居民的休闲活动更丰富和更有意义有什么建议吗？如果有，请写出：

_____

_____

第四部分：基本情况

10. 您的性别：□女　　□男

11. 您的年龄：_____

A. 18 岁以下　　　B. 18～25 岁　　　C. 26～35 岁　　　D. 36～45 岁

E. 46～60 岁　　　F. 60 岁以上

12. 您的婚姻状况：□未婚　　□已婚

13. 您的个人月收入：_____

A. 1 000 元及以下　　　　　　B. 1 001～3 000 元

C. 3 001～5 000 元　　　　　　D. 5 001～8 000 元

E. 8 000 元以上

14. 您的文化程度：_____

A. 初中及以下　　　　　　　B. 高中（中专、职校）

C. 本科及大专　　　　　　　D. 硕士及以上

15. 您的职业：_____

A. 企、事业单位职工　　　　　B. 企、事业单位管理人员

C. 公务员　　　　　　　　　D. 私营企业主、个体经营户

E. 学生　　　　　　　　　　F. 自由职业者

G. 其他从业人员

最后，再次感谢您的支持与合作，祝您身体健康，工作顺利，合家幸福！

参考文献

［1］世界休闲组织.休闲宪章［EB/OL］.http://wenku.baidu.com/view/3230545c804d2b160b4ec019.html.

［2］若泽·塞依杜.旅游接待的今天和明天［M］.冯百才,等译.北京:旅游教育出版社,1990.

［3］约瑟夫·皮柏.节庆、休闲与文化［M］.黄藿,译.北京:生活·读书·新知三联书店,1991.

［4］梁颖.娱乐设施经营管理［M］.杭州:浙江摄影出版社,1998.

［5］托马斯·古德尔,杰弗瑞·戈比.人类思想史中的休闲［M］.成素梅,等译.昆明:云南人民出版社,2000:11.

［6］金倩,楼嘉军.武汉市居民休闲方式选择倾向及特征研究［J］.旅游学刊,2006(1).

［7］Kelly J R. Leisure Styles and Leisure Choices［J］. The Family Coordinator, 1975, 24(2).

［8］Mannell R C, & Kleiber D A. A Social Psychology of Leisure［M］. State College, PA: Venture, 1997.

［9］BEARD J G & RAGHEB M G. Measuring Leisure Satisfaction［J］. Journal of Leisure Research, 1980, 12(1).

索　引